Heleno Saña, 1930 in Barcelona geboren, entstammt einer Familie, die in der spanischen Arbeiterbewegung engagiert war und vom Franco-Regime verfolgt wurde. Anfang 1959 siedelte er in die Bundesrepublik Deutschland über. Er ist Mitarbeiter zahlreicher spanischer und südamerikanischer Zeitschriften und Zeitungen und übersetzt Werke von zeitgenössischen Autoren ins Spanische. Heleno Saña ist Autor zahlreicher historischer, kultur- und sozialgeschichtlicher und philosophischer Werke. In der Bundesrepublik erschien zuletzt »Das vierte Reich« (1990).

W0062382

Dieses Buch wurde auf chlor- und säurefreiem Papier gedruckt.

Vollständige Taschenbuchausgabe Februar 1992
Droemersche Verlagsanstalt Th. Knaur Nachf., München
© 1989 von dem Knesebeck & Schuler GmbH & Co. Verlag KG, München
Umschlaggestaltung Manfred Waller
Umschlagfoto G+J Fotoservice/C. Lange
Druck und Bindung Elsnerdruck, Berlin
Printed in Germany 5 4 3 2 1
ISBN 3-426-04830-2

Heleno Saña

DIE VERKLEMMTE NATION

Zur Seelenlage der Deutschen

Inhalt

VORWORT

Das vorliegende Buch erhebt nicht den Anspruch, ein vollständiges Bild der Deutschen zu vermitteln. Es ist weder ein Sittengemälde noch eine Geschichte des deutschen Volkes. Sein Hauptanliegen besteht vielmehr darin, bestimmten, meist unerfreulichen Aspekten der deutschen Psyche und der deutschen Nation auf den Grund zu gehen. Daß dabei andere, ›positivere‹ Dimensionen der deutschen Vergangenheit und der Gegenwart zu kurz kommen und nur am Rande berücksichtigt worden sind, ist dem Verfasser durchaus bewußt. Insofern ist dieser Essay von der subjektiven Sichtweise des Autors geprägt.

Die Deutschen sind gewiß ein in vieler Hinsicht hochbegabtes Volk, von dem man viel lernen kann. Aber wie bewundernswert die Eigenschaften der Deutschen als einzelne auch sein mögen – als Nation haben sie in den entscheidenden Momenten versagt. Den Hintergrund dieses Widerspruchs zwischen persönlicher Begabung und kollektivem Versagen zu untersuchen schien mir sinnvoller und interessanter, als ein Hoheslied der deutschen Tugenden zu singen, zumal viele dieser berühmten Tugenden in bestimmten Epochen politisch mißbraucht wurden und einer schlechten Sache dienten.

Urteile über Völker sind immer mehr oder weniger abstrakt und einseitig, weil man sich unvermeidlicherweise auf Verallgemeinerungen stützen muß und die Individualität der einzelnen eben nicht berücksichtigen kann. Auch ich kann dieses soziologische Faktum nicht aus der Welt schaffen, und so ist mir klar, daß meine allgemeine Einschätzung der Deutschen in Widerspruch mit der persönlichen Wirklichkeit vieler von ihnen geraten wird. Nicht wenige Leser werden dementsprechend meine Charakterisierung als zu kritisch empfinden und meinen, ich hätte ein Zerrbild der Deutschen gezeichnet.

Aber wenn auch vieles von dem, was ich sage, auf unzählige Deutsche nicht zutrifft, bedeutet dies keineswegs, daß es unzulässig sei, über die Deutschen als Gemeinschaft zu sprechen, eine Gemeinschaft, die Menschen durch gemeinsame Sprache, Kultur und Geschichte verbindet. Völker sind trotz ihrer Mannigfaltigkeit und ihrer Heterogenität schließlich doch zusammenhängende Organismen; deshalb sprach Voltaire mit Recht vom *esprit des nations* oder Herder vom »Volksgeist«. Das gilt auch für die Deutschen, sowohl in der Vergangenheit wie in der Gegenwart.

Ich verstehe mein Buch als einen Diskussions- und Aufklärungsbeitrag zur deutschen Geschichte, einer Geschichte, die schon wegen ihrer europäischen Dimension nicht nur die Deutschen allein angeht. Bevor ich als Kind in der Schule lernte, wo Deutschland liegt, erfuhr ich von seiner Existenz durch die Flugzeuge der Legion Condor, die meine Heimatstadt Barcelona bombardierten.

Es leuchtet ein, daß ich als Ausländer die Deutschen und ihre Geschichte ganz anders sehe, als es die Deutschen selbst tun. Sartre hat in *Das Sein und das Nichts* überzeugend dargestellt, daß der Mensch nicht nur das ist, was er von sich selbst hält: Zu seiner Identität gehört auch der Blick der anderen. Wie wichtig die Frage der Perspektive für den Erkenntnisprozeß ist, weiß jeder, der sich mit der Philosophie Platos nur ein bißchen beschäftigt hat. Ortega y Gasset prägte den Begriff *Perspectivismo*, wonach man die Dinge nie als Ganzes, sondern immer nur unter dem bestimmten Gesichtswinkel des jeweiligen Beobachters erfassen kann.

Ich schreibe über Deutschland aus der Perspektive des Andersseins, und schon aus diesem Grund werden viele meiner Überlegungen und Schlußfolgerungen auf die Deutschen befremdend wirken. Heißt das aber, daß sie deshalb falsch sein müssen? Ich glaube nicht, ich glaube sogar, daß sie dazu beitragen können, die Selbstwahrnehmung der Deutschen zu ergänzen und zu relativieren. Das ist genau das, was ich mit meinem Buch beabsichtige. Ob mir dieser Versuch gelungen ist oder nicht, ist eine Frage, die nur die Deutschen selbst beantworten können.

Darmstadt, im Herbst 1988   H. S.

DIE GROSSE VERDRÄNGUNG

Vergeßlichkeit ist eine Fähigkeit, die in Deutschland so obstinat beheimatet ist wie die sprichwörtliche und unübersetzbare Gemütlichkeit, zu der es jeden deutschen Menschen unwiderstehlich hinzieht. Wahrscheinlich hängen Vergeßlichkeit und Gemütlichkeit aufs engste zusammen, denn nur wer verläßlich vergißt, kann auch gemütlich leben.

Hans-Martin Lohmann[1]

Die Geschichte der Bundesrepublik ist in einem ihrer Grundzüge die Geschichte einer großen Verdrängung. Als Deutschland 1945 in Trümmern lag, geschlagen und von den Siegermächten besetzt, schauten die Deutschen fassungslos vor sich hin und wollten kaum wahrhaben, daß all dies ihnen geschehen war.

Sie erfuhren plötzlich, was sie jahrelang nicht hatten sehen wollen oder können: daß sie einem aus Mördern, finsteren Gewaltmenschen, skrupellosen Demagogen und unverantwortlichen Scharlatanen bestehenden Regime bis zum bitteren Ende wie hypnotisiert gefolgt waren. Was sich zugetragen hatte, war so überwältigend, daß die Deutschen es nicht übersehen konnten, aber was nun in aller Deutlichkeit erkannten, war so ungeheuerlich und für ihr Gewissen so belastend, daß sie instinktiv versuchten, wegzusehen und die bittere Wahrheit zu verdrängen. Sie taten es auf verschiedenste Weise, vor allem jedoch durch bewußtes, gezieltes, systematisches Vergessen, nach dem Motto: was ich nicht sehen will, existiert auch nicht. Damit hofften sie, ihre Selbstachtung als Menschen und Deutsche zu bewahren. So, wie sie bald daran gingen, die Trümmer ihrer zerstörten Städte zu beseitigen, beschlossen sie auch, den Schutt ihrer Seele wegzuräumen. Sie wollten sowohl den äußeren wie den inneren Dreck beseitigen, ein für allemal unbedingt aus der Welt schaffen. Alexander u. Margarete Mitscherlich haben diese Haltung die »Unfähigkeit zu trauern« genannt. Der Schweizer Philosoph Max Picard führte sie zurück auf historische Gedächtnislosigkeit, auf Mangel an innerer Kontinuität: »Das ist das Charakteristische für den Deutschen von heute: er hat überhaupt keine Erinnerung an das, was er getan hat, er hat immer nur das in sich, was er im Augenblick tut oder was er im Augenblick vor sich sieht. Darum ist es schwierig, den Deutschen zu ändern.«[2]

Es begann eine Art zweigleisige Geschichte, eine öffentliche und eine private. Offiziell konnten die Deutschen die Naziverbrechen nicht leugnen, aber in ihrem Alltag und als einzelne empfanden sie die Abrechnung mit dem Dritten Reich zumeist als peinlich und beleidigend. Sie meinten in diesem Zusammenhang, daß sie selbst schon genug gelitten hätten und daß einmal Schluß sein müßte mit der Vergangenheitsbewältigung. Anstatt sich gründlich zu fragen, wieso ein Kulturvolk wie Deutschland sich plötzlich in eine riesige, blutdürstige Bestie verwandelt hatte, zogen sie es vor, über ihr eigenes Leid zu klagen, und da der Krieg in der Tat über sie auch Zerstörung, Tod und Schmerz in großem Ausmaß gebracht hatte, konnten sie ungehemmt ihr infantiles, irrationales und narzißtisches Bedürfnis nach Selbstbemitleidung befriedigen.

Zunächst einmal gaben sie vor, nichts gewußt zu haben, sie stellten sich als ein Volk dar, das von Hitler und seiner Clique verführt und düpiert worden war. Der größte Völkermord der Weltgeschichte hatte sich sozusagen unter Ausschluß der Öffentlichkeit und ohne Kenntnis der deutschen Bevölkerung abgespielt. Sie wollten nicht wahrhaben, daß sie den Nazichargen mit erstaunlichem Eifer und Begeisterung gefolgt waren, nicht nur am Anfang, auch später, als unmißverständlich klar wurde, wohin Hitler und seine Leute steuerten.

»Auf einmal hatte jeder etwas überhaupt nicht getan oder aber es nicht gern getan oder aber das nicht gewollt oder aber alles nicht gewußt oder aber nur den besten Willen gehabt oder sich persönlich nichts vorzuwerfen oder aber es ja nicht ernst gemeint oder war nur Idealist gewesen und um seinen guten Glauben betrogen worden wie alle.« (Klaus Roehler, *Ein Blick in die Zukunft jetzt gleich, im Oktober*)[3]. Oder auch Rolf Hochhuth: »Dieser Satz ›Damit hatte ich nichts zu tun‹, ist der zweifellos am häufigsten gebrauchte von allen, die nach Hitlers Tod auf deutsch gesprochen wurden.«[4]

Die Verdrängung wurde eigentlich schon vorher exerziert, von Beginn des Dritten Reiches an. Viele Deutsche waren sich ziemlich bald im klaren darüber, worum es ging, aber sie verdrängten instinktiv alle bedenklichen Aspekte des Regimes und nahmen nur zur Kenntnis, was sie als ›positiv‹ empfanden: Beseitigung der Arbeitslosigkeit, Ruhe und Ordnung, Steigerung des nationalen Selbstbewußtseins und ähnliches. Als die Nazigötterdämmerung hereinbrach, waren die Deutschen schon trainiert im Wegschauen, sie hatten es zwölf Jahre lang geübt, deshalb war es für sie nach dem Krieg nicht schwer, sich weiter ganz oder halb blind zu stellen.

Überdies lag das Land in Trümmern, die Menschen hungerten, froren und lebten unter den prekärsten Bedingungen, und was sie wirklich in Anspruch nahm, war der Kampf um das nackte Überleben, nicht die Frage der Schuld und die moralische Verantwortung.

Da sie schließlich die Nazigreuel zugeben mußten, fingen sie an zu behaupten, daß die Siegermächte auch Verbrechen begangen hatten, vor allem die Russen, die Rote Armee, aber auch die Amerikaner mit ihren Atombomben auf Japan, und überhaupt die Alliierten mit ihren schrecklichen Luftangriffen auf die deutschen Städte, gegen eine Zivilbevölkerung, die weitgehend aus Frauen, Kindern, älteren Menschen und Arbeitern bestand.

Das war objektiv nicht einmal unwahr und konnte sich deshalb mit der Zeit als ein festes, glaubwürdiges Argument behaupten. Das Bedenkliche dabei war aber, daß mit solchen Vergleichen die Deutschen bewußt oder unbewußt versuchten, die Naziverbrechen mit den Kriegshandlungen oder auch Gewalttaten der Alliierten gleichzusetzen, um damit ihr eigenes Gewissen zu beruhigen. Sie versäumten fast immer zu bedenken, daß die schwerwiegenden Folgen des Zweiten Weltkriegs nur möglich gewesen waren, weil das Dritte Reich willkürlich und bewußt die kriegerische Auseinandersetzung entfesselt hatte.

Als die Deutschen die Vergangenheit nicht mehr ganz wegschieben konnten, versuchten sie sogar auf ihre Art und Weise, sie zu bewältigen. So hielten sie ab und zu öffentliche Reden über die Nazigreuel, unterstützten Israel mit Krediten und bezahlten Wiedergutmachungsgelder an die Angehörigen der Opfer der ›Endlösung‹. Diese und andere Gesten des guten Willens beruhigten ihr Gewissen, halfen ihnen, sich innerlich zu rehabilitieren, und erlaubten ihnen nicht zuletzt, der Vergangenheit den Rücken zu kehren und zur Tagesordnung überzugehen.

Und wenn sich innere Zweifel, Gewissensbisse und Schuldgefühle meldeten – und das gab es –, sorgten die Politiker und sonstigen Machtträger aus wahltaktischen und anderen wenig edlen Motiven dafür, sie prompt aus der Welt zu schaffen, indem sie bei jeder passenden und unpassenden Gelegenheit die deutschen Tugenden rühmten und in Erinnerung brachten, daß die deutsche Geschichte nicht nur aus dem Dritten Reich bestehe und daß trotz alledem doch Deutschland ein großes Volk bleibe, das Volk der großen kulturellen, technischen und wissenschaftlichen Leistungen. Daß diese gezielte Selbstbeweihräucherung die Konfrontation mit der primären Frage der Schuld und der moralisch-geschichtlichen Verantwortung nicht gerade begünstigte und dem Prozeß der Verdrängung Vorschub leistete, braucht nicht hervorgehoben zu werden.

Zusätzliche, außerdeutsche Faktoren trugen dazu bei, den Verdrängungsprozeß zu erleichtern. Die Besatzungsmächte glaubten, ein Volk von Ungeheuern auf deutschem Boden zu finden. Sie merkten aber ziemlich bald, daß die Menschen, die vorher Hitler zugejubelt und bis zum bitteren Ende den Krieg mitgemacht hatten, sich jetzt korrekt und unauffällig verhielten, sich gefügig zeigten und keine großen Schwierigkeiten machten. Es waren tatsächlich Menschen, die sich gerade durch ihre Korrektheit, ihren Fleiß, ihre Tüchtigkeit, ihre Leistungsfähigkeit, ihre Zuverlässigkeit und ihr Pflichtbewußtsein auszeichneten, die auch eine große Bereitschaft an den Tag legten, sich dem Schicksal zu fügen und mit den Besatzungsmächten zusammenzuarbeiten.

Die Alliierten standen vor einem sehr begabten Volk, in vielerlei Hinsicht ihnen klar überlegen, nicht nur im Denken, auch mit ihrer Fähigkeit zur Disziplin. Vor allem die Amerikaner mit ihrer pragmatisch-positivistischen Mentalität waren den Deutschen nicht gewachsen, deshalb endete auch ihr Entnazifizierungs- und Umerziehungsprozeß nicht gerade erfolgreich. Eugen Kogon dazu: »Die

Kräfte der Besinnung im Deutschtum zu wecken, war Aufgabe einer weitblickenden Politik der Alliierten. Sie faßte sie in dem Programm der ›Umerziehung‹ zusammen. Und sie wurde eingeleitet durch die *These von der deutschen Kollektivschuld* ... Man konnte schon ein Jahr nach der Verkündigung der These sagen, daß sie ihren Zweck verfehlt hat ... Die ›Schock‹-Politik hat nicht die Kräfte des deutschen Gewissens geweckt, sondern die Kräfte der Abwehr gegen die Beschuldigung, für die nationalsozialistischen Schandtaten in Bausch und Bogen mitverantwortlich zu sein. Das Ergebnis ist ein Fiasko.«[5] Aber es wäre abwegig, daraus zu schließen, daß der Entnazifizierungsprozeß ausschließlich oder vorwiegend wegen der formalen Fehler der Alliierten nicht überzeugender wirkte. Das Haupthindernis war nicht das Ungeschick oder die Unerfahrenheit der Besatzungsmächte, vielmehr der tiefe Widerwille des überwiegenden Teils der deutschen Bevölkerung, sich belehren zu lassen und bereitwillig eine Katharsis hinzunehmen. Wie das Entnazifizierungsritual in Wirklichkeit vorging, hat Günther Weisenborn mit beißendem Spott beschrieben: »Und dann begann die Jagd nach den ›Persilscheinen‹, wie die schriftlichen Unschuldsbezeugungen bald genannt wurden ... Ein riesiges Alibisystem wurde Hand in Hand aufgebaut, an dem zahllose Belastete gründlich und umsichtig arbeiteten, bis dem Alliierten Kontrollrat klargemacht worden war, daß es im Dritten Reich keinerlei Nazis gegeben hatte. Jahre später stellte sich natürlich heraus, daß auch fast jeder Mörder als Entlasteter oder als Mitläufer eingestuft worden war.«[6] Deshalb der berechtigte Titel des von Wolfgang Staudte kurz nach Kriegsende gedrehten Films *Die Mörder sind unter uns.*

Was die Deutschen fühlten oder dachten, war für die Alliierten nur relativ wichtig; für sie war das äußere Verhalten der Deutschen entscheidend, und dies war im allgemeinen von dem Willen geprägt, sich den neuen Verhältnissen anzupassen. Die gemäßigte Politik der Besatzungsmächte erleichterte diesen Anpassungsprozeß. Im Gegensatz zu den zwanziger Jahren, als die Franzosen eine harte Politik gegenüber den Besiegten einschlugen, verhielten sich die Siegermächte jetzt wohlwollender, allen voran die Amerikaner, die mit ihren Care-Paketen und dem Marshall-Plan der westdeutschen Bevölkerung in ihrer wirtschaftlichen Not halfen.

13

Schon 1946 verfaßte eine amerikanische Regierungskommission einen durchaus positiven Bericht über Deutschland, dessen einleitende Worte bezeichnend waren: »Nächst den Griechen und den Römern haben die Deutschen mit ihren Talenten am meisten zum geistigen Leben anderer Völker beigetragen ...« Es war, als hätte Hegel selbst gesprochen. »Deutschland wird nicht besetzt zum Zwecke seiner Befreiung, sondern als besiegter Feindstaat«, lautete lakonisch die am 26. April 1945 von der Joint Chiefs of Staff (JCS) erlassene Direktive Nr. 1067. Aber solche Strafgedanken wurden bald fallengelassen und durch eine entgegenkommende Politik ersetzt. So sagte der amerikanische Außenminister Byrnes schon am 6. September 1946 in Stuttgart während einer Rede vor hohen amerikanischen Beamten und deutschen Politikern: »Das amerikanische Volk will dem deutschen Volk helfen, seinen Weg zurückzufinden zu einem ehrenvollen Platz unter den freien und friedliebenden Nationen der Welt.«[7]

Nicht nur die Deutschen versuchten, die Vergangenheit zu vergessen, die westlichen Siegermächte verhielten sich ähnlich. Der Kalte Krieg zwischen den Westmächten und der Sowjetunion war ausgebrochen, eine neue weltpolitische Konstellation entstand. Die konsequente Abrechnung mit den Folgen des Dritten Reiches wurde bald unpassend, unzeitgemäß. Die Dialektik des Kalten Krieges machte aus den ehemaligen Gegnern zuerst einen potentiellen, dann einen echten Bundesgenossen gegen den russischen Kommunismus. Die bürgerliche Ideologie des Kalküls bestimmte das Verhalten der westlichen Demokratien: Deutschland war plötzlich zu einem wertvollen Bestandteil der atlantischen Hemisphäre geworden, also wurde alles, was diesem Nützlichkeitsprinzip im Wege stand, beiseite geschoben: historische Verantwortung, die Schuldfrage, die Umerziehung der Deutschen.

Die Gefangenenlager öffneten sich ziemlich schnell, viele der im Nürnberger Prozeß verurteilten Deutschen konnten wieder in ihre Wohnungen, ihre Fabriken und Büros zurückkehren oder neue errichten. Sie waren wieder einmal davongekommen, die Deutschen. Schon 1949 wurde die Bundesrepublik Deutschland als selbständiger Staat gegründet, bald danach hatte sie eine eigene Armee, 1955 trat sie in die NATO ein.

Da eine gründliche und systematische Auseinandersetzung mit der Vergangenheit ausblieb, konnten sich viele Nazis ungestraft in die Nachkriegsgesellschaft eingliedern und sogar bald hohe Ämter und Funktionen übernehmen, in der Wirtschaft, aber auch im Staatsapparat, in den Universitäten und Schulen, in der Justiz, in der Politik, der Polizei und der Armee. Dieselben Richter, die während des Dritten Reiches sich der Nazigesetze gebeugt hatten, blieben weiter im Justizapparat, bestimmten wieder, was Recht oder Unrecht sei. Von den 570 Richtern, ehrenamtlichen Richtern und Anklagevertretern des Volksgerichtshofes, die zwischen 1942 und 1944 etwa fünftausend Todesurteile gegen Nazigegner und Widerstandskämpfer aussprachen, wurde nach dem Krieg kein einziger bestraft.

Industrielle wie Flick oder Krupp, die von der Naziherrschaft profitiert und die Aufrüstungspolitik Hitlers unterstützt hatten, bekamen bald ihre Konzerne zurück. Die IG-Farben-AG, die in Auschwitz ein Zweigwerk unterhielt und Mitproduzent des Giftes Zyklon B für die Gaskammern der Nazis war, wurde zwar von den alliierten Siegermächten theoretisch liquidiert, aber dafür bekamen die Aktionäre Anteile an den neu entstandenen Nachfolgekonzernen: Hoechst, Bayer, BASF, Cassella und andere. Nicht einmal der alte IG-Farben-Konzern ist bis heute aufgelöst, er existiert munter weiter, macht Geschäfte, wird sogar an der Börse notiert und besitzt Tausende von Aktien der führenden Konzerne der Bundesrepublik, von anderen Kapitalbeteiligungen abgesehen.

Nicht nur die Naziverbrechen wurden verdrängt, genauso verdrängt wurde der aktive und passive Widerstand gegen das Dritte Reich, mit Ausnahme des 20. Juli. Und die Gründe dafür waren naheliegend: Der Durchschnittsdeutsche wollte nicht daran erinnert werden, daß er eifrig oder zumindest widerstandslos den Naziparolen gefolgt war, während Tausende und Abertausende seiner Landsleute dem Regime die Stirn geboten hatten. Abgesehen von den vorwiegend preußischen Adligen und Offizieren, die versuchten, ein Ende des Hitlerismus herbeizuführen, waren die Widerstandskämpfer in der Mehrzahl Kommunisten, Sozialdemokraten oder Linkschristen, und diese Tatsache trug dazu bei, den zivilen Widerstand zu tabuisieren. Deshalb blieb die Widerstandsliteratur, die nach dem Krieg entstand, weitgehend unbeachtet, mit betretenem Schweigen quittiert, schon deshalb, weil sie unwillkürlich einen Vorwurf an die Mitläufer bedeutete.

Noch heute wissen die meisten Deutschen nicht, daß während des Zweiten Weltkrieges 200000 Soldaten den Waffendienst verweigerten und daß 30000 davon hingerichtet wurden. Deutschen Emigranten wurde von den Daheimgebliebenen immer wieder der Vorwurf gemacht, sie hätten das Vaterland im Stich gelassen, und jeder der Millionen Spießer, der ohne mit der Wimper zu zucken und bedenkenlos die Befehle der Nazis ausgeführt hatte, glaubte moralisch viel höher zu stehen als die Antifaschisten, die ins Exil gegangen waren.

Man beachtete wenig die unzähligen Männer und Frauen, die trotz brutalen und massiven Terrors versuchten, auf irgendeine Weise Widerstand zu leisten, die den Verfolgten und Bedrängten halfen oder sich einfach nicht aktiv an der ganzen braunen Hysterie beteiligten und in einer Art innerer Emigration lebten; nein, man pries die Wirtschaftswunderkinder, die im Dritten Reich in Reih und Glied mitmarschiert waren und nach dem Krieg unisono ihre Unschuld beteuerten. Und damit die ehemaligen Nazis samt der großen Masse der Mitläufer und Angepaßten ja nicht auf die Idee kamen, sich mit Gewissensbissen zu plagen, beruhigte man sie mit der Floskel, daß sie nichts anderes getan hatten, als der Obrigkeit zu gehorchen und ihre vaterländische Pflicht zu erfüllen. Mit dieser Generalabsolution moralisch aufgerüstet, machten sich die braven Deutschen an den Aufbau des neuen Staates.

Über die Deutschen, die dem Naziregime offen, konspirativ oder im stillen die Stirn geboten hatten, sprach man wenig und nur bei bestimmten offiziellen Anlässen. Man tat es auch in verhaltenem Ton, damit die ehemaligen riesigen Armeen von Hitleranhängern sich nicht gedemütigt oder verletzt fühlten. Die Veranstaltungen über den deutschen Widerstand haben in der Bundesrepublik immer eine verkrampfte, pflichtmäßige und verlegene Grundstimmung gehabt, sie entsprachen nie einem spontanen und tieferen Bedürfnis. Sie blieben auch »Feierlichkeiten« innerhalb eines amtlichen Rahmens, ohne wirkliche Beteiligung des Volkes. Max Horkheimer: »Welch unendliche Kühle und Fremdheit haben die armseligen 20.-Juli-Feiern gekennzeichnet.«[8] Die Ehrung galt auch im wesentlichen nur den oppositionellen Kreisen der Wehrmacht und einigen konservativ-patriotisch gesinnten zivilen Persönlichkeiten wie Goerdeler, vielleicht auch ein paar Sozialdemokraten oder Christen. Über den schon seit 1933 geleisteten Widerstand von Tausenden meist unbekannten oder einfachen Antifaschisten wurde kaum ein Wort verloren, als hätte es vor dem 20. Juli tatsächlich keinen Widerstand gegeben.

Wirklich? Wieso waren dann die Konzentrationslager und die Gefängnisse mit politischen Gefangenen überfüllt, und nicht nur mit Juden, Zigeunern oder Homosexuellen? Wieso dann der ganze repressive Aufwand der SA, SS, der Gestapo und anderer Sicherheitsdienste, die täglichen Verhaftungen und die von den Gerichten pausenlos verhängten hohen Gefängnisstrafen und Todesurteile? Die Tatsache, daß das Regime sich gezwungen sah, einen so umfassenden Polizei- und Terrorapparat in Gang zu setzen, beweist, daß die nationalsozialistischen Schergen wußten, daß sowohl ein potentieller wie ein tatsächlicher Widerstand existierte.

In diesem Zusammenhang muß man immer daran erinnern, daß bei den letzten halbwegs freien Wahlen vom 5. März 1933 die NSDAP nicht mehr als 44 Prozent der Gesamtstimmen erhielt. Zu diesem Zeitpunkt also identifizierte sich über die Hälfte der wahlberechtigten Deutschen nicht mit der braunen Ideologie. Auch wenn man berücksichtigt, daß viele der ursprünglichen Nicht-Hitler-Wähler im Laufe der darauffolgenden Jahre sich von der Gehirnwäsche der Nazi-Propaganda düpieren ließ, ist es schwer, sich vorzustellen, daß über die Hälfte der deutschen Bevölkerung über Nacht braun wurde. Wahrscheinlicher ist, daß ein beträchtlicher, vielleicht der überwiegende Teil der Nicht-Hitler-Wähler innerlich dem Regime weiterhin kritisch oder ablehnend gegenüberstand, sich aber aus Resignation, Angst oder Opportunismus äußerlich der Gleichschaltung nicht widersetzte. Nicht wenige jedoch, die immer Nazigegner gewesen waren und blieben, leisteten Widerstand.

Natürlich war es kein massiver Widerstand mit Barrikadenkämpfen, Streiks oder Partisanenoperationen. Ein Widerstand solchen Ausmaßes wäre vor der Machtergreifung möglich gewesen, hätten die Linksparteien und die Gewerkschaften nicht so kläglich versagt und praktisch kampflos den Nazis das Feld überlassen. Aber unter den Bedingungen eines lückenlosen Polizei- und Terrorstaats wie des Dritten Reichs war es schlicht unmöglich, einen kollektiven Widerstand zu organisieren, zumal die Führungskader der Parteien entweder inhaftiert waren oder sich im Exil befanden.

Aber es gab einen Widerstand der kleinen Leute, ein verzweifelter Widerstand unzähliger zersplitterter Gruppen und Einzelgänger, die unter den schwierigsten Bedingungen den Kampf gegen das Regime aufnahmen. Dazu Günther Weisenborn: »Bis zum Kriegsbeginn wurden in politischen Verfahren durch die ordentlichen Gerichte 225000 Männer und Frauen zu rund 600000 Jahren Freiheitsstrafen verurteilt. Es gab mindestens 86 Massenprozesse gegen Mitglieder der sozialistischen Parteien. Etwa eine Million Deutsche befanden sich bis zum Kriegsbeginn aus politischen Gründen kurze oder lange Zeit in Konzentrationslagern.«[9] Quantitativ gesehen und im Vergleich zur großen Masse der Mitläufer, mag dieser Widerstand nicht relevant genug sein, aber das ist kein Grund, seine qualitative Bedeutung zu verschweigen oder herunterzuspielen.

Es ist (leider) wahr, daß während der Nazizeit die Deutschen »fast nirgends Zivilcourage«[10] zeigten (Bonhoeffer), auch, daß die »deutsche Geschichte eine Geschichte des versäumten Widerstandes«[11] ist (Grass), aber genauso unbestreitbar ist, daß nicht wenige Angehörige dieses Volkes den Mut fanden, sich dem Terror nicht zu unterwerfen oder ihn gar bedingungslos zu bekämpfen, oft – und das erhöht den Wert ihrer moralischen Haltung – ohne die geringste Hoffnung auf Erfolg und nur aus reinen Gewissensgründen, als wollten sie, gerade in dem Moment der tiefsten Finsternis, die ewige Geltung des Kantischen kategorischen Imperativs gegen alle Versuchungen – physische Angst in erster Linie – unter Beweis stellen. Und sie stellten es. Wer sich mit den Dokumenten der deutschen Opposition gegen Hitler auch nur flüchtig befaßt hat, weiß, welche Beispiele von menschlicher Größe es damals in den einsamen und bangen Stunden des Widerstandes, der Gefangenschaft oder angesichts des Todes gegeben hat. Sich auf diese edle Seite des Dritten Reiches ständig zu besinnen ist nicht nur ein Zeugnis ungebrochener Verbundenheit mit den Opfern des Naziterrors, es ist, glaube ich, die angemessenste Form, sich den unentwegten Versuchen der Verdrängung entgegenzustellen.

DIE MUSTERHAFTE ANPASSUNG

Die Deutschen befreiten sich nicht selbst von der Naziherrschaft, sie wurden durch die Siegermächte befreit. Es gab immer eine Widerstandsbewegung gegen den Hitlerismus, aber sie war zu schwach und zersplittert, um sich gegen einen Polizei- und Terrorstaat wie das Dritte Reich durchsetzen zu können. Auch die Männer des 20. Juli vermochten trotz ihres Muts und ihrer Entschlossenheit nicht, ihr Land selbst zu befreien. »Seien wir uns klar«: sagte 1946 Karl Jaspers, »Daß wir leben und überleben, verdanken wir nicht uns selbst; daß wir neue Zustände mit neuen Chancen in der furchtbaren Zerstörung haben, haben wir nicht durch eigene Kraft erreicht. Geben wir uns keine Legitimität, die uns nicht zukommt.«[1]

Die Deutschen waren 1945 von der Nazipropaganda noch so verblendet, daß sie die braune Niederlage vorwiegend nicht als Befreiung empfanden, sondern eher als eine Katastrophe. Und weil sie so fühlten, war hier die Befreiung kein Tag der Freude – wie sonst in aller Welt –, sondern der Trauer und der Ressentiments, freilich mit Ausnahme der antifaschistisch und demokratisch gesinnten Deutschen, die vom ersten Moment an die NSDAP-Diktatur gehaßt und darunter gelitten hatten, vor allem diejenigen, die in den Konzentrationslagern und Gestapogefängnissen saßen.

Natürlich konnten die Deutschen ihren Groll nicht an die große Glocke hängen, ihn laut verkünden, schon deshalb nicht, weil die Besatzungsmächte es nicht erlaubt hätten. Die Sieger waren da, und man mußte ihren Befehlen und Maßnahmen folgen. Seinen Unmut behielt der Deutsche für sich oder sprach von ihm nur im engen, vertrauten Kreis. Er beschloß, sich den neuen Verhältnissen anzupassen.

Der ehemalige Herr ging jetzt dazu über, die Rolle des Knechts zu spielen, die Herrenrasse, die sich vorgenommen hatte, die Welt zu erobern und das Tausendjährige Reich zu errichten, nahm mit erstaunlichem Gleichmut in Kauf, Befehlsempfänger zu werden. Jene, die gewohnt waren zu befehlen, mußten jetzt gehorchen, die Untermenschen und Krämerseelen hielten nun das Heft in der Hand, während die Übermenschen gezwungen waren, ihre Autorität anzuerkennen. Sie taten es sicher nicht aus Überzeugung, vielmehr aus Einsicht in die Notwendigkeit, aber sie taten es und übernahmen damit das ›Anderssein‹, das in Gestalt der siegreichen alliierten Armeen im ehemaligen Reich erschienen war.

Es begann dann in ziemlich schnellem Tempo – deutsches Tempo und deutsche Gründlichkeit – jener Prozeß der äußeren Anpassung, der zweifellos das zentralste Element der bundesrepublikanischen Wirklichkeit darstellt und der bis heute dauert. Und diese Anpassung diente als Ersatz für das, was die Deutschen gewollt hatten und nun doch unwiderruflich verlorengegangen war, nämlich jenes mächtige, glorreiche, überall gefürchtete Dritte Reich, das Hitler in seinem Größenwahn verewigen wollte.

Es war, es ist im Ganzen eine musterhafte Anpassung, einzigartig in der Weltgeschichte, aber gerade deshalb äußerst suspekt, weil vom ersten Moment an mit Opportunismus behaftet, einem Opportunismus, der nicht nur vom Gebot des Erhaltungstriebs bestimmt war, sondern auch aus niedrigen Beweggründen. Denn die Deutschen wurden nicht demokratisch aus Überzeugung – das kam nach und nach –, sondern aus Gehorsam und Servilität, freilich auch aus Resignation und Ohnmacht, aus der Erkenntnis heraus, daß sie nicht anders konnten. »Was mich erschreckt hat in Deutschland nach dem Krieg, ich bin so Ende 45 nach Hause gekommen«, sagte Heinrich Böll bei einem Gespräch mit René Wintzen, »war die völlige Widerstandslosigkeit, mit der man plötzlich demokratisch war und amerikanisch, englisch besetzt, sehr subordiniert, ungeheuer vorsichtig, sehr brav.«[2]

Nur eins war an der ganzen Sache ehrlich: das Bedürfnis, sich zu rehabilitieren, vor sich selbst und vor der ganzen Welt. Die Deutschen wollten beweisen, daß sie nicht ausschließlich ein Volk von Mördern und Kriechern waren, wollten beweisen, daß sie fähig waren, nicht nur genauso frei und demokratisch wie andere vergleichbare Länder zu leben, sondern es noch besser als sie machen konnten: Der Musterknabe der westlichen Demokratien war geboren.

Über vierzig Jahre lang haben die Deutschen auf der Weltbühne die Tragikomödie ihrer Rehabilitierung gespielt, immer sehnsüchtig erwartend, daß das Auditorium ihre mühseligen Ausführungen und Darbietungen mit lebhaftem Applaus quittiert.

»Man muß leben«, »das Leben geht weiter«, sagten sich die Deutschen, nachdem sie den ersten Schock der Niederlage überwunden hatten. Und sie fingen in der Tat an zu leben, und sie taten es mit der Inbrunst, mit der sie jedes Anliegen anpacken. Aus den Trümmern wurden nagelneue Städte, aus der Trauer Lebenslust, aus der Finsternis der braunen Götterdämmerung das Neonlicht des Wirtschaftswunders.

Und man amüsierte sich, denn Amüsement gehört zum Leben, zumal zum Leben von Menschen, die hart arbeiteten und keine Opfer scheuten, um sich wieder hochzurappeln. Schon Goebbels hatte während des Krieges die Parole ausgegeben: »Die gute Laune muß erhalten bleiben.«[3] Dies galt auch jetzt: Trotz Toter und böser Erinnerungen mußte die gute Laune unbedingt erhalten werden. Es wurden andere Schlager und Lieder gesungen oder gehört, andere Filme gezeigt, andere Theaterstücke aufgeführt. Das Showbusiness und die Amüsierbetriebe taten das Ihre. Das Fernsehen vervollständigte dann den Prozeß der Anpassung.

So entstand nach und nach die vielgerühmte Wohlstandsgesellschaft der Nachkriegszeit als Negation des alten Deutschland und zugleich als Beweis für die Regenerierungs- und Überlebensfähigkeit eines ganzen Volkes. Dieselben Menschen, die sich ein paar Jahre vorher bedingungslos für die nationalsozialistischen Werte eingesetzt hatten, mobilisierten jetzt ihre ganze Energie, um das Land in ein kapitalistisches Schlaraffenland zu verwandeln, das Böll schon Ende der fünfziger Jahre mit einer üppig gewordenen Matrone vergleichen konnte: ». . . nun, sie ist ein bißchen fett geworden; talgige Drüsen; offenbar hat sie einen nicht nur reichen, sondern auch fleißigen Mann geheiratet; Villa am Strand, Auto, Ringe an den Fingern . . .«[4] Ohne es gleich zu merken, übernahmen die Deutschen den Materialismus ihrer früheren Feinde; sie beschlossen, das Anderssein als ihr wahres Sein zu wählen.

Die Konsumgesellschaft, der Tanz ums goldene Kalb war in der Tat alles andere als eine deutsche Erfindung. Das war ein Zeichen der Zeit, gehörte zum Zeitgeist, vor allem von Amerika und dem *american way of life* geprägt. Die Deutschen taten nicht mehr, als sich vom neuen Mammon-Credo vereinnahmen zu lassen, ohne sich jedoch mit der Rolle des bloßen Epigonen zu begnügen. Sie spielten ihren neuen geschichtlichen Part so ernst und so perfekt, daß sie amerikanischer als die Amerikaner selbst wurden und ihre Meister bald übertrafen.

Aus den ehemaligen NSDAP-Mitgliedern, den Hitlerjungen und der großen Masse von Mitläufern, aus dem Volk der Dichter und Denker wurde ein Volk von tüchtigen und eiskalten Geschäftsleuten und Wohlstandsfetischisten. Geld war plötzlich das einzig Wichtige, Karriere, gesellschaftlicher Erfolg und materielle Sicherheit die einzig erstrebenswerten Lebensziele. »Erst wenn die materielle Basis der Menschen geordnet ist«, orakelte Ludwig Erhard, »werden diese selbst frei und reif für ein höheres Tun.«[5] Die Erinnerungen an die erlebten Entbehrungen der Kriegs- und ersten Nachkriegsjahre waren ein zusätzlicher und mächtiger Ansporn, um den Zeiten der Armut, der Trümmer und der Not zu trotzen.

Die sprichwörtliche Begabung der Deutschen für Technik und Wissenschaft, für Produktion und Industrie, die früher größenwahnsinnigen Expansionskriegen gedient hatte, wurde jetzt ausschließlich für bürgerliche und kleinbürgerliche Zwecke mobilisiert, für Komfort, für die Herstellung materieller Güter, für Wohlstand.

Sehr schnell kamen die Autos, das neue Statussymbol. Zuerst arbeiteten die Deutschen, um sich das »Brot der frühen Jahre« zu verdienen, bis sie schließlich durch ihren Fleiß ein privilegiertes Volk mit einem Lebensstandard wurden, der selbst den der Siegermächte übertraf. Bald konnten sie sich gar den Luxus leisten, fremde Arbeitskräfte ins Land zu holen und ihnen die unbequemsten und undankbarsten Arbeiten zu übertragen. Vollbeschäftigung war da, ungeheure Exportüberschüsse, rasante Vermehrung des Bruttosozialprodukts und Anhäufung von Geld, immer wieder Geld. Stolz erfüllte die Brust der bundesrepublikanischen Bevölkerung; die früheren Minderwertigkeitskomplexe verschwanden auf Nimmerwiedersehen, schlugen mit der Zeit um in Selbstgefälligkeit und Überheblichkeit. Aber auch Trotz spielte hier eine Rolle, der Gedanke, daß sie es doch geschafft hatten, aus dem Nichts wieder eine angesehene, mächtige und in vielerlei Hinsicht beneidete und bewunderte Nation zu werden. Sie waren wieder oben, die Deutschen, sie waren wieder wer. »Das besiegte und zerstörte Deutschland zeigte der Welt, was die Welt ohnehin wußte: wie tüchtig die Deutschen sein können.« So Günter Grass.[6]

Die Welt blickte gebannt und voller Bewunderung dem kometenhaften Wiederaufstieg der im Krieg geschlagenen Deutschen zu: Diese Deutschen, sie sind wirklich einmalig, in ihrer Disziplin und ihrer Willenskraft nicht zu übertreffen, gestern auf den tiefsten Punkt ihrer Geschichte gesunken, heute wieder ganz oben. Denn parallel zum bundesdeutschen Wirtschaftswunder vollzog sich ein vielleicht noch größeres Wunder. Dasselbe Volk, das noch ein paar Jahre vorher den Abscheu aller zivilisierten Länder hervorgerufen hatte, wurde jetzt mit zunehmendem Respekt und Wohlwollen betrachtet, schließlich mit offenem Entzücken. Die einst antifaschistische Weltmeinung vergaß nach und nach die Greueltaten, die Bundesrepublik wurde mit ausgestreckten Armen in die große kapitalistisch-bürgerliche Gemeinschaft aufgenommen, die DDR im kommunistischen Block.

Auch international bewährten sich beide Teile Deutschlands, jedes auf seine Art. Der lange Marsch der äußeren Rehabilitierung nahm seinen Lauf, aber schon nach wenigen Schritten waren die Deutschen am Ziel, bald, sehr bald wurden sie als verläßliche Partner der neuen Weltordnung in West und Ost angesehen. Ja, sie wurden sogar hofiert, zu Rate gezogen, geschmeichelt, um Hilfe gebeten.

Die Anpassung war gelungen, sie erwies sich als ein Triumphmarsch, als eine einzigartige Apotheose, diesmal nicht mit Panzerdivisionen und Wagnermusik, sondern mit Leistung und wirtschaftlichen Erfolgsbilanzen.

Berauscht von ihrem materiellen Wiederaufbau und in ihrer neuen pompösen Villa gemütlich eingerichtet, vergaßen die Westdeutschen allzu oft, daß im Keller noch die Leiche lag, die unbegrabene Leiche des Dritten Reiches und des Zweiten Weltkriegs. Aber sie stank, diese Leiche, und sie versuchten deshalb, sie aus ihrer Nähe zu entfernen, aus ihrem Gewissen, aus ihrer nagelneuen Gegenwart, weil sie, die stolzen Inhaber der Villa, die Vorzüge ihres sehr rentabel gewordenen Anpassungsprozesses in aller Ruhe genießen wollten.

Sie hätten den üblen Geruch der unbegrabenen Leiche auf moralischem Wege beseitigen können, durch ein unmißverständliches Schuldbekenntnis und durch eine schonungslose Konfrontation mit den Umständen, die den Völkermord möglich gemacht hatten, also durch Reue und Demut, durch Mut zur eigenen Verantwortung. Nicht zu vergessen die paar Millionen, die es taten und es weiter tun, aber im allgemeinen zog man es vor, die moralisch dringend fällige Rechnung mit materiellen Mitteln zu begleichen, mit dem, was die Bundesrepublik bald ausreichend hatte: Geld. Man beschloß also, die Opfer zu entschädigen, wenn nicht alle (die Zigeuner zum Beispiel nicht), doch wenigstens die Hauptbetroffenen: die Juden. Damit meinte man, wäre die Sache – die unbegrabene und stinkende Leiche – aus der Welt geschafft. Aber wie Max Horkheimer feststellte, war eine solche Haltung »das Gegenteil der Überwindung durch Bewußtsein, die Anti-Therapie. Weil das drunten nicht genannt werden soll, wird es nicht gebannt, es verhärtet sich und noch böser – ohne die heilende Kunst der Erinnerung«.[7]

Diese Buchhaltermoral zeugt von einer deprimierenden Unfähigkeit, die Tragweite des Geschehens wirklich zu erfassen. Schon der Begriff ›Wiedergutmachung‹, mit dem so viele Deutsche ihr Gewissen beruhigt haben, ist ein Unding, weil er von der törichten Voraussetzung ausgeht, daß so etwas wie die kaltblütige Liquidierung von sechs Millionen Juden und andere Bestialitäten zu reparieren seien. Es ist taktlos und naiv ohnegleichen, sich einzubilden, daß die Naziverbrechen mit D-Mark wiedergutzumachen seien. Man kann eine Schuld solchen Ausmaßes eigentlich nie ›wiedergutmachen‹, bestimmt nicht mit Geld, und dies nicht verstanden zu haben bleibt eines der traurigsten und bedenklichsten Kapitel der deutschen Nachkriegsgeschichte. In seinem Roman *Der Tatbestand* läßt Robert Neumann eine seiner Figuren sagen: »Das ständige Nachwachsen des guten Glaubens – das ist das einzige, worin wir Deutschen den anderen wirklich genial überlegen sind.«[8] Wenn dies wahr ist, dann sollten die Deutschen endlich versuchen, diese nicht gerade rühmliche Überlegenheit loszuwerden.

Niemand erwartet, daß die Deutschen – alte oder junge – mit hängendem Kopf umherlaufen und sich ständig laut zu ihrer historischen und moralischen Schuld bekennen. So etwas ist unrealistisch und endet immer, wenn überhaupt möglich, mit dem geheuchelten Ritual der offiziellen Lippenbekenntnisse und den pflichtmäßigen Trauerbekundungen. Aber eines können die Deutschen wohl tun: mit allem Ernst versuchen, dafür zu sorgen, daß das, was einmal vor einem halben Jahrhundert geschah, nicht wieder geschieht, weder in jener noch in einer ähnlichen Form. Das heißt, sie können die Verbrechen gegen die Menschlichkeit, die sie in der Vergangenheit begangen haben, nur durch den Aufbau einer Gesellschaft ›wiedergutmachen‹, in der es keinen Platz mehr für Unmenschlichkeit gibt. Das ist übrigens auch der einzige legitime Weg, sich vor der jetzigen und den kommenden Generationen zu rehabilitieren.

Es wäre äußerst unfair zu leugnen, daß es eine nicht geringe Anzahl von Deutschen gibt, die diesen Weg seit langem zu gehen versuchen. Wie weit sie mit ihren Bemühungen Erfolg gehabt haben, dieser Frage möchte der Verfasser dieses Buches vor allem nachgehen.

DER GEISTIGE WIEDERAUFBAU

Wie stark auch der doppelte Prozeß der Verdrängung und der Anpassung gewesen sein mag – nicht alle Deutschen haben sich in den letzten vierzig Jahren darauf beschränkt, sich in der Konsumgesellschaft bequem einzurichten und bedenkenlos den Freuden des Augenblicks hinzugeben.

Es gab vom ersten Moment an eine heroische Minderheit, die an die demokratischen und humanistischen Traditionen dieses Volkes anknüpfte und versuchte, sich schonungslos mit der braunen Vergangenheit auseinanderzusetzen. Und ich nenne diese antifaschistischen Deutschen eine heroische Minderheit, weil ihre selbst auferlegte moralische und aufklärerische Aufgabe auf die stumme oder laute Ablehnung der Mehrheit der Bevölkerung stieß und eine prometheische Willenskraft erforderte. In einem Land, das vor allem vergessen und genießen wollte, mußte der Versuch, sich für die historische Wahrheit einzusetzen, unweigerlich zu einem schwierigen und mühsamen Unterfangen werden. In gewissem Sinne ist dieser Versuch eine Art neuer Widerstandskampf gewesen, diesmal nicht gegen den Naziterror, wohl aber gegen die stumpfe, unbelehrbare und kompakte Masse, die diese dunkle Phase der deutschen Geschichte am liebsten für immer aus ihrem Gedächtnis ausgelöscht hätte.

Und es besteht tatsächlich eine Kontinuität zwischen beiden Widerstandsmomenten, wenn auch sehr brüchig und prekär. Wenn man von geistigem Wiederaufbau spricht, darf man nicht die Pionierarbeit außer acht lassen, die die antifaschistischen Schriftsteller, die ins Exil gingen, während des Dritten Reiches geleistet haben. Die aus Nazideutschland geflüchteten Vertreter der Kultur und der antifaschistischen Parteien erhoben vom ersten Moment an ihre Stimme, um ihren eigenen Landsleuten und der Welt klarzumachen, was Hitler bedeutete. Es ist bekannt, daß ihre Mahnungen kaum beachtet wurden, denn hätte das demokratische Europa sie wirklich zur Kenntnis genommen, wäre die Haltung Englands und Frankreichs gegenüber dem Dritten Reich sicher ganz anders gewesen, als sie leider war. Man betrachtete die deutschen Flüchtlinge als eine Handvoll entwurzelter und ressentimentsbeladener Intellektueller und Politiker, denen nicht unbedingt zu trauen war, allein deshalb, weil viele von ihnen links standen oder gar Kommunisten waren oder als solche galten. »Man liebte sie nicht, die deutschen Emigranten, sie mußten, diese Fremden, ihren Umgang zumeist untereinander suchen.« (Lion Feuchtwanger)[1] Mit ihrer Anwesenheit und ihren Anklagen gegen den Nationalsozialismus störten sie einfach das selbstgefällige und schematische Bild, das sich die demokratischen Länder vom Dritten Reich zurechtgelegt hatten. »... bis in den Krieg hinein«, notierte Adorno, »waren in der englischen Presse Einzelheiten über die Konzentrationslager unerwünscht.«[2] Nicht nur im Innern des Reichs weigerte man sich, die wahre Gesinnung und die wahren Absichten Hitlers und seiner Schergen zu erkennen. Nicht nur die daheimgebliebenen Deutschen, die die NSDAP nicht gewählt hatten, beruhigten ihr Gewissen mit der falschen und selbstbetrügerischen Illusion, daß Hitler doch mit der Zeit Vernunft annehmen werde. Auch das demokratische Europa versuchte, die krude Realität des Nazismus zu verdrängen, gab sich der törichten Hoffnung hin, ihn auf diplomatischer und politischer Ebene zur Raison zu bringen. Die europäischen Mächte legten auf jeden Fall mehr Wert darauf, sich mit Hitler zu arrangieren, mit ihm zu einem Modus vivendi zu kommen, als sich die eindringlichen, fundierten Warnungen der Exildeutschen wirklich anzuhören und die entsprechenden Konsequenzen daraus zu ziehen. Die Kapitulation von München war nur der letzte Akt einer *Appeasement*-Politik, deren Vertreter sich aus einer Mischung von Opportunismus, geistiger Trägheit und moralischer Feigheit geweigert hatten, der nackten Realität ins Auge zu sehen.

Den Exildeutschen gelang es nicht, trotz ihrer unermüdlichen, ja verzweifelten Aufklärungsarbeit die demokratische Öffentlichkeit wachzurütteln, aber dennoch verkörperten sie neben den Deutschen, die im Innern des Reiches Widerstand leisteten, das wahre, das europäische, das universale Deutschland, einerlei ob sie bürgerlich oder revolutionär, sozialdemokratisch oder kommunistisch gesinnt waren. Den Anspruch Thomas Manns (»Wo ich bin, ist die deutsche Kultur«) hätte eigentlich jeder von ihnen erheben können. Zu Recht wandte sich Romain Rolland sich ihnen zu: »Wo Ihr seid, ist das alte Deutschland, das wir lieben und ehren, sind seine edelsten und reinsten Überlieferungen, sein freier Geist, sein hohes Bewußtsein, seine tiefe Menschlichkeit ... Eure Götter des Geistes, Goethe, Lessing, Kant und Beethoven, sind mit Euch.«[3]

Die antifaschistische Diaspora hatte dramatische, oft tragische Folgen für die Betroffenen, indirekt freilich auch für Deutschland selbst. Viele der Emigranten starben im Exil, blieben für immer im Ausland oder schafften es nicht mehr, im Nachkriegsdeutschland wieder Fuß zu fassen, wie Arnold Zweig in einem Brief an Lion Feuchtwanger im September 1945 ahnungsvoll voraussah: »... da wird man wohl seine letzten Dekaden in einer hoffnungslosen Emigration verbringen, wo auch immer«.[4] Aber auch folgende Worte Carl Zuckmayers sind bezeichnend für all diejenigen, die zurückkehrten und dennoch entfremdet blieben: »Jetzt nach der Wiederkehr war ich erst wirklich heimatlos geworden.« *(Als wär's ein Stück von mir)*[5] »Wir flüchteten als Geschlagene, und als Geschlagene kehren wir heim in das Land der Besiegten, die von uns nichts wissen und vermutlich von uns nichts wissen wollen«, schrieb Alfred Kantorowicz bei seiner Ankunft im befreiten Deutschland am 7. Dezember 1946. Er irrte mit seiner pessimistischen Prognose nicht. Tragischer als die Enttäuschung der Heimkehrenden war der Selbstmord von Tucholsky, Carl Einstein, Walter Benjamin, Ernst Toller, Stefan Zweig, Klaus Mann und anderen Ausgewanderten, die die Last des Exils und das Nazipandämonium nicht ertragen konnten und keinen anderen Ausweg als den Freitod sahen.

Nicht wenige der großen Vertreter der deutschen Vorkriegskultur waren Juden, und sie spürten in der Regel kein Bedürfnis, in das Land zurückzukehren, das sie ständig an den Holocaust erinnern mußte. Leute wie Adorno oder Horkheimer waren wohl die Ausnahme, und daß sie am Ende resignierten, ist aufschlußreich genug. Der Verlust des jüdischen Geistes war irreparabel, und das Vakuum, das dadurch entstand, ist bis heute nicht wieder gefüllt worden. Treffend stellte 1964 Margarete Susman in ihren Erinnerungen fest: »Gewiß gibt es wieder Juden in Deutschland, aber es gibt kein deutsches Judentum mehr, wie auch nach der weit weniger schrecklichen spanischen Verfolgung nie mehr ein spanisches Judentum entstanden ist.«[6] Oder Leo Baeck nach seiner Befreiung aus Theresienstadt: »Für uns Juden aus Deutschland ist eine Geschichtsepoche zu Ende gegangen ... Unser Glaube war es, daß deutscher und jüdischer Geist auf deutschem Boden sich treffen und durch ihre Vermählung zum Segen werden können. Dies war eine Illusion – die Epoche der Juden in Deutschland ist ein für alle Mal vorbei.«[7]

Die repräsentativsten Figuren der Exilschriftsteller hielten sich entweder fern von der Bundesrepublik oder siedelten in die DDR über. Thomas Mann blieb zuerst in den USA, später ließ er sich in der Schweiz nieder, wo auch Hermann Hesse weilte. Heinrich Mann starb 1950 in der Nähe seines Bruders, als er sich gerade in der DDR niederlassen wollte. Feuchtwanger verließ seine kalifornische neue Heimat nicht mehr, er gönnte sich nicht einmal eine Reise nach Europa. Auch Robert Neumann lebte weiter draußen, ebenso Jean Améry. Nicht wenige zog es in die DDR, darunter Bertolt Brecht, Ernst Bloch, Arnold Zweig, Anna Seghers, Alfred Kantorowicz, Hans Mayer oder Johannes R. Becher.

Es besteht kein Zweifel, daß die Schriftsteller, die dem Dritten Reich den Rücken gekehrt hatten, in der Bundesrepublik wenig willkommen waren, nicht nur, weil sie die Emigration gewählt hatten, sie galten oft als Kulturbolschewiki, als Handlanger Stalins oder Ulbrichts. Die geschmacklose Frage, die Franz Josef Strauß 1961 Willy Brandt stellte, drückte den sehr verbreiteten Ingrimm aus, der damals gegen die antifaschistischen Emigranten herrschte: »Was haben Sie zwölf Jahre lang draußen gemacht? Wir wissen, was wir drinnen gemacht haben.«

Thomas Mann, der sich weigerte, sich in den Dienst des Kalten Krieges zu stellen, wurde in Deutschland oft angegriffen und mitunter angepöbelt. So schrieb Gerhard Nebel in der ehrwürdigen *FAZ* am 6. Juni 1950 anläßlich seines 75. Geburtstags: »Der Clan Mann ist eine Giftzisterne geworden, und es tröstet nur, daß die Zahl derer, die aus ihr schöpfen, immer geringer wird ... Er (Thomas Mann) rührt im Blutbrei der tuberkulosen Lunge mit demselben Eifer wie im gelben Matsch des syphilitischen Gehirns, und ganz besonders haben es ihm die Inzeste angetan ...« Dieser und anderer Schund, der hier dem Leser erspart werden soll, wurde über einen Mann ausgeschüttet, der im Ausland als der höchste Repräsentant der deutschen Kultur galt, einen Mann überdies, der kurz zuvor seinen Sohn Klaus und seinen Bruder Heinrich verloren hatte.

Der Tod Heinrich Manns wurde in der Bundesrepublik mit eisernem Schweigen registriert. Keine Würdigung, kein Andenken an sein Werk. Dieses konzertierte, gleichgeschaltete Schweigen – das auch auf andere antifaschistische Schriftsteller angewandt wurde – kann man freilich nicht mit der Goebbelsschen Bücherverbrennung vergleichen, aber es kam aus demselben Ungeist der Intoleranz und des Fanatismus, nur nicht so plebejisch ausgedrückt.

Die Autoren, die in der DDR residierten oder als kommunistenfreundlich galten, hatten jahrelang große Schwierigkeiten, ihre Werke auch in der Bundesrepublik zu veröffentlichen, nicht nur, weil die westdeutschen Verlage wenig Interesse zeigten, sondern auch, weil die Buchhändler sich weigerten, ihre Bücher auszustellen und zu verkaufen. So schrieb Feuchtwanger 1955 an Arnold Zweig: »Daß es nicht leicht ist, in Westdeutschland Bücher von Autoren zu vertreiben, die als Kommunisten ›gebrandmarkt‹ werden, weiß ich aus Erfahrung, Kogon und Guggenheim berichteten mir immer wieder, daß die Buchhändler sich sträubten, meine Bücher zu vertreiben.«[8] Und dies geschah gerade in den entscheidenden Jahren des Wiederaufbaus, als sich das politische Bewußtsein der bundesrepublikanischen Bevölkerung formte.

Umgekehrt blockierten die Ulbricht-Kulturfunktionäre jeden geistigen Kontakt mit dem Westen, den sie nicht propagandistisch verwerten konnten. Jede Verbindung mit der Bundesrepublik galt automatisch als ein Ausdruck von kleinbürgerlichem Idealismus, als ein Versöhnungsakt gegenüber dem westdeutschen und amerikanischen Imperialismus. Der Versuch Kantorowiczs, durch seine 1947 gegründete Zeitschrift *Ost und West* eine geistige Brücke zwischen beiden Teilen Deutschlands aufzubauen, wurde von Anfang an von den kulturellen und politischen Apparatschicks der Ostzone mit äußerstem Mißtrauen betrachtet, und schließlich, unmittelbar nach der Gründung der DDR, kurzerhand verboten. Und sie wäre wahrscheinlich noch früher verboten worden, wenn Kantorowicz nicht die ausdrückliche Unterstützung der sowjetischen Besatzungsbehörden gehabt hätte, die sich liberaler als ihre deutschen Marionetten zeigten. Prophetisch schrieb Kantorowicz am 12. Oktober 1949, kurz nach der Gründung der DDR: »Nun werden wir es also, anstatt mit den Trägern der Macht selber, mit denen zu tun haben, die zu Statthaltern bestimmt wurden – mit Subalternen. Die Wachablösung in den Verwaltungsangelegenheiten, die Übernahme der Vollzugsgewalt durch unsere Apparatschicks wird das bisher von den Russen erzwungene, widerwillig abgelegte Lippenbekenntnis zur schöpferischen Intelligenz bald zum Verstummen bringen.«[9]

Man kann sagen, daß die Vorkriegsintellektuellen weitgehend von dem antifaschistischen Aufklärungsprozeß in der Bundesrepublik ausgeklammert wurden. An ihre Stelle traten junge, zumeist unbekannte Autoren, die im Lande geblieben waren und das Dritte Reich aus unmittelbarer Nähe erlebt hatten, oft als Soldaten. Die Gruppe 47 wurde zu einem Symbol für diese neue Generation engagierter Schriftsteller.

In ihren Romanen und Theaterstücken, in ihrer Lyrik und ihren Feuilletons, in ihren Hörspielen und Essays setzten sie sich mit der Vergangenheit auseinander, kritisierten die restaurativen Tendenzen der Adenauer-Zeit, sprachen sich gegen die Wiederbewaffnung aus, setzten sich für den Frieden ein und prangerten den Revanchismus, den Neonazismus, den blinden Antikommunismus und andere bedenkliche Erscheinungen an, die einem umfassenden und unverfälschten Demokratisierungsprozeß im Wege standen. Man denke nur an Bölls *Und sagte kein einziges Wort* oder *Billard um halb zehn* oder Martin Walsers *Eiche und Angora*, Hans Magnus Enzensbergers *Landessprache* oder *Die Ermittlung* von Peter Weiss.

Die schon bald nach Kriegsende entstandene antifaschistische Kultur hatte viele gemeinsame Züge, war jedoch weit entfernt, eine einheitliche Bewegung zu bilden. Sie bestand vielmehr aus Autoren mit ganz verschiedenen, oft entgegengesetzten Ansichten, sowohl in literarischer wie in ideologischer Hinsicht. Im Grunde waren alle Einzelgänger, oder wie Hans-Werner Richter gesagt hat, »sie hatten ja alle ihre Eigentümlichkeiten, waren bewußte Individualisten«.[10] Das erklärt, daß sie, mit wenigen Ausnahmen, auf ihre Unabhängigkeit größten Wert legten und nicht parteigebunden waren, obwohl nicht wenige von ihnen sich mit dem Marxismus oder dem demokratischen Sozialismus verbunden fühlten, wie Andersch, Enzensberger, Walser oder Peter Weiss, um nur einige Beispiele zu nennen. Grass war praktisch der einzige, der in einer sehr direkten Form für die SPD und Willy Brandt warb. Die anderen blieben auf Distanz, an erster Stelle Heinrich Böll, der allergisch gegen jede politische Etikettierung war und über alle Fronten hinweg seine unbestechliche Stimme gegen alles erhob, was ihm ungerecht oder unmenschlich erschien.

Ihr Beitrag zum geistigen Wiederaufbau war äußerst fruchtbar, aber er stieß auf Grenzen. Im Grunde blieb die Wirkung der neuen Autoren eine minoritäre Erscheinung inmitten einer Gesellschaft, die für ganz andere, weniger edle Werte lebte. Einer von diesen Nachkriegsautoren, Wolfdietrich Schnurre, stellte fest: »Zwar hat sich Deutschland verändert, aber nicht im Sinne jene Literatur. Es hat sich verändert, als hätte es diese Literatur nie gegeben.«[11] Friedrich Heer behauptete gar Ende der siebziger Jahre: »Die Heute-Gesellschaft der Leute in der Bundesrepublik ... besitzt kein Geistesleben, kein spirituelles Leben, keine Kultur ... – sie lebt taktlos und kontaktlos ein ungepflegtes, rauhes, rohes, rüdes Eintagsleben.«[12] Es entstand zwar eine Kultur, die sich vom ersten Moment an durch ihren hohen Rang auszeichnete und bald die Bewunderung des Auslandes weckte, aber sie entwickelte sich außerhalb der großen Masse und auch der Parteien, die, vor die Alternative gestellt, zwischen Geist und Macht zu wählen, sich lieber für die Macht entschieden. Auch der sozialliberalen Koalition gelang es nicht, den Dualismus zwischen den elitären Bildungsschichten und der Arbeiterklasse aufzuheben. Die Kultur blieb, genauso wie vorher, ein Reservoir der oberen und Mittelschichten.

Die Gewerkschaften trugen ebensowenig dazu bei, ein wirklich neues Gesellschaftskonzept zu entwerfen, sie legten das Hauptgewicht ihrer Aktivitäten auf vordergründige und systemerhaltende Forderungen wie Gehaltserhöhungen und Arbeitszeitverkürzungen, ließen sich – wie auch die SPD – von der Wachstumsideologie des Spätkapitalismus verblenden. Ihre Funktionäre waren der Meinung, daß das eigentliche Ziel der Gewerkschaften die Anhäufung von materieller Macht war und daß man den Kapitalismus am besten mit seinen eigenen Methoden bekämpft. Eiskaltes Management, Ämterjagd und Bürokratismus verdrängten immer mehr das Prinzip der Emanzipation und den Sinn für Solidarität. Das peinliche Ende der Neuen Heimat und das unrühmliche Schicksal der Bank für Gemeinwirtschaft belegten schließlich mit niederschmetternder Klarheit das moralische Fiasko des von den Gewerkschaftsbossen verfolgten Pragmatismus.

Ein nicht unwesentlicher Teil der Massenmedien war in der Bundesrepublik von Anfang an fortschrittlich orientiert, aber der emanzipatorische Einsatz vieler Zeitungen, Zeitschriften, Rundfunksender und Fernsehanstalten war immer überschattet von der konservativen bis restaurativen Publizistik, an erster Stelle die Bildzeitung und andere Publikationen des Springerkonzerns. Kritische, unabhängige Publizisten haben es in der Bundesrepublik nie leicht gehabt, mußten sich immer mit dem massiven Druck und den Einschüchterungsmanövern der Interessenverbände und der Parteien plagen. Nicht selten wurden unbequem gewordene Journalisten vor die Tür gesetzt, wie es vor Jahren mit Gert v. Paczensky geschah. Andere wurden zwar nicht entlassen, aber als Programmleiter abgesetzt, wie zum Beispiel Peter Merseburger bei *Panorama*. Der monatelange Versuch, Franz Alt aus der Sendung *Report* zu entfernen und seinen Einfluß einzuschränken, beweist, daß publizistische Zivilcourage in der Bundesrepublik weiterhin oft mit Vergeltungsmaßnahmen honoriert wird. Solche Maulkorbpraxis fördert natürlich journalistisches Mitläufertum und Opportunismus.

Eine linke Presse in klassischem Sinn gibt es in der Bundesrepublik nicht, und die Publikationen, die als solche aus demagogischen Gründen von der Rechten bezeichnet werden – *Der Spiegel*, der *Stern* oder die *Frankfurter Rundschau* –, erfüllen zwar eine eminent aufklärerische und kritische Rolle, aber sind alles andere als klassenkämpferische oder sozialradikale Tribünen. Nicht einmal einer so großen und einflußreichen Partei wie der SPD ist es gelungen, ein publikumswirksames Pressenetz auf die Beine zu stellen, und der desolate Zustand, in dem sich der *Vorwärts* seit Jahren befindet, ist bezeichnend genug. Nein, eine proletarische oder sozialistische Publizistik gibt es in Deutschland nicht, und die paar Blätter oder Zeitschriften, die eine linke Ideologie vertreten, erreichen die großen Massen nicht und entsprechen mehr den elitären Vorstellungen der radikalen Intelligenzschichten als den wahren, konkreten Interessen der arbeitenden Klassen, die, publizistisch gesehen, heimatlos sind.

Jahrelang war in der Bundesrepublik die politische und geistige Aufklärungstätigkeit in beträchtlichem Maße von mechanischem Antikommunismus und Antisowjetismus geprägt, und wenn auch diese Haltung unbestreitbar in vielen Punkten ihre Berechtigung hatte, führte sie unwillkürlich zu einer expliziten oder impliziten Verherrlichung der Verhältnisse im eigenen Land. Man sprach viel von Freiheit, Chancengleichheit, Pluralismus, abendländischer Zivilisation und ähnlich schön klingenden Worten, aber nur abstrakt und ohne die Grundsätze des bürgerlich-kapitalistischen Systems in Frage zu stellen. Die tiefsitzende Angst vor dem Kommunismus, unermüdlich von den restaurativen Kräften immer wieder beschworen, hat die politische Szene in der Bundesrepublik einseitig geprägt und automatisch zu einer Vernachlässigung der antifaschistischen und demokratischen Aufklärung geführt.

Natürlich ist diese Entwicklung eng mit dem Kalten Krieg und dem Einfluß der Vereinigten Staaten auf Westdeutschland verbunden. Man vergesse nicht, daß Amerika immer ein Land ohne Kommunismus gewesen ist, daß dort der Kommunismus seit jeher als etwas Anormales galt. Der nach dem Zweiten Weltkrieg entstandene McCarthyismus und die Kampagne gegen »unamerikanische Umtriebe« war nur der Höhepunkt eines immer latenten Abscheus gegen die kommunistische Ideologie. Zwischen dem amerikanischen und dem deutschen Antikommunismus besteht freilich ein wesentlicher Unterschied, denn während jener von einem extremen Liberalismus ausgeht, entstammt dieser der faschistischen Grundhaltung des Dritten Reiches und der autoritären Traditionen Deutschlands.

Von diesem bis zum heutigen Tag in der Bundesrepublik vorherrschenden latenten Antikommunismus hat übrigens auch die Sozialdemokratie profitiert, die es dadurch leicht gehabt hat, das linke Spektrum zu monopolisieren, ohne die Konkurrenz einer kommunistischen Partei befürchten zu müssen. Es muß in diesem Zusammenhang aber gleich hervorgehoben werden, daß im Gegensatz zur

Weimarer Republik der Kommunismus kaum Chancen hatte, in der Bundesrepublik sich zu einer Massenbewegung zu entwickeln, nicht nur wegen der Nachwirkungen des Dritten Reiches, des McCarthyismus oder der Ressentiments gegen die Sowjetunion, sondern aus Angst vor der stalinistischen Politik. Unter der Stalinherrschaft waren so viele Dinge geschehen, die nicht nur eingefleischte Kommunistenfresser empören oder nachdenklich machen mußten: die Säuberungen und Moskauer Schauprozesse in den dreißiger Jahren, die unsinnige Taktik der KPD in den letzten Jahren der Weimarer Republik, der Hitler-Stalin-Pakt 1939 und schließlich die nach dem Krieg in Osteuropa von Stalin mit Gewalt eingesetzten Marionettenregierungen. Dies ist mit eine Erklärung dafür, daß der Antikommunismus auch von Leuten geteilt wurde, die nicht unter dem Einfluß des Faschismus oder des McCarthyismus standen, die überzeugte Demokraten oder Sozialisten waren, wie etwa Albert Camus in Frankreich. Unzählige ehemalige Kommunisten trennten sich aus den gleichen Gründen von der Partei und wurden zu erklärten Antikommunisten, wie etwa Arthur Koestler, Manès Sperber oder Jorge Semprún.

Noch ist diese Republik nicht in Konservatismus und Konformismus erstickt, und dies ist nicht zuletzt auf das antifaschistische und emanzipatorische Engagement vieler Intellektueller, Dichter und Publizisten zurückzuführen. Doch die Bereitschaft zur staatsbürgerlichen Militanz scheint leider in den letzten Jahren nachzulassen, die heutigen Autoren leben fast ausschließlich für ihre literarische Arbeit, sind wenig geneigt, ihren Elfenbeinturm zu verlassen, um sich für Ziele zum Wohl der Allgemeinheit einzusetzen. Die bundesrepublikanische Intelligenz hat sich weitgehend ins Private zurückgezogen, sie kümmert sich mehr um die Ästhetik als um die Ethik, hält sich von den öffentlichen Debatten fern und sucht wieder einmal die Selbstverwirklichung in den ätherischen Regionen der reinen Kunst. Die Intellektuellen existieren heute in der Bundesrepublik nur als Einzelgänger, nicht mehr als gesellschaftliche Instanz, auch wenn sie weiterhin in Fachverbänden und anderen Gremien organisiert sind. Vorbei ist die Zeit, in der sie eine aufklärerische Funktion erfüllten, als sie ziemlich geschlossen Entfremdung, Willkür und

Machtmißbrauch bekämpften und sich in den Dienst der Wahrheit und der Gerechtigkeit stellten. Heute ist blanke Skepsis wieder ›in‹, und damit hat die Flucht ins Individuelle begonnen, das Desinteresse für das Allgemeine, kleinbürgerlicher Solipsismus als Weg zur Erfüllung und Ich-Literatur als einziges schöpferisches Kriterium. Deshalb ist Autobiographisches so gefragt, Vertraulich-Intimes, Innerlichkeit, mit ein bißchen Morbidität, wenn möglich, damit es nicht langweilig wird.

Insgesamt besteht der Eindruck, daß es im Gegensatz zum Wirtschaftswunder in der Bundesrepublik kein ›geistiges‹ Wunder gegeben hat. Die Deutschen der Nachkriegszeit haben sich mehr für den materiellen als für den kulturellen Wiederaufbau engagiert, daher auch der Abgrund zwischen ihrem persönlichen Wohlstand und ihrem durchschnittlichen geistigen Niveau. Man trifft in diesem Lande gutaussehende, gutgenährte und gutgekleidete Menschen, die Frage ist, ob sie geistig und politisch genauso gut ausgerüstet sind. Im allgemeinen nicht.

Wenn Aufklärung nicht nur elitäre Bildung für eine Minderheit von Privilegierten bedeutet, für die gutverdienenden Bildungs- und Besitzbürger, sondern ein Prozeß, der die gesellschaftliche Totalität umfassen muß, dann ist die Aufklärung in der Bundesrepublik nur teilweise gelungen. Daß nach mehr als einer Dekade sozialliberaler Politik sich schon wieder eine offen restaurative Richtung breitmachen konnte, zeigt den labilen Zustand, in dem sich die politische Kultur weiterhin befindet, zeigt, wie anfällig Deutsche immer noch für geistigen und politischen Primitivismus sind. Daß der politische Neandertalismus in diesem Lande noch so viel Zuspruch findet, beweist andererseits, daß die SPD sowohl als regierende wie als oppositionelle Kraft es nicht fertiggebracht hat, ihre relativ weitsichtige und aufklärerische Politik ausreichend darzustellen und in die Tat umzusetzen. Diese schiefe Entwicklung erklärt auch, warum es bisher den Westdeutschen nicht gelungen ist, eine ethisch, human und politisch überzeugende Republik zu schaffen.

DAS UNGLÜCKLICHE BEWUSSTSEIN

> Es ist ein hartes Wort und den-
> noch sage ich's, weil es Wahr-
> heit ist: ich kann kein Volk mir
> denken, das zerrissener wäre
> wie die Deutschen.
>
> *Friedrich Hölderlin*[1]

Nichts ist irriger als die Meinung, daß der materielle Wohlstand und andere Vorzüge der Konsumgesellschaft, welche
die Westdeutschen seit ein paar Jahrzehnten genießen,
aus ihnen ein glückliches Volk gemacht haben. Allerdings
haben sie es verbissen versucht, und sie versuchen es weiter, aber mit nicht ganz ermutigenden Ergebnissen.

Die Deutschen haben im Laufe ihrer Geschichte so ziemlich alles gelernt und mit ihren beachtlichen Leistungen
die Welt oft in Erstaunen versetzt, aber glücklich zu sein,
haben sie bisher nicht geschafft, auch und gerade die Nachkriegsdeutschen nicht. Sie werden von vielen Völkern auf
Grund ihrer Errungenschaften, ihres Lebensstandards und
ihrer politischen und wirtschaftlichen Stabilität beneidet
und bewundert, und die Deutschen selbst weisen nicht
selten auf diese Tatsache hin, aber sie sind in der Tiefe ihrer
Seele sehr unzufrieden mit ihrem Dasein und mit der Welt.
Solche Behauptung ist schwer mit Statistiken und Daten zu
belegen, aber man braucht nur in die Gesichter der Menschen zu sehen, um zu ahnen, daß sie trotz ihrer in vielerlei
Hinsicht privilegierten Stellung und trotz ihres Stolzes auf
das bisher Erreichte in ihrem Innern nicht glücklich sind
und sich mit ihrem jetzigen Schicksal nicht versöhnt haben. Deshalb wirken sie auch so verkrampft, so traurig, so
mißmutig, so gequält und nachdenklich, als hätte jeder
von ihnen eine unbezahlte Rechnung zu begleichen. Sie
gestehen dies freilich nicht ein, sie sind in dieser Beziehung
sehr wortkarg und zurückhaltend, unter anderem deshalb,
weil es zu ihrem Verhaltenskodex gehört, über das eigene
Leid nicht zu klagen und es stoisch und stumm mit sich
herumzuschleppen.

In kaum einem vergleichbaren Land des Westens gibt es
so viel Angst und innere Unsicherheit wie in der Bundesrepublik, so viele seelische Depressionen, so viele verinnerlichte Aggressionen und so viel psychisches Elend, so viel

Einsamkeit und so viele Selbstmorde und Selbstmordversuche. Die Zahl der Bundesdeutschen, die »Hand an sich legen« (Améry) ist mittlerweile auf 14 000 jährlich gestiegen, von den mißlungenen Versuchen ganz zu schweigen, deren Dunkelziffer von den Experten auf das Zwanzigfache geschätzt wird. Ist es ein Zufall, daß es in Griechenland etwa zehnmal weniger Selbstmorde gibt als in der Bundesrepublik? Kaum. Es zeigt nur, daß Geld und Komfort allein keine Gewähr für ein erfülltes Leben sind. Nicht nur von Brot allein lebt der Mensch. Hohe Selbstmordquoten gibt es freilich in anderen westlichen und östlichen Ländern (USA, Ungarn, Schweiz, DDR, Sowjetunion, etc.), aber die Tatsache, daß hier eine Zeiterscheinung immer mehr um sich greift, ist keine ausreichende Erklärung für die eigene und bundesrepublikanische Erfahrung. Dieses allgemeine Phänomen dürfte vor allem nicht dazu führen, vordergründige und rein statistische und pseudo-soziologische Analogien zwischen der Bundesrepublik und anderen Ländern zu ziehen, denn, wenn sich auch überall Menschen aus den verschiedensten Gründen umbringen, hat trotzdem Deutschland in diesem Bereich der seelischen Not seine eigene, spezifische Problematik, die deshalb nicht mechanisch auf andere Länder übertragbar ist.

Es gibt in diesem Lande viel stilles und anonymes Leid, viel mehr auf jeden Fall, als die plumpe und schematische Sprache der Statistiken, der Umfragen und der soziologischen Untersuchungen erkennen läßt. Dieses hintergründige Leiden bleibt weitgehend unbemerkt, weil in einer Gesellschaft, die auf Erfolg fixiert ist, der einzelne sich schämt, über seine eigenen Niederlagen zu sprechen. Auch in dieser Hinsicht bleiben die Deutschen ihrem Hang zur Verinnerlichung treu. Sie ziehen es vor, sich in der Intimität ihres Kämmerleins zu Tode zu quälen, als in der öffentlichen Agora laut ihre Kümmernisse zu verkünden und etwas dagegen zu tun, um sich aus diesem beklemmenden inneren Ghetto zu befreien. Die Folgen dieses teils stoischen, teils kleinbürgerlichen Schamgefühls sind verheerend und führen zum Entstehen jenes seelischen Zustands, den Hegel »das unglückliche Bewußtsein« nannte.

Im strengen Sinn gibt es freilich kein völlig glückliches Volk, denn das menschliche Dasein ist konstitutiv immer ein ständiger Wechselprozeß von Erfüllung und Entfremdung; aber es gibt, glaube ich, doch eine spezifische deutsche Art, zu leiden und unzufrieden zu sein, die mit der universalen, von allen Menschen und Völkern geteilten Erfahrung des Schmerzes wenig zu tun hat. Schon Goethe war aufgefallen, daß »mehr zu lernen und zu tun als zu genießen«[2] einer deutschen Eigenart entspricht, und diese Feststellung gilt wohl für die Mehrheit der heutigen Deutschen. Das hängt nicht zuletzt zusammen mit dem tiefverwurzelten Ernst der Deutschen, mit ihrem Schaffensdrang und ihrem obsessiven Streben nach Vollkommenheit, mit den hohen, oft unrealistischen Lebenszielen, die sie sich setzen, in individuellem wie in kollektivem Sinn. Bei einer solch einseitigen Fixierung auf Leistung und Selbstbewährung bleibt wenig freier Raum für die Entfaltung des Spieltriebs und für Charakterzüge wie Gelassenheit, Selbstironie, Sorglosigkeit oder Humor. Was dabei entsteht, ist im Gegenteil Bedrückung, Verklemmung, innere Unruhe und alle möglichen Ängste, Enttäuschungen und Frustrationen.

Die Deutschen sind wieder Opfer ihrer tiefverwurzelten Neigung, die persönlichen und gesellschaftlichen Konflikte, die sie quälen und sie unglücklich machen, in ihrem Innern zu begraben, anstatt aktiv zu werden und sie mit anderen zu lösen zu versuchen. Vor die Alternative gestellt, in der trostlosen Anonymität der eigenen vier Wände zu leiden oder gegen die Ursache ihres Leidens zu kämpfen, wählen sie in der Regel die erste Option. Deshalb verkümmern und sterben sie allein, protestlos, resigniert, verlassen.

Ich glaube, daß die Deutschen die Zerstörung ihres Reiches und die Spaltung der Nation innerlich nicht richtig überwunden haben, auch wenn sie das nicht zugeben oder selbst nicht klar sehen. Die Bundesrepublik ist für sie ein geschichtliches Provisorium, das ihnen nicht die Erfüllung gegeben hat, die sie gebraucht hätten, um sich mit dem Schicksal zu versöhnen. Sie leben in einem luftleeren Raum ohne große Illusionen und Ideale, überzeugt, daß dieser äußere Zustand sie hindert, sich als Volk sinnvoll und ganz zu verwirklichen.

Wie werden die Deutschen mit dem seelischen Druck, der auf ihnen lastet, weiterhin fertigwerden? Sie haben sich über vierzig Jahre lang im ganzen still verhalten, mit erstaunlicher Disziplin das Los eines besiegten und ge- teilten Volkes hingenommen. Und was sie als Volk getan haben, haben sie auch als einzelne getan: sich den Um- ständen gefügt. Dies bedeutet jedoch keineswegs, daß sie glücklich sind, weder als Kollektiv noch als Individuen. Sie sind im Gegenteil tief unglücklich, auch wenn diese innere Gemütsverfassung sie nicht hindert, tüchtig zu arbeiten, Reichtum zu akkumulieren, sich zu amüsieren und gute Miene zum bösen Spiel zu machen.

Die Seele dieses Volkes ist zu tief, um sich ewig mit dem kleinbürgerlichen Pseudo-Paradies der Konsumgesell- schaft zufriedenzugeben. Eines Tages werden sie nach mehr verlangen, die Deutschen, und das unglückliche Be- wußtsein, das sie heute plagt, ist vielleicht nur ein Vorbote der unbewußten Sehnsucht nach einer neuen Erfüllung. Ob diese Sehnsucht nach dem ›ganz anderen‹ ein neuer Aufbruch zu irgendeinem irrationalen Abenteuer oder eine fruchtbare Hinwendung zu den besten Traditionen dieses Landes sein wird, steht in den Sternen geschrieben. Al- les ist offen und deshalb ungewiß, was die Zukunft die- ses Volkes betrifft. Seit dem Zusammenbruch des Dritten Reichs sind die Deutschen auf der Suche nach einer neuen Identität; gefunden haben sie sie wohl noch nicht. Daher die innere Unruhe, die sich hinter ihrer vordergründigen Selbstzufriedenheit und gelegentlichen Prahlerei verbirgt.

Ob man dies im Ausland versteht? Die Amerikaner si- cher nicht, die Brüsseler Bürokraten genausowenig, die Polen, die Tschechen oder die Russen eher. Ich halte mich nicht für einen Propheten, aber es wird wohl nicht ausblei- ben, daß die Deutschen irgendwann versuchen werden, sich selbst und ihre verlorene Identität wiederzufinden.

Unzufrieden mit dem Schicksal zu sein ist für die Deut- schen eigentlich nichts Neues, dies ist sogar einer der im- mer wiederkehrenden Züge ihrer Geschichte. Wie erklärt sich, daß ein so begabtes und mit so vielen positiven Eigen- schaften ausgestattetes Volk in seiner Gesamtgeschichte nicht allzu glücklich gewesen ist, auch heute, trotz der glänzenden Fassade der Konsumgesellschaft? Für diese Tatsache habe ich keine andere Erklärung als diese: Weil sie seit eh und je den törichten Traum gehegt haben, alles zu erreichen und zu beherrschen, wie Faust. Das ist ein zugleich anmaßender und naiver Traum, der nie in Erfüllung gehen konnte und unvermeidlich mit einem Fiasko enden mußte.

Die Deutschen waren schon immer ein Volk, das nach dem Absoluten gestrebt hat, erst auf philosophischer, theoretischer Ebene, dann auf der praktischen, mit Hilfe des Machtkults, der Produktion und der Technik. Sie sind wahrscheinlich die einzige moderne Nation, die versucht hat, die verschwommenen, weltfremden und übermütigen Vorstellungen ihrer Philosophen und Dichter über das Absolute, das Unbedingte und das Unendliche in die Tat umzusetzen, allerdings oft mit den sehr unphilosophischen und sehr unpoetischen Mitteln des Krieges. Und der nüchterne, luzide Teil der Deutschen, der sich gegen diese krankhafte Romantik querstellte, wurde einfach von den brüllenden, marschierenden Massen beiseite geschoben und niedergetrampelt. In diesem Prozeß hat sicherlich der deutsche Idealismus eine Rolle gespielt, was noch näher auszuführen sein wird.

Grundsätzlich ist wohl festzustellen, daß Absolutheitsansprüche nicht zum Glücklichsein führen.

Die Hegelsche Krankheit des ›unglücklichen Bewußtseins‹ wirkt offenbar immer weiter. Objektiv gesehen geht es ihnen besser als vielen anderen europäischen Nationen, und sie hätten deshalb Grund genug, mit ihrem Schicksal nicht unzufrieden zu sein, aber wenn man es mit diesem Volk zu tun hat, muß man immer an das Stendhalsche Wort über das deutsche Schicksal, die Dinge zu komplizieren, erinnern. Daß eines der robustesten und gesündesten Länder des Globus unter seelischen Depressionen leidet, mutet merkwürdig an. Man muß Sebastian Haffner zustimmen: »Aber wieder ist das reichste Land Europas gleichzeitig das unzufriedenste; das stärkste, das unruhigste – und wieder heißt dieses Land Deutschland.«[3]

Die Unzufriedenheit der Deutschen beruht jedoch nicht nur auf der subjektiven Neigung, alles zu problematisieren, auch nicht auf dem ramponierten Zustand ihrer historischen und nationalen Identität. Von nicht minderem Gewicht sind die schwerwiegenden Widersprüche, Unzulänglichkeiten und dunklen Seiten, die sich hinter der glänzenden Fassade der Bundesrepublik verbergen. Hier haben wir es nicht mit eingebildeten Wehwehchen oder unbefriedigten nationalen Sehnsüchten zu tun, sondern mit objektiven Tatsachen und Zusammenhängen, die das konkrete Dasein der Deutschen Tag für Tag betrifft. Formal gesehen, ist das gesellschaftliche Modell der Bundesrepublik nicht schlechter als das anderer westlicher Länder, in manchen Beziehungen funktioniert es sogar effektiver und optimaler. Und dennoch hat dieses Modell bis jetzt nicht nur materiellen Wohlstand produziert, sondern auch seelisches Elend, Entfremdung, Irrationalität, Zerstörung und existentielle Not. Wie ist das möglich? Sehr einfach: weil man das Menschliche vergessen hat, als wäre es etwas Nebensächliches, das sich automatisch als Resultat eines gut funktionierenden Systems von Institutionen ergibt. Ein fataler Irrtum: Menschen sind nicht nur Konsumenten mit materiellen Bedürfnissen, zu einer harmonischen und sinnvollen Entwicklung ihres Daseins gehören ebenso die immateriellen, humanen Bedürfnisse.

Eine gut organisierte und leistungsfähige Gesellschaft bedeutet nicht automatisch eine menschliche Gesellschaft, sie kann sogar zum Entstehen von recht entmenschlichten Verhältnissen führen. Kaum jemand wird bestreiten, daß die Bundesrepublik ein gut organisiertes und leistungsfähiges Land ist, aber nur Blinde können andererseits das große Ausmaß an Härte, Kälte und Erbarmungslosigkeit übersehen, das sich inmitten der institutionellen und gesellschaftlichen Reibungslosigkeit breitgemacht hat. Hier kann man sich in der Regel auf die Institutionen verlassen, auf die Gesetze, auf die Verfassung und andere Einrichtungen und Instanzen, aber kann man sich auch auf die Mitmenschen verlassen, auf so elementare Reaktionen wie Wärme, Solidarität oder Mitgefühl? Manchmal sicher, aber wehe, wer in diesem Land auf die spontane Hilfsbereitschaft seines Nächsten angewiesen ist.

Für mich ist das ein Land, das sich daran gewöhnt hat, ohne Freundschaft zu leben, in dem das gängige Verhalten gegenüber den anderen aus Feindseligkeit, Mißtrauen, Mißgunst oder Gleichgültigkeit besteht, so daß die Bundesrepublik jenen entmenschlichten Zustand in hohem Grade verkörpert, den der französische Philosoph Paul Ricœur eine »Welt ohne Nächsten«[4] genannt hat. Ich selbst habe deutsche Freundschaft und deutsche Anteilnahme kennengelernt, weiß, wie selbstlos und solidarisch Deutsche sein können, dennoch hindert diese Erkenntnis nicht, die

Verhärtung wahrzunehmen, die die zwischenmenschlichen Beziehungen in diesem Land prägen. »Ich weiß kein verhärteteres Kollektiv in der ganzen Welt«,[5] stellte Horkheimer Anfang der sechziger Jahre lapidar fest. Brutalität und Rücksichtslosigkeit sind an der Tagesordnung, Sensibilität und Rücksichtnahme selten zu spüren, Draufgängertum, Sturheit und Unnachgiebigkeit werden mehr geschätzt als Güte, Hilfsbereitschaft, Taktgefühl oder Bescheidenheit. Hartgesottene, rohe Typen stoßen hier selten auf Widerstand, genießen eher das Wohlwollen breiter Massen.

Dieser Zustand hat zu einer allgemeinen Verkrampfung des bundesrepublikanischen Lebens geführt. Der Westdeutsche lebt grundsätzlich in Angriffs- und Abwehrstellung, als müßte er sich dauernd entweder unbedingt durchsetzen oder sich seiner Haut wehren. Das entspricht der Haltung eines Menschentypus, der in seinem Innern ein kriegerisches Verhältnis zu seinen Mitmenschen hat, der sich das Leben nur als Konfrontation mit den anderen vorstellt. Aus dieser neurotisierten Aggressionseinstellung folgt der Mangel an Toleranz, Geduld und Verständnis für die anderen. Wie sollen Menschen einander lieben oder nur achten, die sich als potentielle Feinde begegnen? Auch die Leistungsbesessenheit der Deutschen hat die gleiche Wurzel, gehört zu der Zwangsneurose, sich immer bewähren und behaupten zu müssen – natürlich gegen die anderen, so daß der eigene Sieg schon die Demütigung des Erliegenden voraussetzt.

Wenn man unter einem solch psychischen Druck leben muß, kann man schwer glücklich sein, weil jeder bedacht ist, sich durchzusetzen, um nicht von den anderen zertreten zu werden. Diese Situation ist freilich typisch für jede Industriegesellschaft, und das erklärt auch, daß heute die Menschen überall mit sich selbst so unzufrieden sind. Nur manifestiert sich dieses weltweite Phänomen in der Bundesrepublik mit spezifisch deutschen Elementen, ist eng verbunden mit den autoritären Traditionen dieses Volkes, mit der Rigorosität und Gründlichkeit, die den Deutschen eigen sind, mit ihrem unausgeglichenen Verhältnis zur Macht und ihrer tiefverwurzelten Neigung zur Maßlosigkeit und Ausschließlichkeit.

Mag es ungeheuerlich klingen – mir scheint manchmal,

als ob die Aggressionen, mit denen die Deutschen früher fremde Nationen überfielen, sich jetzt in ihrem Alltag manifestierten und die Feindbilder, die einst anderen Völkern galten, sich oft gegen die eigenen Landsleute richteten. Wie kann man sonst die Verbissenheit erklären, mit der sich Deutsche nicht selten begegnen? Die Deutschen tragen keine Waffen mehr, leben aber häufig untereinander im Zustand des Krieges: Feindseligkeit statt Freundschaft, Gefühllosigkeit als grundsätzliche Haltung, Ablehnung statt Aufgeschlossenheit. Es gibt kaum versöhnende Gesten, nur Entzweiung und Zwietracht. Hier waltet das Gesetz der Kälte, nicht nur was das Klima angeht, es herrscht in den Herzen der Menschen, die in der Regel unter Gefühlsarmut leiden und kein anderes Gesetz kennen als die bürgerliche, spätkapitalistische »Ideologie des Kalküls« (Ernst Bloch). Ich fürchte, daß die Bundesrepublik auf dem besten Weg ist, das Land der verlorenen Menschlichkeit zu werden – wieder einmal, muß man hinzufügen.

Man braucht in diesem Zusammenhang nur daran zu denken, mit welcher Herzlosigkeit alte Menschen in diesem Land behandelt werden, als wären sie ein unbequem und nutzlos gewordener Ballast. Man läßt sie allein oder schiebt sie in die Altersheime ab, damit sie ja nicht den allgemeinen Prozeß der Leistungs- und Genußgesellschaft stören. Oder soll ich über Kinder sprechen? Auch sie scheinen zu stören, deshalb werden sie schnellstens gedrillt und gezwungen, sich der disziplinierten Welt der Erwachsenen unterzuordnen.

Warum sind also die Deutschen so unzufrieden und freudlos, obwohl sie alles sorgsam und perfekt planen? Vielleicht wird eine solche Haltung als naiv und altmodisch abgetan, doch meine ich, es liegt daran, daß sie insgesamt kein sinnvolles Wertesystem auf die Beine gebracht haben, daß sie schon wieder den falschen Götzen huldigen, sie unter ihrem geistigen und moralischen Niveau leben, daß sie die schöpferischen Möglichkeiten, die ihnen seit mehr als vierzig Jahren zur Verfügung stehen, verspielt haben. Ein Volk kann nur sich selbst finden, wenn es noch in der Lage ist, für Ideale zu kämpfen, die über die eigenen Interessen hinausgehen. Die Bereitschaft zur Selbstlosigkeit und Solidarität sind in der Bundesrepublik nur vereinzelt zu finden. Hier lebt man für sich selbst, ohne Blick auf den anderen, und es herrscht eine Art organisierter Egoismus. Es fehlt das Bindende, der Sinn für die Gemeinsamkeit, die Erkenntnis, daß sich ohne zwischenmenschliche Kommunikation und Kooperation keine Gesellschaft wirklich harmonisch entwickeln kann. Reichtum, Macht, Erfolg, Genuß, Sex, Komfort, Eitelkeit und andere ähnliche Pseudowerte, die seit Jahrzehnten in der Bundesrepublik so groß geschrieben werden, reichen nur aus, um sich zu betäuben, aber nicht, um dem Leben einen bleibenden Sinn zu geben.

Deshalb ist es zu keiner echten Erneuerung gekommen, zu keiner echten moralischen und geistigen Renaissance. Es hat Versuche in dieser Richtung gegeben, es gibt sie weiterhin, aber sie werden immer wieder durch das Vergessen, das Verdrängen, die Anpassung oder den Opportunismus im Keim erstickt oder entstellt. Und wie soll sich ein Land geistig, menschlich und ethisch erneuern, das überwiegend von Profitdenken, Erfolgssucht, Machtanhäufung oder Hedonismus besessen ist? Am 7. Oktober 1949 schrieb Alfred Kantorowicz: »Unser Traum von einer Erneuerung Deutschlands ist zu Ende. Die Politiker von vorgestern haben das Heft nun wieder fest in der Hand, drüben und hüben. Staatsmänner, Denker, Dichter, geistig schöpferische Menschen ganz allgemein, sind ›draußen vor der Tür‹, nicht einmal als Zaungäste zugelassen ...«[6] Wie pessimistisch auch diese Worte klingen mögen, sie entsprechen im wesentlichen noch immer der Realität.

Kassandrarufe, weltverbesserliche, fromme Sprüche werden die ewig smarten Pragmatiker und Realisten sagen. Es gibt eine deutsche Kultur von Weltrang, aber so wie die Dinge stehen, läuft sie Gefahr, zu einer musealen Erinnerung zu werden. Der deutsche Humanismus lebt vielleicht weiter in den Büchern, in den Germanistenseminaren und in den Gelehrtenstuben, aber von seinem Geist findet man im bundesrepublikanischen Alltag wenig. Er ist Theorie geblieben, er wartet bisher, seit mehr als vierzig Jahren nach Kriegsende, in gesellschaftliche Praxis umgesetzt zu werden.

DIE EINSAMEN DEUTSCHEN

Es gibt in Thomas Manns *Zauberberg* eine entscheidende und prophetische Stelle, wo der Italiener Settembrini zu Hans Castorp mahnend sagt: »Sie schweigen. Sie und Ihr Land, Sie lassen ein vorbehaltloses Schweigen walten, dessen Undurchsichtigkeit kein Urteil über seine Tiefe gestattet. Sie lieben das Wort nicht oder besitzen es nicht oder heiligen es auf eine unfreundliche Weise – die artikulierte Welt weiß nicht und erfährt nicht, woran sie mit Ihnen ist. Mein Freund, das ist gefährlich. Die Sprache ist Gesittung selbst ... Das Wort, selbst das widersprechendeste, ist so verbindend ... Aber die Wortlosigkeit vereinsamt. Man vermutet, Sie werden Ihre Einsamkeit durch Taten zu brechen suchen.«[1] Eine andere Passage in dem Aufsatz »Das unliterarische Land« ist nicht weniger bezeichnend: »Denn nicht das ist das Schlimmste, daß Deutschland seinen Willen und sein Wort niemals mit dem der römischen Zivilisation hat vereinigen wollen: Was es ihr entgegenstellte, war nur sein Wille, sein störender, renitenter, eigensinniger, ›besonderer‹ Wille – aber nicht sein Wort, denn es hatte kein Wort, es war wortlos, es war nicht wortliebend und wortgläubig wie die Zivilisation, es leistete einen stummen, unartikulierten Widerstand, und man darf nicht zweifeln, daß weniger der Widerstand selbst, als seine Wortlosigkeit und Unartikuliertheit von der Zivilisation als ›barbarisch‹ und haßerregend empfunden wurde.«[2]

Diese Sätze sind vor mehreren Jahrzehnten geschrieben worden, aber sie haben ihre Aussagekraft nicht verloren, sie beschreiben ein Phänomen, das heute auch für die Mehrheit der Deutschen gilt. So empfindet jedenfalls ganz stark ein Südländer, für den die verbale Kommunikation der fundamentalste Zug des gesellschaftlichen Daseins darstellt.

Nicht, daß die Deutschen nicht reden würden, sie tun es, aber grundsätzlich entweder durch politisch-öffentliche Rhetorik oder in unverbindlich-unpersönlichen Aussagen, zwei Ausdrucksformen, die Kommunikationslosigkeit und ein Sich-Verstecken kundtun. Auch dann, wenn der Deutsche sich öffnet und versucht, vertraulich zu werden, bleibt in seiner Kommunikationsbereitschaft ein Rest von Reserviertheit und Undurchdringlichkeit. Er gibt selten seine Subjektivität preis, er hat nicht die Gabe, sich ganz mitzuteilen. Mit Recht konnte Ulrich Sonnemann in seiner *Negativen Anthropologie* behaupten, daß die Deutschen, anstatt miteinander zu sprechen, wie andere Völker es tun, sich beschränken, »Kontakt aufzunehmen«.[3] Deshalb wirken sie unheimlich.

Ja, die Deutschen neigen dazu, in ihrem Innern zu verweilen, sie verlassen ungern ihre berühmte ›Innerlichkeit‹ oder nur für kurze Zeit. Sie sind sich sehr ihres eigenen Ichs bewußt und legen besonderen Wert auf ihre Selbständigkeit. Deshalb ist es in Deutschland nicht leicht, Freunde zu gewinnen, zumindest den Weg zu ihnen zu finden. Ich lebe seit langem in der Bundesrepublik und fühle mich immer noch nicht ganz heimisch. Ich kenne zwar die Gewohnheiten der Leute, kann mehr oder weniger im voraus ahnen, wie sie auf diese oder jene Situation reagieren werden, trotzdem fühle ich mich nicht ganz vertraut mit meiner Wahlheimat. Sprachliche Schwierigkeiten können es nicht mehr sein. Irgendein Hintergrund bleibt mir unzugänglich, unnahbar, und diese Distanz steht immer wie eine unsichtbare Mauer zwischen den Einheimischen und mir, wie eine Art *terra incognita*, die sich mir entzieht. Lange Zeit war ich geneigt anzunehmen, daß diese Distanz zwischen den hier Geborenen und mir auf mein Fremdsein zurückzuführen sei, aber mittlerweile habe ich feststellen können, daß auch der Umgang der Deutschen untereinander von einer ähnlichen Zurückhaltung und einem Distanz-Wahren geprägt ist.

Es wird häufig behauptet, daß das germanische Bedürfnis nach Introspektion und Eigenbrötlerei eng mit dem Protestantismus verbunden sei. Diese Auslegung mag teilweise zutreffen, aber sie bietet keine erschöpfende Erklärung. Die Subjektivität, die sich im Zusammenhang mit der protestantischen Praxis entwickelt hat, ist wohl auch von einer Reihe kulturgeschichtlicher, psychologischer und gesellschaftlicher Faktoren mitgeprägt worden, die nichts mit dem religiösen Glauben zu tun und ursprünglichere, tiefere Wurzeln haben. In diesem Zusammenhang ist zum Beispiel symptomatisch, daß schon im dreizehnten Jahrhundert Meister Eckehart die »Abgeschiedenheit« als die höchste aller christlichen Tugenden pries: Um zu Gott Zugang zu finden, muß der Mensch »eine innere Einsamkeit lernen, wo und bei wem er auch sei«. Für Eckehart ist der »innere«, »abgeschiedene« Mensch zugleich der »edle«[4], der einzige, der sich auf dem richtigen Weg befindet. »Der Mensch aber nun, der in sich selbst gekehrt wird ... ein solcher Mensch ist befreit von allen geschaffenen Dingen und ist in sich selbst verschlossen unter einem wahren Schlosse der Wahrheit.« Und wiederum: »Das wahre Wort der Ewigkeit wird nur in der Einsamkeit gesprochen, wo der Mensch seiner selbst und aller Mannigfaltigkeit verödet und entfremdet ist ... Wo findet man Ruhe und Rast? Wahrhaft nur in der Verworfenheit, in der Verödung und in der Entfremdung von allen Kreaturen.«[5]

Die hier formulierte Philosophie des unbedingten Auf-sich-selbst-gestellt-Seins hat sich bis heute gehalten, ist besonders in der Massen- und Konsumgesellschaft der Bundesrepublik spürbar. Die wenigsten Deutschen sind heute freilich Mystiker, aber im Grunde stammt ihr Hang zur Innerlichkeit – ein Begriff, der in andere Sprachen kaum zu übersetzen ist – aus ihrem tiefverwurzelten Bedürfnis nach Alleinsein und innerer Sammlung. Deshalb gibt es in der Bundesrepublik so viele Menschen, die eingesperrt in sich selbst leben und unbedingt ›ihre Ruhe haben wollen‹, die kaum Kontakt zu ihren Mitmenschen haben, bestimmt nicht froh darüber sind, aber auch nichts dafür tun, um die Situation zu ändern.

Daß die Liebe zur Abgeschiedenheit andererseits die Deutschen nicht gehindert hat, ein sehr aktives, betriebsames und schöpferisches Volk zu sein – das ›Faustische‹ als literarisches Symbol dieser Eigenschaft –, ist an sich kein Widerspruch; es beweist im Gegenteil, daß trotz ihrer regen Anteilnahme am beruflichen und geschäftlichen Leben es ihnen immer wieder gelingt, sich mitten in ihrem Tun und Walten ein inneres Reich für sich zu bewahren.

Der Protestantismus hat zweifellos in entscheidender Weise die deutsche Veranlagung verstärkt, sich im eigenen Ich einzuschließen und eine scharfe Trennungslinie zwischen der inneren und der äußeren Welt zu ziehen. In dieser Hinsicht hat die Abschaffung der Ohrenbeichte eine wichtige Rolle gespielt. Im Katholizismus ist der Priester Vermittler zwischen den einzelnen und Gott, während im

Protestantismus dieses Vermittlungsmoment entfällt, so daß die Beziehung zwischen den Gläubigen und seinem Glauben rein geistig und abstrakt ist. Die Quelle der religiösen Praxis liegt in der Bibel, im gedruckten, stummen Wort, nicht mehr im direkten Gespräch und in der direkten Begegnung mit dem Seelsorger. Aber man soll in einer säkularisierten Welt wie der heutigen nicht den Einfluß der religiösen Praxis überbewerten. Im persönlichen und gesellschaftlichen Verhalten von deutschen Protestanten und Katholiken sind wohl keine großen Unterschiede mehr festzustellen, gerade, wenn beide Gruppen zu einer bestimmten geopolitischen Einheit gehören.

Paradoxerweise zeigt sich das Mitteilungsbedürfnis der Deutschen in den geistigen Bereichen, denen der Literatur, der Kunst und der Philosophie. Aber auch hier findet die Kommunikation nicht auf direktem Weg der unmittelbaren Begegnung statt, sondern durch die beziehungslose, mittelbare Vermittlung eines unpersönlichen und anonymen Publikums. Da dem Deutschen oft ein konkreter Adressat aus Fleisch und Blut fehlt, wendet er sich dem Abstrakt-Allgemeinen zu. Dies ist sicherlich mit einer der Gründe, weshalb die Deutschen so viel Wert auf die Kultur legen und man sie für das Volk der Dichter und Denker hält. Die deutsche Kultur ist ein Ausdruck des schöpferischen Genius dieses Volkes, aber andererseits ist dieses innige Verhältnis zum geistigen Leben auch ein Ersatz für die fehlende zwischenmenschliche Kommunikation und belegt indirekt die Vereinsamung der Deutschen.

Die romanisch-lateinische Kultur trägt das unübersehbare Siegel von Menschen, die sich täglich auf dem Marktplatz begegnen, es ist eine Kultur, die mehr einem öffentlich-gesellschaftlichen Charakter als einem persönlich-intimen entspricht. Der Südeuropäer ist grundsätzlich ein *homo loquens*, ein sprechender Mensch, der Germane eher ein schweigender und sinnender. Die Spanier, die Italiener oder die Südfranzosen ertragen das Alleinsein sehr schwer, sie brauchen immer die Wärme und die Bestätigung der anderen. Die Deutschen dagegen sind durchaus in der Lage, auf die Nähe der Mitmenschen zu verzichten. Wie wäre sonst zu erklären, daß so viele Menschen in diesem Lande isoliert und einsam leben? Unbestreitbar haben sie gelernt, aus dem Getrenntsein eine zweite Natur zu machen.

Die dialog- und kommunikationsreiche Kultur der romanischen Völker ist freilich nicht von den günstigen Klimaverhältnissen zu trennen, die in Südeuropa herrschen, sie ist eng verbunden mit der *beauté naturelle*, der »natürlichen Schönheit«, die Albert Camus dem mediterranen Raum zusprach. Regen, Schnee, Kälte, Feuchtigkeit oder trübes Licht sind keine guten Voraussetzungen, um die Menschen zu bewegen, sich auf der Straße aufzuhalten. Jeder ist im Gegenteil froh, wenn er dem Draußensein entkommen und in der Geborgenheit der eigenen vier Wände verbleiben kann. Das erklärt auch, warum die Deutschen besonderen Wert auf häuslichen Komfort legen, auf die Ausstattung ihrer Behausung, während wiederum die Südländer in dieser Hinsicht gleichgültiger sind, unter anderem weil der Mittelpunkt ihres Daseins nicht unbedingt im eigenen Heim liegt. Wozu sich teure Wohnungen einrichten, wenn die Natur selbst ein einladendes Zuhause ist?

Die Südländer gelten als ausgesprochen individualistisch – wie die Engländer auch –, aber meinen Erfahrungen nach ist die Individualität der Südländer in entscheidenden Aspekten nicht so ausschließlich und absolut wie die der im Norden. Sicherlich ist ihr Selbstbewußtsein stark ausgeprägt, und sie neigen dazu, sich vom Ganzen zu lösen und eigene Wege zu gehen, aber sie haben immer ein Bedürfnis, sich auszutauschen, wenn sie Kummer haben, ihn mit anderen zu teilen, auf der Plaza, im Café ... Wenn Spanien etwas kennzeichnet, ist es gerade die Intensität und Spontaneität der zwischenmenschlichen Beziehungen, ein Wesenszug, der auch für die anderen mediterranen Völker gilt. Graf Keyserling hat diese spanische Ambivalenz zwischen Individualismus und Bindung an die anderen sehr treffend formuliert: »Er ist vereinzelt, obgleich er sich, wie jeder Mittelmeermensch, in erster Instanz vom Standpunkt des anderen sieht und deshalb den Gemeinschaftsforderungen im Gegensatz zum introvertierten Deutschen immer gewachsen bleibt.« *(Das Spektrum Europas)*[6]

Natürlich spielen die Sonne und andere klimabedingte Faktoren dabei eine wichtige Rolle, und nicht zufällig hat Oswald Spengler gesagt: »Es gibt nichts Sonnenärmeres als die Lehre Kants.«[7] Auch Ortega y Gasset hat versucht, die Tiefe der Kantschen Philosophie als ein Produkt der ungemütlichen und unfreundlichen Witterung Deutschlands zu erklären. In diesem Zusammenhang ist daran zu erinnern, daß Sokrates und andere griechische Philosophen im Freien lehrten und nicht in geschlossenen Räumen.

Jedenfalls ist das Grundelement der spanischen und überhaupt der lateinischen Kultur die Politik, das Gemeinwesen. Auch dort, wo der Iberer auf eigene Faust handelt oder sich gar gegen das Allgemeine auflehnt (wie es die Guerilleros und die Anarchisten oft getan haben), tut er es im Namen von allgemeingültigen Werten wie Ehre, Gott, Würde oder Revolution. In dem berühmtesten Theaterstück Lope de Vegas *Fuenteovejuna* – das auf einer historischen Begebenheit beruht – ist der Protagonist ein ganzes Dorf, eine kollektive Gestalt, keine einzelne Person. Was tut Don Quichotte? Er ist zwar ein großer, unbestechlicher Einzelgänger, aber die Werte, die er verteidigt – Gerechtigkeit, Menschlichkeit –, sind allgemeiner Natur, haben nichts Subjektives an sich. Daher ihre Universalität. Auch der in Deutschland so oft gespielte *Richter von Zalamea* ist ein Einzelgänger und ein Rebell, aber worum geht es in dem Stück von Calderón? Um Ehre und um Gott, also um jedermann angehende Werte.

Ganz anders in Deutschland. Der Mittelpunkt seiner Kultur ist die radikale Subjektivität des einzelnen, das Ich in absolutem Sinn, nicht nur bei Fichte. Diese Art zu denken wirkt dadurch oft weltfremd oder befremdend, aber ohne diese Begabung, bis an die Wurzeln des eigenen Selbst rücksichtslos einzutauchen, ist die deutsche Tiefe und die deutsche Abstraktionsfähigkeit nicht erklärbar. Es ist kein Zufall, daß Spanien kaum systematische Philosophen in strengem, herkömmlichem Sinn hervorgebracht hat – selbst Ortega y Gasset bezeichnete sich als Journalist –, sondern seine Menschen lieben die Zerstreuung und haben Mühe, sich der Reflexion zu widmen. Dies fällt den Deutschen so leicht. Die Philosophie der Deutschen ist wohl nicht von ihrer Einsamkeit zu trennen. Dieser Einsamkeit begegnet man überall, in den Hospitälern und Altersheimen, in den Mietskasernen der Trabantenstädte und in den Kaufhäusern, in den Fabrikhallen und in den Verwaltungsgebäuden, auf den Trottoirs und in den städtischen Parks, auf den Caféterrassen und vor allem in den Gesichtern der Passanten.

Die Kommunikation zwischen den Deutschen bleibt meist unverbindlich, besteht aus Formeln und stereotypen Umgangsritualen. Ihre Korrektheit ist oft nur eine Form der Distanziertheit. In den entscheidenden Augenblicken bleibt der Deutsche allein, auf sich selbst angewiesen; seine Scheu und Befangenheit sind ihm ein echtes Hindernis. Und wenn er tatsächlich versucht, aus seiner Vereinsamung auszubrechen und draußen die Wärme und das Verständnis zu finden, die jeder Mensch braucht, um innerlich nicht zu verkümmern, stößt er fast immer auf Gleichgültigkeit, Ungeduld oder kaum verhüllte Ablehnung.

Aber die eigentliche Ursache der Einsamkeit der Deutschen liegt tiefer, sie entsteht schon im Bereich der eigenen Subjektivität, der Deutsche trägt sie in sich, bevor er seinen Mitmenschen draußen begegnet. Er ist allein und einsam, weil die Dimension der Sozietät in seinen Wertvorstellungen keine wesentliche Rolle spielt, weil er ein nur embryonales Verhältnis zur Kategorie des Mitmenschlichen hat und allzu beschäftigt ist mit seinem eigenen Selbst. Damit wird er freilich sein eigener Gefangener, der echte und tiefe Verbindungen kaum kennt. Das Leben kann sich nicht ausschließlich auf das eigene Ich beschränken, ohne sich selbst zu negieren und zu zerstören. Die anderen – zugegeben – können, wie es Sartre meinte, die Hölle sein, aber ohne sie geht es auch nicht. Absolut allein zu sein und auf die anderen zu verzichten, ist vielleicht die vollendetste Form der Selbstliquidierung. Deshalb schrieb auch Kafka in sein Tagebuch: »Alleinsein bringt nur Strafen.«[8] Oder der junge Kierkegaard: »Es ist gefährlich, sich zu sehr abzusondern, sich den Banden der Gesellschaft zu entziehen.«[9]

Mir ist bewußt, daß hier seelische und gesellschaftliche Vorgänge beschrieben werden, die heute in jedem hochindustrialisierten Land anzutreffen sind. Einsame Menschen gibt es überall, doch die Deutschen wirken, als hätten sie aus ihrer Einsamkeit ein System gemacht, so perfekt und nahtlos wie alle Systeme, die sie schaffen, gleich welcher Art. Und wenn sie ihre Einsamkeit zu überwinden versuchen, dann durch organisierte Geselligkeit, eine sehr typische deutsche Reaktion. Die gewollte, ertrotzte Kommunikation, die sich die Deutschen ›erkämpfen‹, bekommt sofort einen unverwechselbaren Beigeschmack von ›Sozialtherapeutik‹, deshalb wirkt sie verkrampft und steif, deshalb endet sie fast immer mit Enttäuschung und Frustration. Ein Deutscher, der sich vornimmt, mit seiner Einsamkeit Schluß zu machen, wird wahrscheinlich ad-hoc-Gruppen organisieren, Veranstaltungen besuchen, einem Verein beitreten, sich einer Wohngemeinschaft anschließen, die halbe Welt bereisen und sonst allerlei unternehmen – immer nach Plan, versteht sich –, aber auf die naheliegende Idee, sich den Menschen, mit denen er es gewöhnlich zu tun hat, zu öffnen und zu versuchen, mit ihnen ein aufgeschlossenes und freundschaftliches Verhältnis herzustellen, kommt er selten, und wenn, dann mit schlechtem Gewissen. Das ist das Ergebnis einer Erziehung, die den freien und ungezwungenen Umgang mit den Mitmenschen als einen Ausdruck von schlechten Manieren auslegt und die Zurückhaltung als erstes Gebot der Persönlichkeit predigt. Damit ist freilich die Einsamkeit vorprogrammiert.

Nicht nur als einzelne, auch als Kollektiv, als Volk, als Nation sind die Deutschen im Laufe ihrer Geschichte oft einsam gewesen. Sie waren es schon während der langen Zeit der Vielstaaterei, als Deutschland ein Konglomerat von atomisierten und vereinsamten kleinen Fürstentümern und Miniaturstaaten war und völlig entfremdet vom übrigen Europa dahinvegetierte, und sie wurden es noch mehr, als sie ihren Nationalstaat gründeten und ihren Nachbarn durch eine aggressive, kriegerische Politik das Fürchten lehrten. Als das deutsche Volk zersplittert war, gelang es ihm nicht, einen gemeinsamen Nexus für die nationalen Belange zu finden, und als es endlich durch Bismarck seine nationale Einheit erlangte, erwies es sich bald als unfähig, sich einer gesamteuropäischen Ordnung anzupassen. Das Syndrom des ›Sonderschicksals‹ trieb es immer wieder dazu, die Regeln zu brechen und die anderen Nationen zu überfallen.

Das neuzeitliche Deutschland hat kein Empfinden und keine Achtung für Europa gehabt, kein Gespür für die gemeinsame Verantwortung und das gemeinsame Schicksal des Kontinents, deshalb hat es in diesem Jahrhundert zweimal versucht, die anderen europäischen Völker zu unterjochen. So wie der Deutsche als einzelner es immer allein schaffen will, wollte auch das ganze Volk beweisen, daß es allein und ohne Rücksicht auf die anderen, gegen Gott und die Welt sich durchsetzen konnte.

Es hat freilich Ausnahmen gegeben. Gerade Bismarck, der Architekt der deutschen Einheit und des deutschen Nationalstaates, mühte sich auf seine Art, Rücksicht auf Europa zu nehmen, wenn nicht aus Liebe, so doch aus Vernunft und Einsicht in die Notwendigkeit. Als Realpolitiker wußte er, daß die deutsche Machtpolitik gewisse Grenzen nicht überschreiten durfte, und allein schon wegen dieser Weitsicht kann man Heinrich Mann zustimmen, wenn er ihn als den einzigen Staatsmann Deutschlands bezeichnet.

Wilhelm II. verspielte auf die unsinnigste Weise, was der Eiserne Kanzler aufgebaut hatte, entfesselte einen Krieg, der niemandem nutzen konnte, und zerstörte damit die bis dahin mühsam erhaltene europäische Balance of power. Aus dem verlorenen Krieg entstand eine einsame und tief gedemütigte Nation, der kaum jemand traute und die bestimmt nicht geliebt wurde. Die in den Herzen vieler Deutschen angestauten Ressentiments wurden von Hitler hemmungslos mobilisiert, um das deutsche Volk in eine infernalische, nie dagewesene Maschine des Terrors und des Todes zu verwandeln. Am Ende standen die Deutschen vor der Welt als die kollektive Verkörperung des Bösen schlechthin, verachtet und einsamer als je zuvor in ihrer Geschichte.

Diese kriegerische Raserei war ein Ausdruck nicht nur des deutschen Militarismus, Imperialismus und Rassismus, dahinter steckte auch der Größenwahn eines Volkes, das auf Grund seiner Entfremdung zum übrigen Europa den Sinn für die äußere Realität verloren hatte. Denn Wilhelm II. und insbesondere Hitler bewiesen mit ihrer Handlungsweise vor allem eines: den dilettantischen Provinzialismus ihrer geschichtlichen und machtpolitischen Vorstellungen. Die weitgehende Zustimmung, die ihre hemmungslose Aggressionspolitik fand, beweist aber, daß die Mehrheit der Deutschen auch unter der Paranoia einer Selbstüberschätzung litt, die eine über Jahrhunderte währende Isolierung noch gesteigert hatte.

Dies ist längst Vergangenheit, die Deutschen sind wieder in den Schoß Europas zurückgekehrt, erwecken sogar den Eindruck, die eifrigsten Europäer der Stunde zu sein. Manche Beobachter meinen, daß dieser europäische Eifer ein bißchen künstlich und forciert sei, mehr von materiellen Interessen als von echter Liebe zu den anderen Völkern des Kontinents bestimmt. Vielleicht trifft beides zu. Somit würden die Nachkriegsdeutschen sich zu Europa bekennen sowohl aus nüchternem Kalkül wie auch aus dem aufrichtigen Bedürfnis, sich mit den ehemaligen Feinden zu versöhnen. Deshalb beschränken sie sich nicht, Europa mit ihren industriellen Erzeugnissen zu überschwemmen, sondern besuchen als friedliche Touristen die Länder, die sie vor ein paar Jahrzehnten mit ihren Panzerdivisionen überrollten. Es treibt sie wohl nicht nur eine gewisse Sehnsucht nach anderem, nach Neuem in diese Länder, sondern auch ein Bedürfnis nach Freundschaft, das um so tiefer ist, weil es jahrhundertelang nicht erfüllt werden konnte.

Es ist zu begrüßen, daß die Deutschen sich aus ihrer nationalen Enge befreit haben und ein enges Verhältnis zu Europa suchen – zumindest zu Westeuropa. Denn dieses Europa, das alte Europa, das sie zweimal brutal vergewaltigt haben, bedeutet trotz seiner Unzulänglichkeiten und dunklen Aspekte den Weg des Friedens und der Zivilisation, die einzige Alternative, um eines Tages den anachronistisch gewordenen Nationalismus der Vergangenheit endgültig zu überwinden.

HERDENTRIEB UND
NATIONALE EINTRACHT

> Und das Tempo, mit dem deut-
> sche Individualität und deut-
> sche Persönlichkeit zu einem
> massiven Ganzen verschmel-
> zen, das verheerend über Euro-
> pa herfällt – drei Angriffskriege
> in den letzten 90 Jahren –, ekelt
> mich an.
>
> *William Neil Connor*[1]

Wie erklärt sich nun das vermeintliche Paradoxon, daß die
Deutschen viel Wert auf ihr Ich legen, sich gern in ihre vier
Wände zurückziehen, sich andererseits aber leicht in Mas-
se verwandeln und als Massenmenschen handeln?

Die Vermassung der Menschen ist eine moderne Erscheinung, die sich in allen Industrienationen manifestiert,
wie Gustave Le Bon und andere Soziologen und Philosophen eingehend bewiesen haben, unter ihnen der Spanier
Ortega y Gasset, dessen bestes und berühmtestes Buch den
bezeichnenden Titel *Der Aufstand der Massen* trägt. Aber es
ist unbestreitbar, daß der Massenkult und die Massendiszi-
plin in Deutschland ihre gründlichste und umfassendste
Vollendung gefunden haben. Man braucht sich nur zu
vergegenwärtigen, mit welcher Selbstverständlichkeit die
meisten Deutschen den Losungen der Nazibewegung folgten, wie sie ihre eigene sorgsam gepflegte Individualität im
Nu über Bord warfen und bereitwillig die Befehle der braunen Machthaber ausführten und sich in Automaten verwandelten.

Der Deutsche wird leicht in seiner Einsamkeit zur Masse, weil er im Grunde wie eine verlorene, beziehungslose Monade unter seinen Mitmenschen lebt. Instinktiv
versucht er den Mangel an Wärme und Kommunikation
durch die Verschmelzung mit irgendeiner Massenbewegung zu überwinden oder auszugleichen. Die Identifizierung mit dem Kollektiv gibt ihm die Illusion, daß er nicht
mehr allein, sondern mit seinen Mitmenschen tief verbunden ist. Deshalb ist es in Deutschland relativ leicht, Leute
für Massenparolen zu mobilisieren, deshalb gab es hier
immer eine Art Romantik der Massen, längst bevor die

Nazis diese Tradition zur höchsten Vollendung getrieben, kurz, sie in verhängnisvoller Weise mißbraucht haben.

Ein Engländer, ein Franzose, ein Italiener, ein Spanier wird sich in der Regel reiflich überlegen, ob er sich einer Massenbewegung anschließt, und selbst wenn er es tut, wird er kaum das Bewußtsein seiner eigenen Identität verlieren. Der Deutsche reagiert anders, er neigt prinzipiell dazu, mitzumachen, nicht nur in seiner Einsamkeit, sondern auch, weil er grundsätzlich in der Masse eine fruchtbare Erscheinung sieht. Die Deutschen haben eine sehr kindische Bewunderung für alles, was stark, kolossal und imposant ist, und nichts kann sie mehr beeindrucken und mitreißen als der Anblick einer straff gegliederten Masse, die unisono unter dem Kommando eines Führers marschiert. In diesem Sinn sind sie die sprichwörtliche Verkörperung von Nietzsches Herdentier.

Dieser Wesenszug erklärt auch, warum die Deutschen oft sehr unpersönlich wirken, warum sie immer wieder dazu tendieren, sich instinktiv wie die anderen zu verhalten. Daher auch die auffallende Uniformität des deutschen Alltags, die Enge, die man in der Bundesrepublik spürt. Immer wieder kann man beobachten, wie gern die Deutschen den Forderungen des Kollektivs folgen, wie ungern sie auf eigene Faust handeln und sich den gesellschaftlichen Regeln widersetzen. So beschreibt es der Literaturwissenschaftler Wolfgang Promies: »Die Sucht nach Singularität aber, die man für gewöhnlich dem Engländer nachsagte, wurde im eigenen Land, in den eigenen Reihen unnachgiebig gegeißelt. Singularität, wo immer sie sich äußerte, galt nicht als ein sich von selbst verstehendes Kennzeichen der Person, sondern als bewußte Attitüde und ärgerliche Marotte, die man immer negativ bewertete.« *(Der Bürger und der Narr)*[2]

Durch die Unterdrückung der Individualität entsteht eine Art normierte Gesellschaft, in der dem einzelnen eine untergeordnete Rolle zukommt, weil er von den Zwängen der anonymen Massen weitgehend determiniert wird. »Es ist nun kein Zweifel, daß in unserer modernen und insbesondere unserer deutschen Gesellschaftsordnung die Existenz der Einzelnen in so bestimmter Weise umschrieben, reglementiert und damit zugleich gesichert ist, daß es nur wenigen vergönnt ist, die freie Luft des weiten Raumes großer

Entscheidungen zu atmen und die Gefahr eigensten ver-
antwortlichen Handelns kennenzulernen.« (Dietrich Bonhoeffer *Ethik*)[3]

Die Angst der Deutschen, sich von den anderen zu unterscheiden, und ihre Bereitschaft, sich in Massen zu verwandeln, ist nur die Folge ihres tiefen Bedürfnisses nach Einheit. Schon als Gymnasiast erkennt »der Untertan« von
Heinrich Mann, daß seine Bestimmung darin besteht, eins
mit seinen Mitmenschen zu werden: »Denn Dietrich war
so beschaffen, daß die Zugehörigkeit zu einem unpersönlichen Ganzen, zu diesem unerbittlichen, menschenverach-
tenden, maschinellen Organismus, der das Gymnasium
war, ihn beglückte, daß die Macht, die kalte Macht, an der
er selbst, wenn auch leidend, teilhatte, sein Stolz war.«

Dieses Volk hat jahrhundertelang äußerst zersplittert gelebt, aber es hat immer wieder Mittel und Wege gefunden,
um sein tiefsitzendes Bedürfnis nach kollektiver Einheit
zu befriedigen. Oswald Spengler hat diese psychologische
Konstante so zusammengefaßt: »Kein ›Ich‹, sondern ein
›Wir‹, ein Gemeingefühl, in dem jeder mit seinem gesamten Dasein aufgeht. Auf den einzelnen kommt es nicht an,
er hat sich dem Ganzen zu opfern.« *(Politische Schriften)*[4]
Und dieser Herdentrieb ist bei weitem nicht überwunden;
so sagte Marion Gräfin Yorck von Wartenburg am 20. Juli
1987 in einem Interview mit der *Frankfurter Rundschau*:
»Wir Deutschen marschieren gern in Reih und Glied. Zivilcourage ist in Deutschland nicht sehr groß. Wir schließen
uns gern an, wir machen gerne mit. Das Gefühl, ein Individuum zu sein, ist auch heute nicht mehr erwünscht.«

Einer der auffallendsten Unterschiede zwischen Spaniern und Deutschen besteht darin, daß die einen ein kon-
fliktsüchtiges Volk sind, während die anderen die Konflikte scheuen und wenn möglich verdrängen. Deshalb ist
vielleicht die Geschichte Spaniens ein fast nie unterbro-
chener Bürgerkrieg, während die deutsche Geschichte (zumindest die neuzeitliche) sich durch ein weitgehendes Ausmaß an Eintracht und Konsens auszeichnet. Die Deutschen
empfinden geradezu Abscheu, sich auf Konflikte einzulassen, sich mit allen Folgen einzulassen, vor allem, wenn es
um den Staat geht. Und wenn sie es gelegentlich trotzdem
tun, weil es sich nicht vermeiden läßt, dann mit schlechtem Gewissen, als begingen sie eine Kapitalsünde. Sie ver-

drängen lieber oder gehen faule Kompromisse ein. Sie leiden unter ihrem Hang zur Nivellierung, können keine Widersprüche ertragen, keinen Dissens, keine Heterogenität, kein Aus-der-Reihe-Tanzen. Symptomatisch, daß schon Hegel versuchte, mittels der Dialektik alle möglichen Antagonismen und Dissonanzen »aufzuheben« und sie unter der einigenden, versöhnenden Macht der Synthesen zu subsumieren. Und in diesem Punkt sind die Deutschen Hegelianer geblieben: Alles muß geglättet werden, vereinheitlicht, normiert. Wenn man die wahre Seele der Deutschen entdecken will, muß man sie beim Karneval und anderen geselligen Veranstaltungen beobachten, wie sie händehaltend und mit tiefer Inbrunst gemeinsam singen. Das Ganze kann sehr rührend wirken und verrät die tiefe Sehnsucht nach Identifikation mit dem Ganzen.

Konflikten mit aller Macht aus dem Weg gehen zu wollen ist eine höchst ungesunde Angelegenheit. Aggressivität, schlechte Laune, Schlaflosigkeit und stille Wut sind die Folge, eine stille Wut, die irgendwann in massenhafte Gewaltausbrüche ausartet, in kollektives Amoklaufen, in wahnsinnige Kriege.

Ach, die berühmte Selbstbeherrschung der Deutschen, ihre angebliche Ruhe und Gemütlichkeit, wie vordergründig sind sie in Wirklichkeit! Wenn man mit Röntgenaufnahmen die deutsche Innerlichkeit sichtbar machen könnte, welchen Herd von keimenden Frustrationen würde man finden! Wutausbrüche – wie in Spanien üblich – können sicher tödlich sein, in blinder Gewalt enden, aber systematische Verinnerlichung von Konflikten bedeutet auch eine Form der Selbstzerstörung. Selbstbeherrschung mag sehr vornehm und für den Zusammenhalt des Ganzen günstig sein, aber vor lauter Vornehmheit und Disziplin ist dieses Land das Land der unterdrückten Leidenschaften und unterdrückten Aggressionen geworden. Lieber zugrunde gehen als zugeben, daß man wütend ist – das ist sehr, sehr teutonisch, sehr germanisch. Deshalb sprechen die Deutschen als einzelne leise und sachlich, sind immer bedacht, ihre Emotionen zu verbergen.

Ja, die Deutschen trachten als einzelne danach, unbedingt vernünftig zu sein, sich ›adäquat‹ zu benehmen. Vernunft walten lassen ist in normalen Zeiten das höchste Gesetz im Verhaltenskodex der Deutschen; leider werden dann diese normalen Zeiten gelegentlich von Intervallen unterbrochen, in denen dann die reinste Irrationalität vorherrscht und die gewohnte Sachlichkeit sich in brüllendes Geschrei verwandelt.

Die Liebe der Deutschen zur kollektiven Harmonie, die nicht unbedingt negativ sein muß, artet leider in diesem Land oft zur Staatsanbetung aus, die höchst beunruhigend ist. Die Spanier sehen im Staat eine Abstraktion, eine grundsätzlich menschenfeindliche Institution, und dementsprechend haben sie immer den Staat bekämpft oder boykottiert, haben unzählige Male versucht, ihn durch Volksaufstände und Revolutionen zu stürzen, hassen instinktiv alles, was nach Obrigkeit riecht: Beamte, Ordnungshüter, Bürokraten, Uniformierte aller Art. Die Deutschen nicht. Ihr Verhältnis zum Staat ist in der Regel sehr positiv und bejahend, schon deshalb, weil für sie der Staat die Institutionalisierung ihrer Sehnsucht nach Ordnung und Autorität verkörpert. Kein Wunder, daß die leidenschaftlichste Verherrlichung des Staates als der höchsten Instanz der Gesellschaft von einem Deutschen kommt, nämlich von Hegel, der im Staat die Verkörperung des Göttlichen sah. Was in den angelsächsischen Ländern immer nur als unvermeidliches Übel galt, wurde von Hegel und seinen Schülern als ein absoluter Wert hochstilisiert. Und diese Tradition lebt munter weiter, wie wir noch sehen werden.

Freilich hat es immer Deutsche gegeben, die die Hegelsche Verherrlichung des Staates nicht geteilt haben, die sogar die denkbar schlechteste Meinung vom Staat hatten. Ich nenne in diesem Zusammenhang gerade die zwei größten Jugendfreunde Hegels: Hölderlin und Schelling, die aus verschiedenen Gründen vom Staat nichts wissen wollten. Auch Nietzsche war alles andere als ein Verehrer des Staates, genausowenig wie der Linkshegelianer Max Stirner. Aber solche Beispiele bleiben die Ausnahmen, die die Regel bestätigen. Ein starker Staat als Symbol der nationalen Einheit und der Harmonie der ganzen Nation – ihm gilt die Bewunderung der Deutschen.

Sie haben auch weiterhin in der Bundesrepublik auf die Karte des ›Wir-Gefühls‹ gesetzt. Hätten sie sich nicht auf den althergebrachten Begriff der nationalen Eintracht als Zaubermittel zur Bewältigung aller Probleme gestützt, wäre kein Anpassungsprozeß und kein so rasanter Wiederaufbau möglich gewesen. Sie haben diesmal den allgemeinen Konsens nicht für Gott und Vaterland obenangestellt, sondern nur für eine so schlichte Sache wie materiellen Wohlstand, aber Parolen sind austauschbar, überall und vor allem in Deutschland, das seit Jahrhunderten trainiert ist, sich für patriotische, überpersönliche und angeblich gemeinnützige Ziele einzusetzen. Die Bereitschaft, dem Vaterland beizustehen, bleibt, einerlei, ob im Dienste des Tausendjährigen Reiches oder der Komsumgesellschaft.

Erstaunlich, wie wenig sich die Westdeutschen in den letzten vier Dekaden gestritten haben, oder genauer, sie haben sich mit teutonischer Gründlichkeit und Verbissenheit unentwegt um Lappalien und Nebensächlichkeiten gestritten, aber gleichzeitig geflissentlich versäumt, sich mit den großen Fragen auseinanderzusetzen. Bei allen nationalen Belangen waren sie sich überwiegend einig, gleich oder danach: einig in der Frage der Wiederaufrüstung, des Antikommunismus, der paranoischen Pflege des Kalten Krieges, im Aufpeitschen von Ressentiments gegen die Sowjetunion, im Bekenntnis zur NATO, bei den Notstandsgesetzen, in der Diskriminierung der Ausländer, in der Liebe zum starken Staat, etc., etc. Kein Wunder, daß man oft die Politik der SPD nur als eine bessere CDU-Politik bezeichnet hat oder daß die CDU nicht ohne Berechtigung behaupten konnte, die Sozialdemokraten hätten 1969 nur die Macht erobern können, weil sie eine Umarmungstaktik betrieben hatten. Eine qualitativ neue, abweichende oder entgegengesetzte Dimension in Fragen, die vorher von der SPD und CDU/CSU im wesentlichen gemeinsam getragen wurden, entstand eigentlich erst durch das Auftreten der Grünen in der bundesrepublikanischen Arena, vor allem in Fragen der NATO-Zugehörigkeit und der Rüstungspolitik im allgemeinen.

Eintracht klingt immer schön, kommt deshalb gut an, aber es ist keineswegs eine selbstlose Haltung. Im Gegenteil, dahinter verbergen sich immer handfeste ideologische Interessen, auch in der Bundesrepublik. Denn wer laufend an die überparteilichen Gemeinsamkeiten appelliert, neigt dazu, die Probleme zu tabuisieren und unter den Teppich zu kehren, die innerhalb jeder Gemeinschaft auftreten. Die Verherrlichung der nationalen Harmonie dient immer dem Status quo, ist machterhaltend. »In diesem unserem

Lande . . .« Mit solchen banalen und leeren Formeln werden patriotische Gefühle heraufbeschworen, die im Grunde machtpolitische Ziele verfolgen. Die Ideologie des Mit- und Füreinander hat in diesem Land immer Aussicht auf Erfolg, einerlei, welche Werte da beschworen werden, weil leider Gottes der Herdentrieb ein fester Bestandteil des öffentlichen Lebens ist, auch in der Bundesrepublik.

Hier wurde vor lauter nationaler Eintracht kein einziger Nazi spontan erhängt, kaum einer wurde angezeigt. In perfekter nationaler Eintracht wurden die Großkapitalisten, die Hitler bedenkenlos unterstützt hatten, nach dem Krieg und beim Wiederaufbau von neuem als selbstverständliche Bosse der Industrie und der Finanz akzeptiert. Außer ein paar Linksintellektuellen und unbelehrbaren Kommunisten muckte kein Mensch auf, hatte keiner etwas dagegen. Die Nation brauchte wieder ihre alten Chefs, und damit basta.

Wenn die nationale Eintracht zur heiligen Kuh der Republik erhoben wird, können sich gar keine grundsätzlichen Diskussionen ergeben, es werden nur nebensächliche Detailfragen diskutiert. Die Dispute sind fast immer Scheingefechte, Schaumschlägerei, dramaturgische Inszenierungen, angefangen bei den Debatten im Parlament, wo sowieso alles im voraus entschieden worden ist und wo jeder weiß, wie alles anfangen und enden wird.

Das Bedürfnis nach Eintracht und allgemeinem Konsens hat sich in den letzten Jahren mächtig ausgedehnt, umfaßt jetzt den früher verpönten geopolitischen Raum jenseits der Mauer. Die gesamtdeutsche Identität ist wieder ›in‹. Nach Jahrzehnten der gegenseitigen Beschimpfungen beginnt jetzt das Deutschnationale sich mit raschen Schritten in Richtung Osten zu bewegen. So wie die Westdeutschen noch vor ein paar Jahren allgemein den Mauer-Staat verdammten und eiserne Distanz zu den Machthabern ›drüben‹ hielten, erkennen sie plötzlich doch die Notwendigkeit, mit der DDR – jetzt ohne Anführungszeichen – gutnachbarschaftliche Beziehungen zu unterhalten. Vergessen ist der alte Haß, vergessen sind die Hetzparolen, die peinlichen und oft geschmacklosen *querelles allemandes* von früher. Die noch vor kurzem verteufelte andere Hälfte Deutschlands wird plötzlich sehnsüchtig hofiert, umworben, wird salonfähig gemacht: die Reise Honeckers im

September 1987 als offizielle Krönung dieser neuen Eintrachtphase in der Geschichte der Deutschen.

Das wäre alles sehr vernünftig, wenn man vergessen könnte, daß die innere Eintracht der Deutschen oft zu irgendeinem Unheil für die anderen Völker geführt hat, zu nackter Machtpolitik, Imperialismus und wahnsinnigen Kriegen. Wenn die Deutschen wieder beschließen, gemeinsame Sache zu machen, kommen leicht Befürchtungen auf, sie beschränkten sich dabei nicht auf ihre eigenen Grenzen und gäben schließlich erneut der Versuchung nach, Fremdgebiete zu überfallen, um sich den ›Lebensraum‹ zu verschaffen, den sie angeblich brauchten.

Der Mythos der nationalen Eintracht lebt erstaunlicherweise mehr von der Negation als vom positiven Gehalt, mehr von der Beschwörung gemeinsamer Feinde als vom spezifischen Wert der Einheitsparolen, die meistens aus Demagogie, Rhetorik, Wunschdenken und Selbstbetrug bestehen. Ja, man könnte sagen, daß der Ruf nach Eintracht nur das Nebenprodukt eines schon vorher vorhandenen Bedürfnisses nach Feindbildern und Sündenböcken ist. Der wahre Trieb, der sie so zusammenrücken läßt, ist der Verfolgungswahn, der sadomasochistische Drang, das eigene durch die Negation des Andersseins zur Geltung zu bringen.

Das rosarote Bild der nationalen Einheit kann deshalb nur durch die Erfindung immer neuer Feindbilder aufrechterhalten werden, denn ohne diesen demagogischen Kunstgriff würde das angebliche Paradies der heimatlichen Eintracht wie eine Seifenblase platzen. Der Eintrachtsfetischismus ist in erster Linie auf das Verfolgungswahnsyndrom zurückzuführen, und dies wird schon dadurch belegt, daß die Sündenböcke auswechselbar sind, je nach Bedarf: Sie können die ›Verzichts‹- oder ›Erfüllungspolitiker‹ sein, die vaterlandslosen Gesellen, die Kommunisten oder die Juden, aber auch die Gastarbeiter, die Terroristen, die antiautoritären Studenten, die Grünen, die Alternativen, die Chaoten, die, die eine andere Republik wollen, usw. Diese eintrachtfeindlichen Elemente stören einfach die Harmonie des Ganzen, des Ewig-Deutschen, und sie werden entsprechend als öffentliche Querulanten und Volksfeinde gebrandmarkt.

Auch hier gibt es eine altbewährte Tradition. Schon die Nazis beriefen sich auf die »Volksgemeinschaft«, auf das Deutschtum, fabrizierten ein buntes Sortiment von Schuldigen und Missetätern: Juden, Bolschewiki, Sozialdemokraten, Zigeuner, »entartete« Künstler und Literaten, wurzellose Kosmopoliten, Zeugen-Jehovas, Pazifisten, Internationalisten, Humanisten, Liberale, Demokraten, Kranke und andere »Volksschädlinge« und »volksfremde Elemente«.

Natürlich ist die Bundesrepublik nicht Nazideutschland, deshalb äußert sich der Verfolgungswahn anders als damals. Jetzt läuft alles in dezentem Ton, in verhaltenem Rahmen ab, wie es sich für Menschen geziemt, die im Wohlstand leben und sich in keiner akuten existentiellen Bedrängnis befinden. Die Nazis konnten sich hemmungslos ihrer primitiven und plebejischen Barbarei hingeben, die jetzigen Deutschen müssen Rücksicht auf ihr neues demokratisch-humanistisches Image nehmen, schon wegen des Auslandes.

Aber das Bedürfnis, Feindbilder zu produzieren, ist grundsätzlich geblieben. Was tat Adenauer als erstes? Sich ein solides Repertoire von Sündenböcken zurechtzulegen. Sein System lebte nicht zuletzt von der ständigen, manischen Verteuflung der angeblichen äußeren und inneren Feinde: der Sowjetunion, Ulbrichts, der KPD, der SPD, der Linken insgesamt. Die Sozialdemokratie etwa, war nicht einfach der politische Gegner, nein, sie wurde als der Feind angeschwärzt, der diese Republik zugrunde richten wollte, obwohl sie sich peinlich darum bemühte, die patriotischen Gefühle der Nation nicht zu verletzen, und jede Radikalität vermied. Derselbe Vorwurf wird heute von den Schülern Adenauers gegen die Grünen mit ähnlichen Worten erhoben. So werden sie mit den Nazis verglichen, weil sie eine Basisdemokratie befürworten. Herr Geißler, der ein Virtuose der Verdrehung historischer Zusammenhänge ist, hatte auch keine Skrupel, die Pazifisten für den Ausbruch des Zweiten Weltkriegs mitverantwortlich zu machen, wobei er damit die heutigen Kriegsgegner der Bundesrepublik in Mißkredit bringen wollte. Oder was sollen infame Wahlslogans wie »Freiheit oder Sozialismus«? Wie viele Male wurde die SPD wegen ihrer Entspannungs- und Versöhnungspolitik gegenüber den osteuropäischen Ländern beschuldigt, die Geschäfte der Sowjetunion zu betreiben, die Fünfte Kolonne Moskaus zu sein?

Der Erfolg, den die Christdemokraten im Verlauf der letzten Jahrzehnte mit einer solchen Entstellung der Wahrheit insgesamt gehabt haben, beweist, wie anfällig die Deutschen noch für eine Politik sind, die den allgemeinen Konsens mit macht- und parteipolitischen Zielen unter einen Hut zu bringen versteht. Es sieht so aus, als hätten viele Deutsche vergessen, daß in diesem Land die Einheit der Nation fast immer für unlautere Unternehmungen benutzt wurde, selten, um einem edlen Ziel zu dienen.

Auf jeden Fall repräsentiert die nationale Eintracht keinen Wert an sich, noch weniger einen absoluten. Nicht die Verherrlichung der nationalen Eintracht *per se* muß das höchste Ziel einer fortschrittlich gesinnten Gesellschaft sein, sondern der Kampf um eine gerechte, freiheitliche und humane Ordnung. Dieses Anliegen läßt sich nicht ohne die Bereitschaft zum Konflikt, zum Dissens, ja, wenn nötig, zur nationalen Zwietracht verwirklichen, und dies wiederum setzt ein endgültiges Abschiednehmen vom pubertären und unreifen Herdentrieb voraus.

Die Emanzipation der Deutschen hängt nicht zuletzt von der Frage ab, inwieweit sie in Zukunft fähig sein werden, sich dem Sirenengesang der Volksverführer zu widersetzen und als einzelne sich nicht für irgendeine Massenbewegung oder Massenpsychose mißbrauchen zu lassen. Es gibt ermutigende Zeichen, daß sie in diesem Sinne kritischer und mißtrauischer geworden sind, aber noch überwiegt eher die Tendenz, sich von deutschnationalen Parolen blenden zu lassen.

DIALEKTIK DER UNRUHE

Man schläft sehr gut und träumt auch gut
in unseren Federbetten.
Hier fühlt sich die deutsche Seele frei
von allen Erdenketten.

Heinrich Heine

Einsame Menschen sind in der Regel träumerisch und
phantasievoll, sie versuchen unbewußt, die Beziehungs-
losigkeit und die Leere ihres Alltags durch verheißungs-
volle Illusionen und Wunschbilder auszugleichen. Um ein
einigermaßen treffendes Bild der Deutschen zeichnen zu
können, muß man ein paar Worte über ihren Idealismus
sagen, denn dieser Wesenszug hat in der Geschichte dieses Volkes eine sehr wichtige Rolle gespielt, wenn er sich
auch nie ganz rein manifestiert hat und in offenem Widerspruch zu anderen Aspekten der deutschen Wirklichkeit
steht.

Das Träumen war seit jeher eine der Lieblingsbeschäf-
tigungen der Deutschen. Sie können auf der einen Seite
sehr praktisch, leistungsfähig und realitätsbezogen sein –
wie ihre hochentwickelte Wissenschaft, Technik und Wirtschaft beweisen –, aber sie zeigen auch einen ausgespro-
chenen Hang zur Phantasie, streben nach Idealen, als wären sie auf der permanenten Suche nach einem verlorenen
Paradies.

In seinem Buch *Zwischen den Völkern* hat Romain Rolland geschrieben: »Deutschland lebt seit Nietzsche in einer
Art von uferloser Schwärmerei. Sein schlagflüssiger Mystizismus hindert es daran, die Dinge so zu sehen, wie sie
wirklich sind.«[1] Das ist alles richtig, aber nicht erst seit
Nietzsche, sondern seit Beginn ihrer Geschichte sind die
Deutschen unterwegs auf der Suche nach dem ersehnten
Anderssein, sowohl räumlich wie geistig. Ewige Wanderer
sind sie immer gewesen, getrieben von der Sehnsucht, eine
ideale Welt zu finden, und immer unzufrieden mit dem,
was sie haben. Das fängt schon bei den alten Germanen an,
die kein seßhaftes, sondern ein nomadenhaftes Volk waren, immer hin und her ziehend, wenig geneigt, sich niederzulassen und ständig nach einem neuen ›Lebensraum‹
strebend. Hier keimt schon die innere Unruhe, die die
Geschichte dieses Volkes bis auf den heutigen Tag aus-

zeichnet. Was Mephistopheles über Faust sagt, gilt mutatis mutandis für jeden Deutschen: »Ihn sättigt keine Lust, ihm genügt kein Glück, so buhlt er fort nach wechselnden Gestalten.«[2]

Die Deutschen sind nicht nur ein unruhiges, sondern auch ein selbstbewußtes Volk, und es ist gerade das Zusammentreffen dieser beiden Elemente, aus dem sich der traumatische, unausgeglichene Verlauf ihrer Geschichte erklären läßt. Sie haben sich immer als Träger einer universalen *missio* empfunden, als Land der Mitte, als ein von der Vorsehung auserwähltes Volk, besondere Taten zu vollbringen. Diese Überzeugung zieht sich wie ein roter Faden durch ihre ganze Geschichte und hat sich, trotz unzähliger Enttäuschungen und Niederlagen, bis in die Gegenwart ziemlich intakt erhalten. Daher auch die Ruhmsucht der Deutschen, ihr Sendungsbewußtsein, ihr nationaler Stolz, das immer wiederkehrende Pathos vom ›Sonderschicksal‹. Der hochtrabende Spruch, den, der Überlieferung nach, Karl der Große beim Aufstehen täglich wiederholte, spiegelt eine Einstellung wider, die für jeden Deutschen gilt: »Laßt uns heute etwas Denkwürdiges unternehmen, damit man uns nicht tadele, weil wir den Tag müßig verbracht haben.«[3] Aber auch folgende Worte Fausts könnten von jedem Durchschnittsdeutschen stammen: ». . . dieser Erdkreis/Gewährt noch Raum für große Taten.«[4]

Dieser Charakterzug hat geschichtliche Wurzeln, hängt mit der Geburtsstunde der alten germanischen Stämme eng zusammen, mit der beispiellosen Antriebskraft, die ihnen half, als sie plötzlich aus der Wirrnis der Völkerwanderung auftauchten, sich in kurzer Zeit als das mächtigste und gefürchtetste Volk Europas zu behaupten. Mit ihrem Sieg über die römischen Legionen bewiesen sie ihre kriegerische Überlegenheit. Die Macht des Schwertes war jetzt in ihren Händen. Das Imperium Romanum, Zentrum der Zivilisation, lag ihnen zu Füßen. Zum Christentum bekehrt und vom kulturellen Glanz des alten Roms fasziniert, verwandelten sie sich bald in Schutzherren des inzwischen militärisch machtlosen, cäsaropapistischen Reichs. Ja, die ehemaligen Barbaren, die in den Sümpfen und Wäldern Europas ihr Unwesen getrieben hatten, wurden zum offiziellen Garanten des Christentums, aus der militärischen Macht des Frankenreiches und aus der geistig-religiösen

Macht Westroms entstand das Heilige Römische Reich Deutscher Nation, eine Symbiose, die sich, wenigstens auf dem Papier, bis zum Beginn des 19. Jahrhunderts erhielt.

Das mittelalterliche Europa in eine große christliche Einheit unter der militärischen Herrschaft Deutschlands zu verwandeln war damals ein grandioses, aber kaum realisierbares Ideal, deshalb überdauerte das karolingische Reich den Tod seines Gründers nicht lange und verfiel bald in endlose Kämpfe und Streitigkeiten. Die Oberhoheit Deutschlands war mehr eine Fiktion als eine Realität. Das Reich hatte eigentlich keine festen, sondern fließende, dauernd wechselnde Grenzen, die immer wieder behauptet werden mußten: gegen die Ansprüche Roms, gegen die Einfälle von außen, gegen den Partikularismus der Herzöge im Innern. Deutschland drohte ständig den Nachbarvölkern im Norden, Osten und Süden, aber es wurde selbst von ihnen bedroht, oft überfallen und teilweise unterjocht. Schon die Wahl des Kaisers entwickelte sich mit der Zeit zu einem äußerst problematischen Unterfangen, durch Tausende Zufälle und Faktoren bedingt, an erster Stelle durch die Interessen der Kurfürsten. Auch der Reichstag war nur noch eine rein dekorative und machtlose Institution. Allein konkret und handfest war der von den Fürsten und Herzögen ausgeübte Feudalismus. Dasselbe Reich, das nach außen hin die Einheit des Christentums verkörperte, war innerlich ein tief zerrissener Organismus.

Nicht Geschlossenheit ist die eigentliche Konstante des mittelalterlichen Deutschland, sondern Instabilität, das Gefühl, daß nichts sicher ist, daß man deshalb nur auf die eigene Stärke und Durchsetzungskraft aufbauen kann und immer bereit sein muß, sich zur Wehr zu setzen. Parallel und ergänzend zu diesem immer gegenwärtigen Gefühl der Unsicherheit entsteht aber auch ein anderer psychologischer Zug, der bei den Deutschen sehr ausgeprägt ist: das Bedürfnis nach Geborgenheit und Schutz und die Suche nach einem starken Mann oder einem starken Staat, der diesem Bedürfnis entsprechen kann.

Dem karolingischen und nachkarolingischen Reich gelang es nicht, die Ideale, die sich ihre Monarchen gesetzt hatten, zu verwirklichen, aber das Bewußtsein der eigenen Größe blieb dennoch erhalten. Der Aufstand Luthers gegen Rom und die Solidarisierungsbewegung, die um ihn sofort entstand, ist ohne diesen geschichtlichen Hintergrund ziemlich undenkbar, denn hinter dem religiösen Protest gegen die Vorherrschaft der römischen Kurie lag auch das Bewußtsein der deutschen Würde, der Stolz auf die eigene Identität. Es war im Grunde ein neuer nationaler Kriegszug gegen die lateinische Welt, ein Versuch, sich auf die »germanischen Werte« von neuem zu besinnen, sie wieder zur Geltung zu bringen, sich von fremden Einflüssen zu befreien. Auch Luthers antisemitische Tiraden lassen sich unschwer in dieses protestantische »Deutschland, erwache!« einfügen.

Das Entstehen der deutschen klassischen Philosophie ist ebensowenig zu trennen von dem schöpferischen Sendungsbewußtsein ihrer Vertreter, denn ob national oder universal gesinnt, waren sie alle von der Überzeugung durchdrungen, daß Deutschland die Aufgabe zufällt, eine neue Epoche in der geistigen Geschichte der Menschheit einzuleiten. Deutschland hatte Jahrhunderte hindurch eine führende machtpolitische Rolle in Europa gespielt; als es militärisch und politisch ohnmächtig wurde, versuchte es, sein geschichtliches Format auf dem Gebiet der Theorie zu beweisen, und nichts ist in diesem Zusammenhang treffender als diese Bemerkung von Marx: »Die deutsche Philosophie ist die *ideale Verlängerung* der deutschen Geschichte.« *(Zur Kritik der Hegelschen Rechtsphilosophie)* [5]

Selbst die Stifter des Marxismus waren von dem theoretischen Sendungsbewußtsein der deutschen klassischen Philosophie stark mitgeprägt, verstanden sich als Erben dieser Philosophie und erhoben bald das deutsche Proletariat zum »Theoretiker« der europäischen Arbeiterbewegung. So Marx 1844: »Man muß gestehen, daß das deutsche Proletariat der *Theoretiker* des europäischen Proletariats, wie das englische Proletariat sein *Nationalökonom* und das französische Proletariat sein *Politiker* ist.« [6] Das Bewußtsein der denkerischen Überlegenheit Deutschlands mischte sich bei Engels gelegentlich mit kaum verhüllten nationalen Tönen, etwa, wenn es um die osteuropäischen Völker ging. Rußland war für ihn schon der Feind, das barbarische Land, das die westliche Zivilisation bedroht; für Österreich empfand er blanke Verachtung, Polen und Böhmen bestritt er die Berechtigung zu bestehen. Die deutsche Expansion nach Osteuropa bewies nach seiner Auffassung nur die

»physische und intellektuelle Fähigkeit der deutschen Nation ... ihre alten östlichen Nachbarn zu unterwerfen, aufzusaugen und sie zu assimilieren«.[7] Bismarck warf er vor, »daß er, einmal auf der Bahn der Annexionen, mit vier lumpigen Kleinstaaten zufrieden war«.[8] Als der französisch-preußische Krieg ausbrach, feierten Marx und Engels in ihrer Privatkorrespondenz den Sieg Preußens, von dem sie sich eine Verbreitung ihrer kommunistischen Ideen versprachen.

In der gesamten deutschen Geschichte ist immer wieder eine deutliche Tendenz festzustellen: die Gegenwart als ein Übel zu sehen und die Zukunft zu verherrlichen. Hölderlin drückte diese Sehnsucht nach dem Unerreichten prägnant aus: »Nähre dein Herz mit der Geschichte besserer Tage, suche nichts unter den jetzigen.« *(Hyperion)*[9] Diese Zukunftbezogenheit besteht oft aus verschwommenen Vorstellungen oder gar aus purer Nostalgie nach der Wiederherstellung einer vergangenen Epoche (wie bei den Romantikern), aber der Ausgangspunkt ist immer derselbe: die innere Unruhe, die Unzufriedenheit mit dem Gegebenen.

Ein Volk, das immer nach einer nicht vorhandenen, nur in seiner Einbildungskraft existierenden Welt strebt, muß unweigerlich mit dem Gegenwärtigen unzufrieden sein. Nicht ohne Grund stellte Dostojewski fest, daß es das Schicksal der Deutschen sei zu protestieren, sich gegen die gegebene Realität aufzulehnen, und zwar aus Prinzip, aus dem tiefverwurzelten Trieb, alles in Frage zu stellen. Sie sind im ganzen ein Volk von Menschen geblieben, die nie ihre Erfüllung gefunden haben, die instinktiv die Gegenwart ablehnen und unruhig danach trachten, Zukunftsträume in die Tat umzusetzen. Das ist vielleicht die Achillesferse dieses Volkes. Es hat nie die schwierige Kunst gelernt, sich mit dem Vorhandenen abzufinden und sich darauf einzustellen. Viele deutsche Gesichter sind von Traurigkeit und Ernst geprägt, wahrscheinlich das äußere Zeichen ihrer unerfüllten Träume. Aber auch ihre obsessive Neigung, immer alles neu organisieren zu wollen und es immer perfekter zu machen, hängt mit der Veranlagung zusammen, mit dem schon Erreichten sich nicht begnügen zu können. Daß dieser Drang, die Realität zu transzendieren, auch der Schlüssel für ihren schöpferischen Geist ist, braucht nicht hervorgehoben zu werden.

Das Noch-Nicht ist für die Deutschen wichtiger als das Hier und Jetzt, das Potentielle anziehender als das Reale. Deshalb sind sie auch ein dialektisches Volk, wie Nietzsche – ein deutlicher Fall innerer Unruhe – in seinem Buch *Die fröhliche Wissenschaft* bemerkt: »Wir Deutschen sind Hegelianer, auch wenn es nie einen Hegel gegeben hätte, insofern wir (im Gegensatz zu allen Lateinern) dem Werden, der Entwicklung instinktiv einen tieferen Sinn und reicheren Wert zumessen als dem, was ›ist‹ – wir glauben kaum an die Berechtigung des Begriffs ›Sein‹.«[10]

Das sind treffende Worte. Während der Südeuropäer in der Gegenwart-Sphäre lebt, in dem konkreten und überschaubaren Bereich des *hic et nunc*, neigen die Germanen dazu, den Sinn des Lebens und der Geschichte auf das Werden zu verlegen, auf das Noch-nicht-Gewesene. Das erklärt ihren Hang zur Romantik, zur Utopie, zur Transzendenz, aber auch ihre große Begabung für Leistung und Kreativität. Es ist, grob gesagt, der Kontrast zwischen der sokratischen und der faustischen Seele: dort die Ironie, die nüchterne Selbsterkenntnis, das Genügsame und Maßvolle, der kristallklare Verstand, hier der Schaffens- und Tatendrang, die Maßlosigkeit der Ansprüche und die schwärmerischen Träume von dem Noch-nicht-Erreichten. Spengler hat im *Untergang des Abendlandes* diesen Kontrast zwar äußerst verzerrend, aber im Kern treffend dargelegt.

Die Negation der Gegenwart und die Hinwendung zum Werden als der höchste Ausdruck des Seins wurde von Hegel in einem gründlichen und umfassenden philosophischen System artikuliert und dann von Marx als sozialistische Theorie weiterentwickelt und in revolutionäre Eschatologie umgesetzt. Ein anderer Deutschjude – Horkheimer – nannte diese Zukunftsromantik »Sehnsucht nach dem ganz Anderen«, eine Geistes- und Lebenshaltung, die mehr oder weniger allen Deutschen eigen ist.

Die Deutschen haben sich nicht begnügt, von der Zukunft zu träumen, sie haben auch versucht, die Träume zu verwirklichen, so daß ihre Dialektik sich immer wieder in tatkräftige Dynamik verwandelt hat. Sie sind zwar ein sinnendes, meditatives Volk, aber kein kontemplatives, und selbst ihre berühmte Innerlichkeit ist nur die Brutstätte zukünftiger Taten. Der Drang zum Denken geht immer

Hand in Hand mit dem Drang zum Leben, der Intellektualismus mit dem Vitalismus. Der wahre Kern der Hegelschen Philosophie ist nicht zufällig das Tun, und es ist ebenso bezeichnend, daß Fichte von der Philosophie der »Tathandlung« besessen war. Verändern wollte Marx die Welt, nicht nur verstehen, und »Lebensphilosophie« nannte sich die theoretische Bewegung, die einige ungeduldige und zum Irrationalen tendierende deutsche Denker Anfang dieses Jahrhunderts entwickelten.

Sie sind selten ruhig, sie planen immer irgend etwas, und je ruhiger und stiller sie scheinen, desto konzentrierter denken sie über neue Taten nach. Und genauso verhält es sich mit der Gemütlichkeit: Auch sie ist nur eine vorübergehende Entspannung, damit die Menschen sich auf neue Unternehmungen und Anstrengungen vorbereiten können. Dieses ständige Auf-Achse-Sein führt zu einem doppelten Phänomen, zur denkerischen, theoretischen Tiefe und zur räumlichen Ausdehnung, zu Expansion nach außen, zum Imperialismus.

Kein Wunder, daß die Deutschen zu Gelassenheit kaum fähig sind, zum spontanen, absoluten *dolce far niente*. Mehr oder weniger leiden sie alle unter jenem Syndrom, das Friedrich Schlegel aus eigener Erfahrung »den verzehrenden Trieb nach Tätigkeit«[11] nannte. Sie sind unglücklich, wenn sie nicht neue Pläne schmieden können, fühlen sich, als wären sie in einen Käfig eingesperrt. Ihre Energie scheint unerschöpflich, deshalb haben sie es immer geschafft, sich von ihren Niederlagen und Verfallsphasen rasch zu erholen. Obwohl kein junges Volk mehr, haben sie trotzdem ihren ursprünglichen »Sturm und Drang« beibehalten. Aber wir werden am Ende dieses Buches sehen, daß diese Willenskraft, eine ihrer beneidenswerten Eigenschaften, zugleich die Quelle fast all ihrer Probleme mit sich selbst und mit der Welt ist.

Die deutsche Dialektik der Unruhe hat leider oft zu Maßlosigkeit und Phantasterei geführt, zu Überschätzung der eigenen Schaffensmöglichkeiten. Wenn man tatsächlich die Geschichte dieses Volkes genau betrachtet, stellt man leicht fest, daß sie nichts anderes ist – als Ganzes gesehen – als die Geschichte einer immer präsenten Disproportion zwischen Einbildung und Wirklichkeit, ein Zug, der sich zur totalen Weltfremdheit und grenzenlosen Überspannung steigern kann. D. H. Lawrence, der mit einer Deutschen, Frieda von Richthofen, verheiratet war und die Deutschen sehr gut kannte, bemerkte einmal: »Vielleicht gehört ein gewisser *Größenwahn* zur deutschen Natur.«[12] Und ein anderer Europäer, der mit der deutschen Eigenart vertraut war – Dostojewski –, sprach von der »selbstzufriedenen Prahlerei eines jeden Deutschen« als einem »uralten Zug des deutschen Charakters«. *(Tagebuch eines Schriftstellers)*[13]

Diese Neigung zum Größenwahn – übrigens den Spaniern auch nicht fremd – führt oft zur blinden Exaltation, in extremsten Fällen auch zu brutaler Gewalt. Reinhold Schneider, ein katholischer Dichter, der Spanien sehr liebte und ein großes Drama über Las Casas während der Nazizeit verfaßte, um gegen die Judenverfolgung auf seine Art zu protestieren, schrieb am 14. Januar 1942: »Ganz unter vier Augen gesprochen: ich sehe die größte Gefahr der Deutschen in einer gewaltsamen Phantasterei, die sich die Welt *denkt*, ehe sie das Bild der Welt *empfangen* will und dann so lange auf die Welt einschlägt, bis sie dem vorgefaßten Bilde entspricht.« *(Briefe an einen Freund)*[14]

Da sich der Deutsche gern entflammen läßt, ist er auch leicht verführbar, läßt sich schnell mißbrauchen, wie die Geschichte des Dritten Reiches belegt, nicht weniger die des Ersten Weltkriegs, als dieses Volk, von seinem Kaiser geblendet, August 1914 traumwandlerisch und mit beispiellosem Enthusiasmus sich in die Schrecken des Todes warf, siegesbewußt wie immer und blind für die kommende Katastrophe. Denn Euphorie und fehlgeleiteter Idealismus haben in Deutschland fast immer den bekannten Weg des Hurrapatriotismus und der Gewaltanwendung gesucht, an dessen Ende freilich der voraussehbare Absturz in den Abgrund wartete. Diese Entwicklung erklärt auch die Instabilität der deutschen Geschichte, die ständige Mutation zwischen Glanz und tiefer Niedergeschlagenheit, zwischen schwindelerregenden Höhepunkten und trostlosem Verfall.

Ist das alles nur Erinnerung, endgültige Vergangenheit? Ich glaube kaum. Nicht nur zwischen den Naziverbrechen und ihrer späteren Verdrängung gibt es eine lückenlose Kontinuität; es kommt auch der Verdacht auf, daß der erstaunliche Triumph des Wiederaufbaus nicht frei von verinnerlichten Aggressionen und Ressentiments war, daß er als eine willkommene Ersatzfunktion diente, um die durch den verlorenen Krieg entstandene Frustration loszuwerden. Man muß sich nicht unbedingt auf die Freudsche Sublimierungslehre berufen, um zu wissen, daß irrationale, dunkle Kräfte sich unter dem Druck der objektiven Verhältnisse jeder Zeit in schöpferische Leistungen verwandeln können. Das ist ungefähr das, was sich während der Zeit des Wiederaufbaus zugetragen hat. Man vergesse auch nicht, daß das Wirtschaftswunder im wesentlichen und vor allem in seiner genetischen Phase von demselben Menschentypus bestimmt wurde, der kurz vorher die zivile und militärische Maschinerie des Dritten Reiches in Gang gehalten hatte. Daß die mentale und psychologische Infrastruktur dieses Volkes nicht über Nacht verschwand und eine entscheidende Rolle im ›friedlichen‹ Bereich des wirtschaftlichen Wiederaufbaus spielte, müßte jedem einleuchten. Der Einsatz an der Front ließ sich verhältnismäßig leicht zum Einsatz in den Fabriken umfunktionieren, der gleiche kollektive Gehorsamstrieb, der sich während des Dritten Reiches so glänzend bewährt hatte, konnte jetzt ohne große Schwierigkeiten für den neuen ›Feldzug‹ des Wiederaufbaus mobilisiert und gleichgeschaltet werden, oft sogar unter den Kommandoparolen der Führungskader und Offiziere von damals. Woher kommen sonst die Härte und die Unbarmherzigkeit, die die Entwicklung der Bundesrepublik Deutschland vom ersten Tag an bis heute kennzeichnen?

Aggressionen und andere psychische Spannungen können zu Arbeitswut und wirtschaftlichen Leistungen sublimiert werden. Unbestreitbar ist, daß die angebliche friedliche Entwicklung der Bundesrepublik zu allerlei Zerstörung geführt hat, nicht nur wegen der 14 000 jährlichen Toten auf den Autobahnen und Straßen, nicht nur wegen des Waldsterbens und der Vergiftung der Umwelt, sondern überhaupt auf Grund allgemeiner Aggressivität, die in diesem Land herrscht. Da nach dem Krieg die Deutschen nicht mehr in der Lage waren, die Ideologie der offenen Gewalt nach außen zu projizieren, haben sie sie auf den Bereich der Leistung verlegt. Die frühere Gewalt gegen Menschen wurde jetzt gegen Sachen gerichtet, der weiterhin latente Aggressionstrieb suchte sich ein neues Betätigungsfeld. Die ganze Bundesrepublik wurde zu einem riesigen Expansionsraum für produktive Raserei, eiskalte Technokratie, blinde Naturbeherrschung, neurotisierte Wachstumsdynamik und andere Formen der Zerstörung.

Haben die Deutschen nun bei diesem qualitativen Umschlag von Krieg zur friedlichen Leistungsgesellschaft ihr inneres Gleichgewicht gefunden? Vieles spricht nicht dafür. Kaum einer von ihnen würde heute die offene, direkte, kollektiv organisierte Aggression – das heißt einen Krieg – begrüßen, und jeder will in Frieden mit sich selbst und mit der Welt leben, aber der massive, überall greifbare Hintergrund von Aggressivität in diesem Land beweist, daß es den Nachkriegsdeutschen nicht wirklich gelungen ist, ein aggressionsfreies, solidarisches, menschenfreundliches und friedfertiges Lebens- und Gesellschaftsmodell auf die Beine zu stellen. Und wie hätte es anders sein können in einem Land, das, statt sich auf mehr gesellschaftliche Harmonie, Lebensqualität und Menschlichkeit zu konzentrieren, fast ausschließlich an mehr materiellem Reichtum interessiert war? Was konnte man von einem Wertesystem erwarten, das Glück mit Geld verwechselte und Konsumfetischismus als das höchste Ziel des Daseins erklärte? Und entscheidend, wie konnten die Deutschen ihre, durch eine gestörte historische und gesellschaftliche Entwicklung tiefsitzenden Aggressions-Frustrations-Destruktions-Syndromen ›bewältigen‹, wenn sie die Freiheit und den Frieden, die ihnen bald nach Kriegsende zur Verfügung standen, zum Aufbau eines Systems benutzten, das auf Grund seines weitgehend repressiv-autoritativen Charakters zum Entstehen eines neuen Aggressions-Frustrations-Destruktions-Zyklus führen mußte?

Dies ist sicherlich eine starke Vergröberung, nicht die ganze Wahrheit. Mörderischer Konkurrenzkampf, erbarmungsloses Profitdenken und ungehemmter Leistungs- und Wachstumsdrang sind zwar die dominierenden, jedoch nicht die einzigen Charakteristika der westdeutschen Wirklichkeit, sie waren es nie. Es gab von Anfang an Deutsche, die gegen den eingeschlagenen Weg der Wachstumsidolatrie ihre Stimme erhoben, die gegen die materialistische Strömung schwammen, die Humanität und Solidarität höher stellten als Prosperität, die sich konsequent für eine ganz andere, menschlichere Republik einsetzten: engagierte Intellektuelle und Journalisten, kritische Wissenschaftler und Pädagogen, linke Gewerkschaftler, politische Einzelgänger, Jungsozialisten und Christen, die wie Niemöller, Eugen Kogon, Dorothee Sölle oder Johann B. Metz ihren Glauben ernst nahmen. Aber diese und andere Vertreter der Vernunft und des Humanismus, die alle einzeln zu nennen, hier nicht der Platz ist, waren nie in der Lage, sich gegen die von den etablierten Parteien und Interessenverbänden in enger Komplizenschaft verwaltete westdeutsche Konsumgesellschaft durchzusetzen. Ihre Mahnungen und Appelle wurden zwar oft mit Respekt registriert, gelegentlich sogar bei Sonntagsreden von den Systemträgern selbst salbungsvoll zitiert, aber befolgt wurden sie in der Regel nicht. Da überdies diese humanistische Front vorwiegend aus Außenseitern bestand und außerhalb der großen Parteien operierte, blieb ihr gesellschaftlicher und politischer Einfluß gering. Ihr Beitrag war grundsätzlich moralischer Natur.

Mit der antiautoritären Studenten- und Jugendbewegung der sechziger Jahre artikulierte sich zum ersten Mal der Unmut gegen die übermäßige Herrschaft der Leistungs- und Konsumgesellschaft. Sie leistete politisch-revolutionären Widerstand. Der Kampf gegen Entfremdung, Irrationalität und Zerstörung erreichte ein neues qualitatives Stadium mit dem Entstehen der Grünen, der Alternativ- und Friedensbewegung, die trotz ihrer Widersprüche und Flügelkämpfe als Anti-Parteien-Partei innerhalb des im ganzen schwachen linken Spektrums der Bundesrepublik eine wertvolle, nicht leicht zu ersetzende Funktion ausübt.

Über die Möglichkeiten des westdeutschen radikalen Humanismus darf man sich freilich keine großen Illusionen machen, die Linke hat in der Bundesrepublik grundsätzlich die Rolle des Ritters der Traurigen Gestalt gespielt, und daran wird sich in der nächsten Zukunft wahrscheinlich wenig ändern. Aber sie existiert, sie lebt, sie war von Anfang an präsent und hat sich von ihren Niederlagen und Frustrationen immer wieder erholt, und dies beweist, daß diese Republik nicht verdammt ist, bis in alle Ewigkeit unter dem Kommando des Betonkartells der etablierten Machtblöcke strammzustehen.

FETISCH PERFEKTIONISMUS

»Nein, nein, Fred«, sagte ich,
»ich habe Angst, weil ich sie vor
nichts bewahren kann, nicht
vor der Hartherzigkeit der Menschen, vor der Hartherzigkeit
von Frau Franke, die zwar jeden Morgen den Leib Christi
empfängt, aber jedesmal, wenn
eins der Kinder das Klo benutzt
hat, aus ihrem Arbeitszimmer
gelaufen kommt, die Sauberkeit
des Klos kontrolliert und im
Flur zu keifen beginnt, wenn
ein einziger Wasserspritzer ihre
Tapeten getroffen hat.«

Heinrich Böll[1]

Mit der Forderung nach Vollkommenheit, meinte Mitte
November 1987 Martin Kruse, der Berliner Bischof und
Vorsitzende der Evangelischen Kirche, könne das Leben
nicht menschlich werden. Aller Perfektionismus habe einen Hang zum Totalitären. Die Chance zu Menschlichkeit
komme erst dort zum Zuge, wo Unvollkommenheit möglich sei.

Das sind in Deutschland merkwürdige, seltene, ja häre-
tisch klingende Töne, die von der gesamten Bundespresse
wiedergegeben wurden. Sie stehen im Kontrast zu der
allgemeinen und rabiaten Perfektionssucht in diesem Land.
Die Deutschen sind stolz auf ihren ausgeprägten Sinn für
Vollkommenheit, Gründlichkeit, Tüchtigkeit, Zuverlässigkeit und Sauberkeit und blicken mit kaum verhüllter Verachtung auf jene Völker herab, die diese Eigenschaften nur
mäßig oder gar nicht aufweisen können. Auch in diesem
Punkt sind sie ein dialektisches Volk, und entsprechend
lebt jeder Durchschnittsdeutsche mit der Illusion, durch
eine immer perfektere Organisation jede Spur von Unordnung und Schlamperei restlos zu beseitigen. Wie tief ihr
Bedürfnis nach totaler Reinheit ist, läßt sich unmittelbar an
bestimmten Redewendungen ihrer Sprache erkennen; so
fällt zum Beispiel auf, daß die deutschen Schimpfwörter
vorwiegend um Begriffe kreisen, die mit Schmutz oder
Dreck zu tun haben, während anerkennende Worte oft
im Zusammenhang mit dem Begriff ›Sauberkeit‹ stehen.

Nicht zufällig hat Alfred Andersch in seinem Roman *Die Rote* vom »deutschen Traum der Sauberkeit um der Sauberkeit willen« gesprochen, von »der abstrakten Sauberkeit, von der Welt, aus der aller Schmutz hinausgefegt worden ist...«[2]

In Punkto Hygiene, Gründlichkeit und Ordnung sind die Deutschen kaum zu übertreffen. Doch wenn sie sich einseitig entwickeln und auf die Spitze getrieben werden, führen gerade diese Tugenden häufig zu überraschenden, nicht ganz geheuren Ergebnissen. Denn man kann nicht nur in lauter Dreck ersticken, man kann genauso vor lauter Sterilität zugrunde gehen. Fanatismus ist nie gut, auch nicht, wenn er im Dienste einer guten Sache steht, und die deutsche Besessenheit für das Vollkommene ist eine Form des Fanatismus. Fanatiker, gleich welcher Art, wollen immer herrschen, alles nach ihrem Willen formen und umformen, auch die Fanatiker der Ordnung und der Sauberkeit.

Die Deutschen haben das Ideal der Vollkommenheit sehr weit gebracht, aber sie sind trotzdem mit dem Erreichten noch nicht ganz zufrieden, sie meinen, es könnte noch besser, noch perfekter, noch ordentlicher werden. Sie finden immer etwas, das nicht funktioniert, das kaputt oder reparaturbedürftig ist, oder einfach schmutzig oder alt, die geringste Lapalie, die ihrer Vorstellung von Vollkommenheit widerspricht, bringt sie zur Raserei, ärgert sie zu Tode. Auf der ständigen Suche nach der vollkommenen Ordnung ist ihnen etwas sehr Elementares entgangen: nämlich, daß viele Völker – zum Beispiel das spanische – seit Jahrhunderten von Unordnung umgeben leben und dabei sicherlich nicht unglücklicher sind.

Die Deutschen müssen Fehlerhaftes, Kaputtes oder Ramponiertes immer gleich in Ordnung bringen, damit alles wieder perfekt aussieht, damit »alles seine Ordnung hat«.

Daher auch ihre Betriebsamkeit. Sie sind eminent begabt, Fehler zu erspähen, kein Manko, auch das geringste nicht, entgeht ihren geübten Augen. Sie leben unter dem Zwang, über Schmutz, Unordnung und Schlamperei siegen zu müssen. Ich wähle bewußt diesen militärischen Begriff, denn der Kampf, den die Deutschen gegen solche Zustände führen, ist eigentlich ein regelrechter Krieg. Und sie führen ihn mit teutonischer Gründlichkeit und Unnachgiebigkeit, ohne Wenn und Aber, ohne Kompromisse. Hier, besonders hier, zeigen sie sich rigoros.

Sicher, in diesem Fall ein gutgemeinter Krieg, und dennoch ein sinnloser, hier hat man es nämlich mit einem Feind zu tun, der sich nie endgültig besiegen läßt, der zäher und widerstandsfähiger ist als der unermüdliche Einsatz der deutschen Ritter des Perfektionismus: Gemeint ist natürlich die ewige, sich ständig erneuernde Unordnung und Schlamperei der Welt. Wenn es etwas gibt, das sich nicht verwirklichen läßt, ist es eben das Reich der Vollkommenheit, und solange die Deutschen diese erhabene, aber törichte Utopie in den Mittelpunkt ihrer Erfüllungsträume stellen, werden sie keine innere Ruhe finden, denn es gibt nichts Anstrengenderes und Kräfteverzehrenderes, als den Dreck, den das Leben unaufhörlich erzeugt, immer wieder zu beseitigen.

Vielleicht klingen diese Worte für deutsche Ohren abwegig oder gar zynisch, aber Südländer sind meist ziemlich allergisch gegen den berühmten germanischen Perfektionismus, schon deshalb, weil die Erfahrung gezeigt hat, daß diese angebliche Tugend oft für Zwecke und Feldzüge mobilisiert wurde, die alles andere als edel waren, wie etwa die Ausrottung eines ganzen Volkes. Und damit wären wir wieder beim ominösen Thema der ›Endlösung‹, aber es gehört nun einmal zur deutschen Geschichte, zum deutschen Traum der perfekten Ordnung, oder was sie sich darunter vorstellen. Wenn man von dem deutschen Perfektionismus spricht, darf man nicht nur seine Sonnenseite, die glanzvollen Leistungen dieses Volkes im Bereich der Wissenschaft, der Technik, der Kultur oder der Wirtschaft sehen, es gehören auch die Toten von Auschwitz und den übrigen Konzentrationslagern dazu, das Ergebnis einer perfekten Organisation, die selbst im Reich der Toten waltete.

Völker unterscheiden sich nicht nur durch ihre Art zu leben, auch durch ihre Art zu töten. Als in Spanien der letzte Bürgerkrieg ausbrach und die Arbeiterklasse auf den Putsch der Generäle mit einem revolutionären Volksaufstand antwortete, wurde kurzerhand eine große Anzahl von rechtsstehenden Menschen ermordet, darunter etwa siebentausend Priester und Nonnen. Dieses Gemetzel war zweifellos höchst brutal und verwerflich, fand aber ohne jede Methodik statt, es war ein spontaner, unreflektierter, primitiver Ausbruch des Hasses, wurde nicht sorgfältig geplant und durchgeführt. Dagegen vollzog sich die Ausrottung der Juden mit deutscher Gründlichkeit, mit einer Methodik, deren nur Deutsche fähig sind. Nichts blieb dem Zufall überlassen, die Organisatoren des Holocaust wären sich selbst nicht treu geblieben, wenn sie ihre kleinbürgerliche Liebe zu Ordnung und Perfektion nicht auch in dem Bereich des Tötens angewendet hätten. Gewiß, nicht alle Deutschen waren Nazis, aber typisch deutsch war die Systematik, mit der die braunen Chargen den Holocaust organisierten und durchführten. »Was die Deutschen begangen haben«, schrieb Adorno, »entzieht sich dem Verständnis, zumal dem psychologischen, wie denn in der Tat die Greuel mehr als planvoll-blinde und entfremdete Schreckmaßnahmen verübt zu sein scheinen denn als spontane Befriedigungen. Nach den Berichten der Zeugen ward lustlos gefoltert, lustlos gemordet und darum vielleicht gerade so über alles Maß hinaus«.[3]

Die Juden wurden keineswegs gleich beseitigt, o nein, das wäre zu spontan gewesen, zu undeutsch. Man ging generalstab- und planmäßig vor, langsam, aber sicher. Zuerst wurden die Juden »erfaßt«, katalogisiert, sauber in Listen und Karteien eingetragen. Dann wurden sie gedemütigt, systematisch, gründlich und unmenschlich gedemütigt, gezwungen, einen gelben Stern zu tragen, damit jeder sofort sah, mit wem er es zu tun hatte. Das war die erste Maßnahme des Absonderungsprozesses, das erste Zeichen der Gettoisierung. Der Feind wurde denunziert, sichtbar gemacht, an den öffentlichen Pranger gestellt, dem Mob als Fraß zur Befriedigung seiner sadistisch-rachsüchtigen Bedürfnisse hingeworfen. Bei all dem war nicht nur Grausamkeit im Spiel, auch das Hygienesyndrom spielte eine entscheidende Rolle: Die Juden waren eben eine drekkige Rasse, die die biologische Reinheit des germanischen Volkes in Gefahr brachte, deshalb mußte man sie isolieren, aus dem deutschen Leben entfernen. So verbot man den Sternträgern, die Grünanlagen zu betreten, in den Bibliotheken Platz zu nehmen, öffentliche Transportmittel zu benutzen, große Alleen und Straßen zu betreten und schließlich mit Deutschen sexuellen Kontakt zu haben. Aber auch das eigene Zuhause entzog man ihnen, nicht ganz und nicht sofort, nein, auch hier wurde mit System operiert:

»Zuerst verschwand das Telefon, dann das Radiogerät, dann das Haustier, Hund, Katze oder Zeisig, danach das Silbergeschirr, der Schmuck und die Bücher. Alles wurde gründlich zusammengesucht und gegen Quittung abgeholt. Schließlich wurden alle Zimmer der Wohnung bis auf ein ›Judenzimmer‹ beschlagnahmt. Am Ende kam dann die Karte, die befahl, am nächsten Tag sich dort zum Abtransport einzufinden.« (Günther Weisenborn *Der Verfolger*)[4] Unnötig zu sagen, daß nach dem Abtransport der Juden ihre Wohnungen und Häuser gründlich desinfiziert wurden, damit die neuen arischen Hausherren in Ruhe schlafen konnten.

In Deutschland werden heute keine Juden mehr erfaßt und schikaniert, aber der Hang, alles methodisch und gründlich anzupacken, ist geblieben. Der deutsche Perfektionismus dient seit über vierzig Jahren höheren Zwecken, aber dies hat ihn nicht gehindert, aus der Bundesrepublik zwar ein sehr leistungsfähiges und wohlhabendes, aber gleichwohl ein ziemlich glattes, steriles und inhumanes Land zu machen.

Denn merkwürdig ist, daß das Gefühl der Bedrohung gerade von dem manischen Perfektionsdrang dieses Landes ausgeht und nicht von seinen Mängeln und Unzulänglichkeiten. Was einen so unheimlich anmutet – und man wird den Eindruck nicht los –, daß hinter dieser ganzen Vollkommenheit obskure und lebensfeindliche Kräfte stecken, die eines Tages zu einer gewaltigen Entladung kommen könnten. Der deutsche Perfektionismus macht mir angst, und wenn ich seinen mechanisierten und automatisierten Rhythmus vernehme, kommt es mir vor, als hörte ich das dumpfe, hintergründige Tam-Tam der Wildnis.

Das erste, das einem Ausländer auffällt – vor allem, wenn er aus Südeuropa kommt – ist die reibungslose Organisation in diesem Land. Es funktioniert ungemein gut, obwohl viele meinen, daß es noch besser funktionieren könnte. Es funktioniert gut, weil den Deutschen soviel daran liegt. Alles muß reibungslos klappen, an erster Stelle die Behörden und Institutionen. Da die Menschen in einem Milieu aufwachsen, in dem alles planmäßig und akkurat vor sich geht, gewöhnen sie sich schon in ihrer frühesten Jugend daran, sich in den allgemeinen Organisationsablauf einzufügen und ihn aktiv mitzutragen. Eine solch umfassende Organisation ist nicht nur positiv zu sehen. Der Zwang dazu führt von früh an zur Normierung und Mechanisierung des einzelnen; es geht die Vermassung damit einher, auf die schon im vorigen Kapitel hingewiesen worden ist.

Bei all dieser Sauberkeit und vortrefflichen Organisation, worin die Bundesrepublik Deutschland im Vergleich zu anderen Ländern beispielhaft ist, wirkt der Alltag in diesem Land insgesamt eintönig und langweilig, fade und steril. Dies erklärt vielleicht auch, warum die Westdeutschen so gern und so oft verreisen und im Ausland die Erfüllung suchen, die sie anscheinend nicht zu Hause finden – trotz guter Organisation. Wenn man genau hinschaut, stellt man in der Tat unschwer fest, daß hinter der glänzenden Fassade der bundesrepublikanischen Einrichtungen sich mehr Leere als Glück verbirgt, mehr Traurigkeit als Freude, mehr Frustration als Erfüllung.

Das allein beweist, daß die ganzen Anstrengungen, die die Deutschen auf sich nehmen, um alles perfekt zu organisieren, am Ende doch wenig fruchten. Denn man muß sich fragen: was nutzt eine Vollkommenheit, wenn sie die Menschen in keiner Weise glücklich macht? Nichts gegen Ordnung, gegen Hygiene, gegen Tüchtigkeit und andere deutsche Eigenschaften, aber sie allein tragen nicht zum Glück eines Volkes bei, vor allem nicht, wenn diese Eigenschaften als Selbstzweck betrachtet werden.

Dieses Phänomen soll nicht überbewertet werden, dennoch erscheint einleuchtend, daß ein Volk, das aus einer falsch verstandenen und falsch angewendeten Perfektionssucht seinen Alltag in ein Korsett von Zwängen und Mechanismen steckt, innerlich nicht wirklich frei sein kann, da der Anpassungsprozeß, der die strukturelle Reglementierung von ihnen tagtäglich verlangt, sie auch politisch für reglementierte, autoritäre Lösungen anpassungsfähig macht.

Ohne so viel Ordnung, Fleiß und Tüchtigkeit wäre die Bundesrepublik zweifellos kein so wohlhabendes, gutfunktionierendes und leistungsfähiges Land, aber vielleicht wären die Bürger, die darin leben, ausgeglichener, entkrampfter, gelassener, humorvoller und zufriedener, als sie es in der Regel sind. Doch gibt es offenbar mittlerweile immer mehr Deutsche, die nicht mehr bereit sind, blindlings den althergebrachten Ordnungs- und Hygienegeboten zu folgen und keine Sehnsucht empfinden, vor dem Fetisch Perfektionismus in Ekstase zu verfallen. Es sieht in der Tat so aus, als ob eine wachsende Zahl von jungen Leuten keinen besonderen Wert auf Tüchtigkeit, Organisation, Ordnung und andere als typisch deutsch geltende Attribute legte und sich für ganz andere Möglichkeiten, ein erfülltes Leben zu führen, interessierte, wie persönliche Freiheit, Individualität, Liebe, Freundschaft oder Kontemplation. Daß es seit den sechziger Jahren so viele Aussteiger in der Bundesrepublik gegeben hat, so viele Versuche, alternative Lebensmodelle zu entwickeln, ist bezeichnend genug. Aber noch sind diese ex-zentrischen Einzelgänger und Außenseiter in der Minderheit, noch steht dieses Land unter der traditionellen Herrschaft des Perfektionismus.

Mit ihrem Vollkommenheitskult haben die Deutschen unbestreitbar viele Ziele erreicht, die anderen Völkern versagt geblieben sind, aber andererseits haben sie größere tiefgreifendere geschichtliche Fiaskos als die meisten Kulturvölker der Erde erlitten. Der insgesamt unglückliche Verlauf ihrer historischen und gesellschaftlichen Entwicklung legt die Vermutung nahe, daß der berühmte deutsche Perfektionismus eben nicht so perfekt ist, wie es vordergründig aussieht, sonst hätte er nicht zu so vielen Fehlentwicklungen geführt.

Ein solch überzogenes, unreflektiertes und fetischiertes Verhältnis zur Vollkommenheit muß das Entstehen einer einseitigen, unharmonischen Persönlichkeit zur Folge haben. So ist der Deutsche in vielerlei Hinsicht unbestreitbar ein hochbegabter Menschentypus, intelligent und leistungsfähig, aber auf der anderen Seite fehlen ihm wiederum Charaktereigenschaften, die zu einer in klassischem Sinne allseitigen und harmonischen Persönlichkeit gehören, wie Fein- und Taktgefühl, Sensibilität, Bescheidenheit, Augenmaß, innere Ruhe, Gelassenheit oder Sinn für Ironie, ja auch ein gewisser Stil, eine gewisse Vornehmheit, eine gewisse Eleganz, eine gewisse Anmut, ein gewisser Charme. Mit solchen Attributen kann man freilich nicht die Welt erobern oder große Leistungen vollbringen, aber sie helfen, das Leben sinnvoller und erträglicher zu machen, auch schöner und humaner. Zusammenfassend würde ich sagen, daß die Deutschen mehr ihre Muskeln und ihr Hirn als ihr Herz entwickelt haben und daß sie in dieser Hinsicht alles andere als ein gesegnetes Volk sind.

Das deutsche Volk hat nicht wenige der sublimsten und wertvollsten Gestalten der Weltgeschichte hervorgebracht, und unter den jetzigen Deutschen begegnet man in allen Schichten Menschen, die durch ihre charakterliche, geistige und moralische Integrität bestechen, aber man findet hier immer noch viel Roheit und Plumpheit, viel Hartherzigkeit und gar Rücksichtslosigkeit, viel Gefühlsarmut und Gefühlslosigkeit. Deshalb meine ich, solange die Deutschen es nicht fertigbringen, diese negativen Erscheinungen zu überwinden, werden sie ein unfertiges Volk bleiben, auch wenn sie weiterhin mit ihren Glanzleistungen die Welt in Erstaunen versetzen.

WIR SIND DIE BESTEN

> Wir gehen wahrscheinlich
> nicht in die Irre, wenn wir den
> immer wieder entstehenden
> Kult um eine unbefleckbare na-
> tionale Würde und Größe mit
> unserem Narzißmus, also mit
> einer sehr frühen, kindlichen
> Selbstverliebtheit, in Verbin-
> dung bringen.
> *Alexander und Margarete*
> *Mitscherlich*[1]

Die unbestreitbare Begabung der Deutschen, höchste Leistungen zu vollbringen, verleitet sie unentwegt dazu, die
Besten sein, an der Spitze stehen zu wollen. Entsprechend
verhalten sie sich wie ein Klassenprimus, der permanent
paukt, um die besten Noten zu bekommen, und in diesem
Sinne wäre Deutschland mit einer riesigen Schulanstalt zu
vergleichen, in der ein ganzes Volk sich bemüht, sein Leben mit einem summa cum laude zu krönen.

Hinter diesem Strebertum steckt das bewußte oder unbewußte Verlangen, bewundert zu werden, Applaus und
Zustimmung zu ernten, was wiederum eine starke Abhängigkeit von den anderen und ihrem Urteil verrät. Die Deutschen sind sehr anfällig für Bewunderung, sie sind in dieser
Beziehung wie kleine Kinder, die nach Erledigung ihrer
Obliegenheiten von ihrem Lehrer ein anerkennendes Wort
erwarten. Wenn dieses Wort fehlt, wenn man sie gar tadelt
oder kritisiert, fühlen sie sich tief gekränkt und überrascht,
eben weil sie in der Vorstellung leben, daß sie alles richtig
machen müssen.

Narzißmus ist kein spezifisch deutscher Wesenszug,
schon der Begriff allein zeigt, daß von jeher diese Geisteshaltung bei anderen Völkern nicht unüblich war. Aber die
Deutschen sind verliebt in sich selbst mit der Gründlichkeit
und der Ausschließlichkeit, deren nur sie fähig sind. Eine
solche Behauptung zeigt natürlich Durchschnittstenden-
zen an. Mir ist bewußt, daß es viele Deutsche gibt, die im
Gegensatz zur Mehrheit ihrer Landsleute sehr zugänglich
für Selbstkritik sind, die sich auch nicht beleidigt fühlen,
wenn jemand sie auf die Unzulänglichkeiten und Schwächen ihrer Heimat aufmerksam macht. Ein Land großer

Kontraste, auch in diesem Punkt: Da hier die Selbstverliebtheit so auffällig ist und oft penetrante und groteske Formen annimmt, gibt es wahrscheinlich Deutsche, die aus purem Widerspruchsgeist sehr kritisch gegenüber ihrem eigenen Volk eingestellt sind und zwar so extrem, daß ihre selbstkritische Haltung nicht selten in Selbsthaß umschlägt, in totale Ablehnung der eigenen Identität, in eine offene Deutschfeindlichkeit. Früher, als Deutschland sowohl ein armes wie ein despotisch regiertes Land war, emigrierten viele Deutsche aus wirtschaftlichen oder politischen Gründen, heute tun es jährlich etliche Zehntausende, weil sie einfach die bundesrepublikanische Wohlstandsgesellschaft nicht ertragen können, weil sie nur blanke Verachtung oder Haß für sie empfinden. Und es gibt eine noch größere Anzahl, die zwar nicht ausgewandert ist, aber sich in ihrem Heimatland fremd fühlt und in einer Art innerer Emigration lebt.

Die herausragende deutsche Literatur war immer sehr kritisch und selbstkritisch, auch die Nachkriegsliteratur. Heinrich Böll, Walter Köppen, Alfred Andersch, Gerhard Zwerenz, Walter Jens, Hans Magnus Enzensberger, Günter Grass, Martin Walser und andere gehören zu den kritischen Schriftstellern, wie vor dem Krieg Bertolt Brecht, Lion Feuchtwanger, Heinrich, Thomas und Klaus Mann, Arnold Zweig, Hermann Hesse, Alfred Döblin, Hugo Ball, Kurt Tucholsky, Erich Mühsam, Ernst Toller und all jene Autoren, die gegen jede Form der nationalen Selbstherrlichkeit allergisch waren. Wenn diese Schriftsteller von ihren Landsleuten gelesen und oft bewundert worden sind, ist das auch ein Beweis dafür, daß es in diesem Land eine nicht unbeträchtliche Schicht von Menschen gibt, die keineswegs bedingungslos verliebt in ihre Heimat sind, die sehr wohl in der Lage sind, sie mit nüchternen, prüfenden Augen zu sehen.

Die härtesten Werturteile über Deutschland wurden oft von jenen Dichtern gefällt, die als die echtesten Vertreter deutschen Geistes galten, die deshalb in hohem Ansehen standen. Hölderlin etwa ging sehr hart mit seinen deutschen Zeitgenossen ins Gericht: »Barbaren von alters her, durch Fleiß und Wissenschaft und selbst durch Religion barbarischer geworden, tiefunfähig jedes göttlichen Gefühls, verdorben bis ins Mark zum Glück der heiligen Grazien, in jedem Grad der Übertreibung und der Ärmlichkeit beleidigend für jede gutgeartete Seele, dumpf und harmonielos, wie die Scherben eines weggeworfenen Gefäßes ... Handwerker siehst du, aber keine Menschen, Priester, aber keine Menschen, Herren und Knechte, Jungen und gesetzte Leute, aber keine Menschen ...« *(Hyperion)*[2] Und noch brutaler, noch erbarmungsloser und ausschließlicher Nietzsche, der von seiner »Melancholie« und seiner »Deutschenverachtung« nicht loskam: »Es gehört selbst zu meinem Ehrgeiz, als Verächter der Deutschen par excellence zu gelten.« Er bezeichnete den deutschen Geist als eine »Indigestion«, stellte fest, daß alles, was »deutsch« sei, ihm »fremd« sei, daß »schon die Nähe eines Deutschen« seine Verdauung »verzögere«; er beschuldigte seine Landsleute, alle »großen Kulturverbrechen von vier Jahrhunderten«[3] auf dem Gewissen zu haben: »Und immer aus dem gleichen Grunde, aus ihrer innerlichsten Feigheit vor der Realität, die auch die Feigheit vor der Wahrheit ist, aus ihrer bei ihnen Instinkt gewordenen Unwahrhaftigkeit, aus ›Idealismus‹. Die Deutschen haben Europa um die Ernste, um den Sinn der letzten großen Zeit, der Renaissance-Zeit, gebracht ...«[4] Oder in einem Brief an Franz Overbeck: »Diese unverantwortliche Rasse, die alle großen Malheurs der Kultur auf dem Gewissen hat und in allen *entscheidenden* Momenten der Geschichte etwas ›andres‹ im Kopfe hatte ...«[5] Mit Ausnahme von Goethe, Schopenhauer, Lichtenberg, Heine und ein paar anderen Namen hielt er herzlich wenig von der deutschen Kultur, ja, er verneinte, daß es je eine deutsche Kultur als solche gegeben habe, behauptete, daß die großen geistigen Vertreter Deutschlands ihre eigene Kultur gehabt hätten und immer »Einsiedler«[6] gewesen seien, allen voran Goethe.

Ich habe Hölderlin und Nietzsche nicht von ungefähr erwähnt, sondern, weil sie insbesondere von den Aposteln des Deutschtums als germanische Heiligtümer hochstilisiert und schamlos mißbraucht wurden, zuallerletzt von den Nazis, und auf einer höheren Ebene nicht minder schamlos von Martin Heidegger. Aber ich habe sie auch erwähnt, weil beide gerade an dem deutschen Wesen, an dem angeblich die Welt genesen soll, zugrunde gingen.

Im ganzen muß man festhalten, daß Deutsche mit einem kritischen Verhältnis zu ihrem eigenen Land immer eine Minderheit von einsamen Außenseitern dargestellt haben. Die große Masse, die alles prägt und bestimmt, war seit eh und je stolz auf ihr Deutschtum, will heißen, stolz auf alles, was teutonisch ist. Diese Deutschen sind naturgemäß wenig geneigt, sich selbst kritisch zu prüfen; ihr Narzißmus sitzt so tief, daß er nicht einmal von den größten geschichtlichen und moralischen Katastrophen, die dieses Volk erlebt hat, je ernsthaft erschüttert werden konnte. Man findet immer Mittel und Wege, um weiterhin auf Deutschland stolz zu sein, notfalls mit Hilfe einer freiwilligen Geschichtsamnesie oder durch die Erfindung von Dolchstoßlegenden. »Einer unserer deutschen Grundzüge ist die fast unüberwindliche Hemmung, eine verschuldete Niederlage einzugestehen. Schuld sind immer die anderen – Juden, Verräter, selbst Generale.« Wer dies schrieb, war Alfred Kantorowicz in seinem *Deutschen Tagebuch*.[7] Dies erklärt, warum dieselben Deutschen, die die ganzen Nazi-Ungeheuerlichkeiten aktiv oder passiv mitgetragen hatten, sich schon ein paar Jahre nach dem Krieg auf ihren glanzvollen materiellen Wiederaufbau berufen hatten, um sich wieder ein stolzes Selbstbildnis zurechtzulegen.

Ein Volk, das zum großen Teil unfähig ist, seine gröbsten Fehler und Fehlentwicklungen einzugestehen, und jede Kritik an der eigenen Geschichte sofort als Nestbeschmutzung disqualifiziert, wird noch weniger Neigung zeigen, Tadel vom Ausland gelassen hinzunehmen. Kritik von außen wird hier grundsätzlich als Deutschfeindlichkeit abgetan, als Ausdruck des Hasses, der Mißgunst oder des Neids, als vom bösen Willen diktiert, auch dann, wenn die Kritik sachlich und gerechtfertigt ist. Die Deutschen zeichnen sich sonst nicht gerade durch eine dünne Haut aus, aber in dieser Hinsicht sind sie von einer mimosenhaften Empfindsamkeit, reagieren auf jede noch so geringe Kritik wie eine beleidigte Primadonna. Von ihrer Warte aus ist dieses Beleidigtsein ja verständlich, denn da sie sich für eines der begabtesten Völker der Erde halten, können sie nicht begreifen, daß Ausländer einen solchen Anspruch in Zweifel ziehen. Gerade vom Ausland erwartet der Deutsche Zustimmung, und wenn dieser, aus welchen Gründen auch immer, ausbleibt, ist er fassungslos. Wir sind doch die Besten, sagt er sich, die Leistungsfähigsten, die Tüchtigsten, wieso versagt man uns das Lob und die Anerkennung, die uns gebühren. Ja, die Deutschen erwarten die Huldigung anderer Völker wie einen logischen, selbstverständlichen Tribut, sie wollen angehimmelt werden, sie brauchen die Bestätigung der Weltmeinung, und wenn sie sie nicht bekommen, werden sie ungemütlich, so ungemütlich, daß fast alle Kriege, die sie in den letzten Jahrzehnten entfesselt haben, vorwiegend aus gekränkter Eitelkeit und Enttäuschung entstanden. Denn auch dies gehört zur deutschen Tradition: Die Zustimmung, die man ihnen verweigert, holen sie sich mit Gewalt, nach dem Motto: »Wenn man uns nicht liebt, soll man uns wenigstens fürchten.«

Liegt in der Tiefe der deutschen Selbstverliebtheit nicht ein verborgenes Minderwertigkeitsgefühl, zumindest eine gute Portion innerer Unsicherheit? Sind das arrogante Auftreten der Deutschen, die wiederholten Versuche, andere Nationen zu übertreffen oder zu unterjochen, nicht im Grunde ein unbewußtes oder indirektes Zeichen ihres unerfüllten Daseins? Ist das libidinöse Bedürfnis nach Bestätigung und Erfolg nicht das Zeugnis eines primären Mangels, eines eigentlich verfehlten Schicksals? Und ist die Mühe, die sie sich gegeben haben, um auf die Höhe des Ruhms und der Anerkennung zu gelangen, nicht doch eine Art Straf- und Trauerarbeit für die ausgebliebene Erfüllung, eine unbewußte Buße für das uneingestandene, aber doch empfundene Fiasko ihrer geschichtlichen Entwicklung? Wie kann man sich sonst die unendliche Traurigkeit erklären, die sich im Leben dieses Volkes immer wieder wahrnehmen läßt und die sie durch Euphorie und Imponiergehabe zu vertreiben versuchen? Das Grandiose, das sie erstreben und das sie manchmal erreichen, verrät es nicht eher einen prekären existentiellen und geschichtlichen Zustand? Ist ihre Angst, etwas zu verpassen oder falsch zu machen, die Angst um die Zukunft, die Angst gegenüber allem Spontanen nicht ein Ausdruck ihrer inneren Unsicherheit? Und ist das Bedürfnis nach Planung, nach Methode, nach Organisation nicht eher eine indirekte Bestätigung ihrer primären Hilflosigkeit? Und was ist der immer latente Wunsch, ›akzeptiert‹ zu werden, nichts anderes als der Ausdruck einer unerfüllten Sehnsucht nach Liebe und Freundschaft?

Das sind Fragen, auf die es keine eindeutigen Antworten

gibt und die solche auch nicht zulassen. Auffallend ist jedoch die Disharmonie, die zwischen dem hochentwikkelten Selbstwertgefühl der Deutschen und dem tatsächlich Erreichten besteht, als hätte das Schicksal beschlossen, sie für ihr Streben, das Höchste zu erreichen, immer wieder mit Rückschlägen und Enttäuschungen zu bestrafen. Die insgesamt mißglückte Entwicklung der deutschen Geschichte erweckt manchmal den Eindruck, als stehe sie wirklich unter dem Einfluß eines verhängnisvollen Fatums, erinnert an den unumkehrbaren Verlauf einer antiken Tragödie. Nein, die Deutschen scheinen nicht die Lieblinge der Götter zu sein, sie haben im Gegenteil ihre Rache allzuoft spüren müssen.

Ja, das Volk, das sich so sehr nach einem außergewöhnlichen Schicksal sehnte, das danach trachtete, den Gipfel der Weltgeschichte zu erreichen und sich als die Kulmination des Weltgeistes begriff, gerade dieses Volk wurde immer wieder mit der schmerzlichen Erfahrung des Mißlingens konfrontiert, war in fast allen entscheidenden Momenten der Verlierer, der Unterlegene, der Gescheiterte.

Geschichtlich verkörpert das moderne Deutschland das Prinzip der Negation oder des Nichtseins, ein Zustand, den es immer wieder versucht hat, durch Leistung, durch Geist, durch schöpferische Anstrengung, aber auch durch Gewalt und Krieg zu überwinden und in Fülle und Erfüllung zu verwandeln, also durch die Negation der Negation. Aus diesem Grundempfinden heraus hat es als Nation gegenüber den anderen Völkern im allgemeinen die Rolle des ›Neins‹ gespielt, die Rolle eines Volkes, das nichts war, aber sich berechtigt fühlte, alles zu werden. Dieser immer wieder gegenwärtige Dualismus zwischen Nichtsein und Alles-Sein-Wollen hängt ganz eng zusammen mit der Einsamkeit Deutschlands als Nation, mit seiner Isolierung und seiner Entfremdung innerhalb Europas. Dieser Solipsismus hat sein Geltungsbedürfnis ins Uferlose steigen lassen, hat Illusionen und Träume von Erfüllung in Bewegung gesetzt, die eindeutig realitätsfremd waren, die oft keine andere Grundlage als die Selbstüberschätzung hatten. In diesem Sinne gibt es eine ziemlich auffallende Analogie zwischen der neuzeitlichen Entwicklung Deutschlands und dem persönlichen Schicksal Nietzsches, dessen ganze überspannte Übermensch- und Wille-zur-Macht-Philosophie nicht von dem persönlichen Drama seiner Einsamkeit, seiner Entwurzelung und seiner Machtlosigkeit zu trennen ist. Wie Nietzsche selbst war Deutschland tief einsam und entfremdet, aber dennoch – wiederum wie Nietzsche – von dem Gefühl der eigenen Überlegenheit und der eigenen Größe durchdrungen.

Die Funktion des ›Neins‹ ist nicht immer nur unheilbringend gewesen; sie hat sich im Gegenteil oft äußerst fruchtbar in der Geschichte ausgewirkt, aber nur dann, wenn sie ein überlegenes Prinzip darstellte, wenn sie danach trachtete, eine ungerechte oder rückständige Ordnung durch eine höhere zu ersetzen. Das gilt, zum Beispiel, für die verneinende Rolle, die das revolutionäre Europa gegenüber dem *ancien régime* gespielt hat. Aber das Nein Deutschlands zur übrigen Welt bestand ausschließlich aus reinem Willen zur Macht, ihm fehlte das emanzipatorische Moment, das Universale und Allgemeingültige, war autistisch bedingt, erstrebte im Grunde ein Absurdum: die Negation der Freiheit der anderen, ein Anliegen, das naturgemäß nur durch Gewalt zu erreichen oder zu erhalten war. Darin liegt ja die Tragik des neuzeitlichen Deutschland, das, obwohl es mit so viel geistigen Gaben ausgestattet war, doch die Gewalt wählte, so daß die ersehnte Erfüllung immer wieder mit Selbstzerstörung endete.

Das Gefühl der Frustration ob der vielen Mißerfolge, mit denen die Deutschen im Laufe ihrer Geschichte immer wieder fertigwerden mußten, hat natürlich in dieser ganzen Entwicklung eine zentrale Rolle gespielt. Aber das war es nicht allein. Hinzu kamen die Selbstüberschätzung der Deutschen, ihre Vorstellungen von sich selbst und ihren geschichtlichen Möglichkeiten, insbesondere ihr Sendungsbewußtsein und ihre Neigung zum Größenwahn. Insgesamt läßt sich sagen, daß die Deutschen sich häufig in ein unkritisches, weltfremdes und uferloses Wunschdenken verstrickt haben. Dabei haben sie meist auch die anderen Völker unterschätzt.

Der Prozeß der Fehleinschätzung fängt schon mit dem Begriff der Stärke an, der ein Schlüsselelement in ihrem gesamten Selbstbildnis darstellt. Gewiß hat Deutschland als Kollektiv oft über ungeheure Kräfte verfügt, aber dieser Macht war die Entmachtung des einzelnen vorausgegangen, sie hatte keine andere Grundlage als die Schwächung und Verknechtung des Deutschen als Individuum. Die Mehrheit der Deutschen ertrug wiederum diesen Prozeß aus dem masochistischen Bedürfnis, sich selbst als freie Menschen zu negieren und sich mit dem nationalen oder völkischen Über-Ich zu identifizieren, aus der »Unfähigkeit, despotischen Vatervorbildern zu begegnen«. (A. u. M. Mitscherlich)[8] Die Stärke nach außen war also auf die Kapitulation vor der Stärke im Innern aufgebaut, war das Resultat eines pubertären Gehorsams- und Abhängigkeitstriebs. Und da die Deutschen ihre eigene, individuelle Sehnsucht nach Erfüllung mit der Deutschlands gleichgestellt haben, konnten sie sich bisher nicht wirklich emanzipieren, vor allem nicht, als Deutschland als Ganzes am mächtigsten war oder so erschien, nämlich im Dritten Reich. So setzten sich die bewaffneten Massen, die Hitler auf die Schlachtfelder trieb, um Europa zu erobern, in Wirklichkeit nicht aus Übermenschen, sondern aus tief verängstigten Menschen zusammen, die schon beim bloßen Erscheinen eines Feldwebels oder eines kleinen Nazifunktionärs weiche Knie bekamen und unfähig waren, sich auch dem geringsten Befehl zu widersetzen. Die Deutschen haben als einzelne die Unterwürfigkeit als Leitmotiv ihres Daseins gewählt, und nur deshalb war Deutschland als Nation in der Lage, die Rolle zu spielen, die es gespielt hat, die Rolle der Stärke und der Gewalt, die Rolle des Unrechts und der Unterdrückung. Erst aus diesem Zusammenhang kann man den politischen Konformismus Deutschlands begreifen, die Bereitschaft, sich mit der Staatsführung prinzipiell zu arrangieren, auch dann, wenn sie schlechte oder törichte Ziele verfolgte, wie im Ersten und Zweiten Weltkrieg.

Trotz der niederschmetternden Erfahrungen, die die Deutschen mit ihrer unkritischen Haltung gegenüber dem Staat gemacht haben, empfinden sie in ihrer Mehrheit weiterhin den anscheinend unüberwindbaren Drang, den Wert ihres eigenen Daseins mit dem Wert der Nation gleichzusetzen. Sie halten sich nach wie vor an dasselbe Prinzip, ohne sich eingehend zu fragen, inwieweit die von der Nation vertretenen Werte wirklich legitim und sinnvoll sind. Man bekennt sich zu Deutschland aus Prinzip, eben weil es sich um Deutschland handelt, um das eigene Vaterland. Das kollektive Geltungsbedürfnis äußert sich heute in der Bundesrepublik freilich ganz anders als vor dem Krieg, ganz anders als in der Zeit, da Deutschland sich bewußt über andere Länder zu erheben suchte, indem es andere Völker erniedrigte. Die Deutschen versuchen seit über vierzig Jahren, ihren Selbstwert durch wirtschaftliche, technische oder wissenschaftliche Leistungen zu belegen, nicht mehr durch Krieg und Gewalt; aber ihr Streben, auch im Bereich der friedlichen Konkurrenz die Besten zu sein, läßt erkennen, daß sie sich noch nicht von ihrer alten Zwangsidee befreit haben, als Angehörige einer Ausnahmenation bewundert zu werden.

DAS MACHTLOSE REICH:
GEBURT DER TRAGÖDIE

> Wenn die Vergangenheit ein Hindernis und eine Last ist, bedeutet sie zu kennen die sicherste und zuverlässigste Emanzipation.
>
> *Lord Acton*[1]

Die Aufmerksamkeit gilt jetzt weit zurückliegenden Zeiten des alten Reiches. Dies hat nichts mit nostalgischer Hinwendung zum Vergangenen zu tun – wie es heutzutage Mode ist –, sondern es ist notwendig, einige Aspekte der alten deutschen Geschichte zu beleuchten, will man die Wurzeln ihrer späteren Entwicklung richtig einschätzen. Denn die deutsche Tragödie ist älter als Auschwitz und Stalingrad, auch älter als der preußische Militarismus, als das Scheitern der März-Revolution oder der Wilhelminischen Ära. Diese und andere negative Erscheinungen waren nur die unvermeidlichen Folgen einer Reihe von Phänomenen, die mit der Neuzeit einsetzten. Sie entstand, als das Heilige Römische Reich Deutscher Nation in Agonie lag.

Im Gegensatz zu der gleichmäßigen organischen Entwicklung aller anderen europäischen Nationen von Rang zeichnet sich die neuere Geschichte Deutschlands durch ihren Mangel an Kontinuität und ihren hektischen Rhythmus aus, durch den abrupten Übergang von tiefer, jahrhundertelanger Ohnmacht zu plötzlicher ungeheurer Macht. Sie zeichnet sich wiederum aus durch die Schnelligkeit, mit der Deutschland diese Macht zweimal hintereinander verlor.

Das Volk, das im Laufe des 19. Jahrhunderts mit der Idee zu kokettieren begann, sich an die Spitze Europas zu setzen und im 20. Jahrhundert diesen Traum mit Gewalt in die Tat umzusetzen versuchte, war nicht lange Zeit davor ein rückständiges, machtloses Reich gewesen, hatte Jahrhunderte hindurch das traurige Schicksal einer subalternen, in Europa kaum zählenden Nation geführt. Und man muß sich in diesem Zusammenhang fragen, ob die Heftigkeit der späteren deutschen Hegemonieansprüche nicht in direktem Verhältnis zu der demütigenden Abhängigkeit steht, in der die

95

führenden Nationen des Kontinents das Reich gehalten hatten.

Die großen ›klassischen‹ europäischen Nationen waren von Anfang an mit der Macht vertraut; sie hatten sie nach und nach aufgebaut und gelernt, mit ihr behutsam umzugehen, auch in Kriegszeiten. Deshalb waren sie auch in der Lage, fast ununterbrochen gegeneinander zu kämpfen, ohne sich selbst oder den Gegner völlig zu vernichten, auch ohne je eine endgültige Oberherrschaft über die anderen zu erreichen. Im Zuge seines geschichtlichen Niedergangs hatte Deutschland verlernt, was Macht in größerem Stil bedeutet, und als es sie nach Jahrhunderten der Ohnmacht endlich erlangte, berauschte sich Deutschland daran und verspielte sie mit derselben ungeduldigen Leidenschaft, mit der es sie erobert hatte. Ja, als es sich auf dem Höhepunkt seiner Entfaltung befand, geriet es in den Zustand der Euphorie und wagte in kurzen Abständen einen doppelten Salto mortale, bei dem es tief stürzte.

Das war der Ausgang der deutschen Tragödie, die viel früher begonnen hatte, als das Reich noch eine verschlafene Provinz Europas war und der deutsche Michel aus seinem obskuren Winkel neidvoll die Vorführungen der kontinentalen Großmächte bewunderte und insgeheim schon mit dem Gedanken spielte, auch eines Tages auf das Hochtrapez der Weltgeschichte zu klettern und es viel besser als die anderen zu machen.

In der Zeit, als sich in Europa die führenden Nationen herausbildeten – Spanien, Frankreich, England, Holland –, war Deutschland ein territorial, politisch und konfessionell tief gespaltenes und zusammenhangloses Gebilde. Die Autorität des Kaisers, der die Einheit des Reiches verkörperte, war in den mehr als dreihundert Herrschaftsgebieten in dem Land ziemlich ramponiert. Das Reich sei nur eine Chimäre und ein Skelett, meinte 1664 der holländische Staatsmann Jan de Witt über die Lage Deutschlands. Das Reich war nicht nur ohnmächtig, sondern auch korrupt, und so wurde die Wahl des Kaisers durch Entrichtung einer bestimmten Summe an die Kurfürsten ausgehandelt. Gewählt wurde, wer am meisten zu bieten hatte, nicht der am besten geeignete. Auch Karl V. erhielt die Kaiserwürde auf diese Weise, und zwar mit dem Geld, das ihm die Fugger und die spanischen Cortes zur Verfügung stellten.

Die Geschichte Europas spielte sich zu dieser Zeit außerhalb der deutschen Grenzen ab. War Deutschland daran beteiligt, dann nur als Spielzeug der machtpolitischen Interessen der großen europäischen Monarchen und Dynastien. Die Rolle Deutschlands bestand vor allem darin, Söldner an die europäischen Großmächte zu liefern. Voller Verachtung bemerkte Franz Mehring: »Da die Fürsten von dem Gewerbe der Untertanen nicht leben konnten, lebten sie von ihrem Blute; aus dem Handel mit Menschen gewannen sie, was ihnen der Handel mit Produkten nicht abwerfen konnte.« *(Die Lessing-Legende)*[2] So befanden sich unter den spanischen Tercios, die ihr Unwesen in Europa trieben, viele deutsche Soldaten. Der Graf von Alba terrorisierte die holländischen Rebellen durch Truppen des protestantischen Fürsten Erich von Braunschweigs. Der Verkauf von Söldnern, der bis ins 19. Jahrhundert reicht, war für viele Fürsten die Hauptquelle, womit sie all ihre Ausgaben, vor allem die des Luxus, finanzierten, denn trotz der Bedeutungslosigkeit ihrer Operettenstaaten hatten sie den Ehrgeiz, mit den französischen Monarchen in Prunk zu wetteifern. Nicht wenige der bombastischen Paläste, die es in jeder ehemaligen Residenzstadt noch heute gibt, wurden durch die Lieferung von Soldaten an die damaligen Großmächte finanziert.

Das Reich war überhaupt rückständig und isoliert, laufend in lokale Konflikte und engstirnige Streitigkeiten verwickelt. Die protestantischen Fürsten hatten zwar die Reichtümer der katholischen Kirche an sich gerissen, aber diese – eine Art ursprünglicher Akkumulation – wurden von ihnen nicht dazu benutzt, ein fruchtbares und leistungsfähiges Wirtschaftssystem aufzubauen, sondern sie wurden sinnlos für Prachtbauten und andere parasitäre Zwecke vergeudet. Der kurzsichtige Egoismus der Landesherren, die territoriale Atomisierung des Reiches und das Fehlen eines politischen Großkonzeptes erschwerten das Aufblühen eines modernen und selbstbewußten Bürgertums, das unter Kuratel des städtischen Patriziats stand. Anders als in England, Frankreich oder Holland war die deutsche Aristokratie unfähig, eine schöpferische Rolle zu übernehmen, und beschränkte sich darauf, vor der Macht der Fürsten zu kriechen und dem Volk das Blut auszusaugen. Die Reichsstädte, die im Hochmittelalter mit Recht stolz auf ihren wirtschaftlichen Wohlstand, auf ihre tüchtigen Zünfte und Gilden, auf ihre Selbstverwaltung, auf ihre Kultur und ihren Bürgersinn gewesen waren, verloren weitgehend ihren ehemaligen Glanz und verfielen in tiefe Stagnation. Die norddeutsche Hanse mußte nach und nach ihre frühere Seeherrschaft an Holland und England abgeben, die im 16. Jahrhundert die dominierenden Seemächte Europas wurden. Die städtischen Institutionen und Strukturen behielten zwar ihre äußere Fassade, aber innerlich waren sie kraftlos und unfruchtbar geworden, sanken zu inhaltlosem Schein herab, wie Tocqueville treffend bemerkt: »Die städtischen Institutionen, die im 13. und 14. Jahrhundert aus den deutschen Städten reiche und aufgeklärte kleine Republiken gemacht hatten, sind noch im 18. Jahrhundert vorhanden; aber was sie jetzt bieten, ist eitler Schein. Ihre Bestimmungen sind nach außen in Kraft; die Justizbeamten, die sie eingesetzt haben, tragen weiter dieselben Namen und tun anscheinend dieselben Dinge, aber die Aktivität, die Energie, der städtische Patriotismus und die durch diese Eigenschaften erzeugten mannhaften und fruchtbaren Tugenden sind verschwunden.«[3] Kurz, Deutschland wurde zu einer großen Provinz Europas, verwandelte sich in ein am Rande der Weltgeschichte dahinvegetierendes Land, ein Land ohne zukunftweisende Ideen, ohne kreative Impulse und bar jeglichen Sinns für den überall hereinbrechenden neuen Zeitgeist. Und das geschah zur gleichen Zeit, als die anderen Nationen Europas begonnen hatten, die engen, erstickenden Dimensionen des Mittelalters zu sprengen und das bürgerliche Zeitalter aufzubauen. Als die großen Entscheidungen der Neuzeit getroffen wurden, war Deutschland nicht in der Lage, sich von der anachronistischen Kleinstaaterei zu befreien, und verpaßte damit die Chance, an der Gestaltung der modernen Welt mitzuwirken, eine Selbstentfremdung, die später schwerwiegende und verhängnisvolle Folgen für seine eigene Entwicklung, aber auch für die Welt haben würde.

Dieses große Versäumnis hat Golo Mann aus seiner konservativen Sicht so zusammengefaßt: »Deutschland, das bisher alle großen Erfahrungen Mitteleuropas mitgemacht hatte ... machte nun die größte aller Erfahrungen nicht mehr mit: die beginnende Europäisierung der Welt. Seine Schiffe pflügten weder den Atlantischen noch den Indischen Ozean. Sein Handel schrumpfte, seine Städte verarmten, sein Bürgertum verknöcherte. Die unschätzbare Erziehung, welche die Kolonisation und der Kampf um die Kolonien bedeuteten, die Erweiterung des Horizonts, die materielle Bereicherung und Intensivierung des Lebens, an alledem hatte Deutschland geringen Teil. Die großen Entscheidungen fielen anderswo.« *(Geschichte des 19. und 20. Jahrhunderts)*[4] Deutschland schuf kein Commonwealth wie England, keine Hispanität wie Spanien, keine Welthandelsmacht wie Holland, keine politische, kulturelle, diplomatische und militärische kontinentale Infrastruktur wie Frankreich, sammelte keine nennenswerte Erfahrung als weltgeschichtliches Volk. Es war ein Kaiserreich ohne tatsächliches Imperium, auch seine Sprache blieb auf den germanischen Raum beschränkt, erlangte nie den Weltrang der englischen, französischen oder spanischen. Und was noch wichtiger ist, durch seine selbstverschuldete Abkapselung blieb Deutschland im Innern von dem politischen, wirtschaftlichen, gesellschaftlichen und geistigen Erneuerungsprozeß ausgeschlossen, der damals fast ganz Europa ergriff. Während sich in den übrigen Ländern des Kontinents die Kräfte der Freiheit, des Rechts, der Demokratie und andere fortschrittliche und antifeudalistische Werte langsam durchsetzten, herrschte im germanischen Reich die finsterste Despotie.

Der Dreißigjährige Krieg, der das Land weitgehend zerstörte, verstärkte den bedauernswerten Zustand Deutschlands noch, hemmte es weiter in seiner Entwicklung. Grimmelshausens berühmter Roman *Simplizissimus* ist ein beredtes Zeugnis dieses unheilvollen Abschnitts der deutsch-europäischen Geschichte. Der unmittelbare oder vordergründige Anlaß der bewaffneten Auseinandersetzungen war die religiöse Zwietracht in Böhmen und im deutschen Reich, aber in Wirklichkeit handelte es sich um eine Art europäischen Bürgerkrieg zwischen den damaligen Großmächten, es war der Kampf um territoriale und dynastische Einflüsse. Der Hauptleidtragende war Deutschland, auch der Hauptschauplatz der kriegerischen Handlungen.

Die Reichsverfassung, die bis zu einem gewissen Grad ein Gegengewicht zur Fürstengewalt dargestellt hatte, wurde nach dem Westfälischen Frieden von den Landesherren mit Füßen getreten, dazu bauten sie die Kontrollrechte der Stände nach und nach ab. Das geschah gerade in dem Augenblick, als es anderen Ländern gelungen war, die Macht der Feudalherren weitgehend zu neutralisieren und den Adel in den Dienst der Krone zu integrieren. Um ihre eigensinnige, unnachgiebige Politik gegenüber dem Kaiser zu rechtfertigen, beriefen sich die deutschen Fürsten auf die germanische Auffassung von Freiheit, aber dies hinderte sie andererseits nicht, in ihren eigenen Hoheitsdomänen den gleichen Absolutismus einzurichten, der damals überall waltete, vornehmlich in Frankreich. Allerdings war die von den deutschen Fürsten praktizierte Herrschaft nur eine armselige Karikatur des französischen Absolutismus, denn im Gegensatz zu diesem vertrat sie kein überlegenes Prinzip und bestand nur aus blanker und vulgärer Machtgier. Es handelte sich in der Tat um einen hausbackenen, grotesken und kleinkarierten Absolutismus im Taschenformat, bar jeder hohen Zielsetzung oder edler Motivation. Seine einzige Triebfeder war die Macht- und Prunksucht der Fürsten und ihr krankhaftes Bedürfnis, den Nachbarn, aber auch dem Kaiser zu imponieren.

Es fehlten freilich nicht die theoretischen Versuche, die eigenständige Macht der Fürsten gegenüber der zentralen Macht des Kaisers mit juristischen und historischen Argumenten zu legitimieren. Einer der bekanntesten wurde noch während des Dreißigjährigen Krieges von Hyppolithus a Lapide (Bogislaw Philipp von Chemnitz) veröffentlicht, der in seiner Abhandlung »Dissertatio de ratione status in Impero Romano-Germanico« dem monarchistischen Prinzip eine leidenschaftliche Absage erteilte und es als eine Abart des römisch-katholischen Rechts brandmarkte. Seiner Auffassung nach war Deutschland eine Aristokratie, für ihn waren die Träger der kaiserlichen Krone, die Habsburger, nichts als Usurpatoren.

Die Stände, die mehr oder weniger die Interessen des Volkes vertraten, wurden entmachtet und durch eine den Fürsten ergebene Berufsbeamtenschaft ersetzt, deren einziges ›Ethos‹ darin bestand, die Untertanen mit allen möglichen Steuern und Abgaben zu überschütten und die Geldgier der Herrscher zu befriedigen. Es gab nur ein Recht, die »landesfürstliche Hoheit«, und damit nur einen Willen, den des Fürsten. Widerspenstige, die den Mut aufbrachten, sich dem Unterdrückungs- und Ausbeutungsprozeß der fürstlichen Willkür zu widersetzen, wurden kurzerhand in den Kerker geworfen – wie der Königsberger Schöffe Hieronymus Roth – oder auch ermordet wie der edle Ludwig von Kalkstein.

Der heruntergekommene, halb oder ganz ruinierte Adel machte eifrig mit, erhielt als Gegenleistung für seine Liebedienerei erträgliche Ämter im Heer und in der Verwaltung und freie Hand, um die Bauern zu schinden, die seit dem Scheitern ihrer Revolution schutz- und rechtlos gegenüber ihren Gutsherren geworden waren und keine Möglichkeit hatten, sich an irgendeine höhere Instanz zu wenden. Die Fürsten und der Adel fanden Mittel und Wege, um ihre drakonische Politik auf die Städte auszudehnen, deren alte Privilegien und Freiheiten ihnen ein Dorn im Auge waren. Das Bürgertum war schwach und servil, schlug sich grundsätzlich auf die Seite der Mächtigen, brachte es nicht fertig, sich gegen das oligarchische Regiment des Patriziats und der Vögte aufzulehnen, und zog es vor, sich an der Ausbeutung und Unterdrückung des Kleinbürgertums und des städtischen Proletariats zu beteiligen.

Die Kleinstaaterei und die rücksichtslose Herrschaft der Fürsten und des ihnen restlos ergebenen Adels verschwanden nicht, ohne tiefgreifende Spuren in dem deutschen Organismus zu hinterlassen. Als im übrigen Europa die Untertanen längst angefangen hatten, sich in selbstbewußte Bürger zu verwandeln, blieben sie in Deutschland weiterhin rechtlose Knechte. Während die führenden Nationen des Kontinents im Zuge eines umfassenden Demokratisierungsprozesses groß geworden waren, blieb das deutsche Volk an die Despotie der herrschenden Schichten gekettet. Schon damals, in der epigonalen Phase des Reiches, tauchte ein Phänomen auf, das verhängnisvolle Konsequenzen für die gesellschaftliche, politische und historische Entwicklung des neuzeitlichen Deutschland haben sollte: die völlige Entmündigung des Volkes und das Entstehen eines Untertanengeistes, der bis heute zu spüren ist und tief in der deutschen Psyche wie ein unausrottbarer geistiger Bazillus weiterlebt. Diese über Jahrhunderte geprägte Gewohnheit, aus Angst vor der Obrigkeit zu gehorchen und den Mund zu halten, erklärt auch, warum in diesem Lande die jeweiligen Herrscher keine großen Schwierigkeiten hatten, das Volk immmer wieder für ihre Machtgelüste und ihre militärischen Abenteuer zu mobilisieren und zu mißbrauchen.

Die ersten Auswirkungen der berühmten deutschen Gründlichkeit zeigen sich zuallererst in der Fähigkeit, das Volk mit unbarmherzigen Befehlen, Anordnungen und Terrormaßnahmen aller Art dauernd zu unterdrücken und zu schikanieren. Ebenso gründlich, wie die Herrscher ihre Macht ausüben, gewöhnt sich das Volk daran, sich zu fügen, so daß die moderne Geschichte Deutschlands nichts anderes ist als die Geschichte eines immer wieder konvergierenden dialektischen Prozesses des Befehlens und des Gehorchens.

Aber auch dies ist ein Erbe der damaligen Zustände: die harten Lebensbedingungen, denen die Bauern und die niederen Klassen ausgesetzt waren, führten zu einer allgemeinen Brutalisierung der gesellschaftlichen und zwischenmenschlichen Beziehungen, die Deutschen gewöhnten sich daran, Rücksichtslosigkeit als ein selbstverständliches Element des Daseins zu betrachten. Die kollektive Bestialisierung, die sich während des Dritten Reiches entwickelte, war kein zufälliger Betriebsunfall oder das Produkt einer vorübergehenden Verwirrung, wie immer wieder selbstgefällig von der apologetischen Geschichtsdeutung behauptet wird; dahinter steckten die angestauten und tiefsitzenden Aggressionen eines Volkes, das selbst jahrhundertelang die brutale Gewalt seiner Herrscher ertragen mußte. Auch die Gefühlskälte und eine Form der Unmenschlichkeit, die das Leben in der Bundesrepublik weitgehend prägen, haben ihren Ursprung in den damaligen Verhältnissen des Reiches. Systematische gnadenlose Unterdrückung ist eben keine geeignete Voraussetzung für das Entstehen von Menschlichkeit, denn die erlebte Angst und der verinnerlichte Haß verwandeln die Opfer selbst in potentielle Peiniger.

Die deutschen Machthaber entwickelten schon damals ein außergewöhnliches Talent, ihre Untertanen an der Leine zu halten, aber sie erwiesen sich als unfähig, ihren provinziellen Absolutismus zu überwinden und einen zentralisierten Gesamtorganismus zu schaffen. Ihre Engstirnigkeit und ihr totaler Mangel an geschichtlicher Verantwortung standen immer wieder dem Aufbau eines leistungsfähigen nationalen Staates im Wege. Die deutsche Kleinstaaterei war ein jämmerlicher Jahrmarkt der Eitelkeiten, auf dem jeder Fürst eifrig danach trachtete, die anderen an Prestige und Prunk zu übertreffen. Da jedoch in Wirklichkeit keiner von ihnen in der Lage war, auf eigenen Füßen zu stehen, suchte jeder Protektion bei den Großmächten, vornehmlich in Frankreich, so daß die stolzen deutschen Fürsten unmittelbare oder mittelbare Vasallen der ausländischen Monarchen waren. Tatsächlich erhielt ein beträchtlicher Teil von ihnen feste, reguläre Subsidien von Frankreich, sie wurden dadurch zu Marionetten von Paris. Einzig darauf bedacht, ihre Hausmacht unter allen Umständen aufrechtzuerhalten, kannten die Kurfürsten kein anderes Prinzip als das des Opportunismus, kein anderes Verhalten als das des Lavierens zwischen den Mächtigen. Als Sklaven ihres kleinkarierten Partikularismus hatten sie nur ein Ziel vor Augen, die Stellung des Kaisers zu schwächen, um sich damit ihre eigene zu sichern. »Es war Maxime der Kurfürsten, nur schwache Fürsten zu Kaisern zu wählen, ja sie haben die Kaiserwürde an Ausländer verkauft. So verschwand die Einheit des Staates der Sache nach. Es bildeten sich eine Menge Punkte, deren jeder ein Raubstaat war: das Feudalrecht war zur förmlichen Rauferei und Räuberei losgebunden, und die mächtigen Fürsten haben sich als Landesherren konstituiert.« (Hegel *Philosophie der Geschichte*)[5]

Im Grunde war das deutsche Kurfürstentum nichts mehr als eine riesige Fronde gegen das Kaisertum, von dem einzigen Leitgedanken getrieben, unter allen Umständen das Entstehen einer starken zentralen Staatsmacht zu verhindern. Es war rein negativ bestimmt, hatte keine positive zukunftsweisende Alternative zu bieten. Frankreich, das die Kabinettspolitik des Hochbarocks perfekt beherrschte, unterstützte die kurfürstliche Fronde aus zwei naheliegenden Gründen: erstens, um Deutschland schwach zu halten, und zweitens, um zu verhindern, zwischen einem starken Reich und Spanien eingeklammert zu werden. Das war die Politik Richelieus, Mazarins und der französischen Monarchen, und sie erwies sich im ganzen als erfolgreich.

Die Fürsten waren Lakaien Frankreichs und anderer Schutzmächte, aber auch der Kaiser war nicht gerade in einer glänzenden Lage. Im Laufe des 17. Jahrhunderts hatten die Habsburger viel von ihrer einstigen Macht eingebüßt, das Reich war nur ein Schatten dessen, was es unter Karl V. gewesen war. Spanien, das im 16. Jahrhundert das Rückgrat des Reiches gebildet hatte, mußte im Laufe des 17. Jahrhunderts seine Hegemoniestellung an Frankreich abgeben, war nicht mehr in der Lage, die militärische und finanzielle Last des Reiches auf seinen Schultern zu tragen. Österreich war selbst nicht stark genug, um sich gegen die Übermacht Frankreich durchzusetzen, mit Deutschland konnte der Kaiser nur sehr bedingt rechnen, schon deshalb, weil es zur Hälfte an Paris gebunden war. 1681 konnte sich Ludwig XIV. Straßburg aneignen, ohne daß jemand im Reich dagegen protestiert hätte. Es fehlten freilich nicht die Stimmen, die vor der zunehmenden Hegemonie Frankreichs warnten – wie Franz Paul von Lisola oder Graf Georg Friedrich von Waldeck –, aber sie predigten in den Wind, die Landesherren ließen sich weiterhin munter von Frankreich bestechen, bestanden auf der fixen Idee, daß ihr wahrer Feind der eigene Kaiser war. Als nach der Hugenottenverfolgung der Sonnenkönig den Befehl »Brûlez le Palatinat« gab und seine Armeen durch eine Politik der verbrannten Erde die Pfalz in einen riesigen Haufen Asche verwandelten, hatten manche deutschen Fürsten nichts Besseres zu tun, als ihre Truppen heimlich an England und Holland zu vermieten.

Überhaupt war die konfessionell orientierte Politik der Habsburger ein Anachronismus geworden, denn während die führenden Nationen Europas sich mittlerweile von der Bevormundung der Kirche losgelöst und sich in souveräne nationale Staaten verwandelt hatten, vertrat der Kaiser das mittelalterliche Prinzip des Universalismus, ein Leitgedanke, der längst von dem neuen Credo des Nationalismus überholt war. Daß der Kaiser selbst sich oft mit protestantischen Nationen verbünden mußte, um sich behaupten zu können, beweist allein, wie absurd die Grundlage seiner Politik geworden war.

Das bürgerliche Zeitalter entwickelte sich außerhalb Deutschlands. Während in Holland, Frankreich und in England die Macht des Adels durch die aufsteigende Bourgeoisie zurückgedrängt wurde, bleibt Deutschland weiterhin ein feudal-despotischer Staat. Holland, das Marx als die

»kapitalistische Musternation des 17. Jahrhunderts«[6] bezeichnete, wurde nicht nur die mächtigste Handelsnation Europas, sondern auch eine der größten geistigen Zentren des Kontinents. England leitete die politische, wissenschaftliche, technische und industrielle Revolution ein, von der die Welt noch heute weitgehend zehrt, Frankreich richtete die effizienteste staatliche Verwaltung Europas ein und hatte die besten, kühnsten und phantasievollsten Politiker, Ökonomen, Diplomaten und Beamte. Ähnlich auf dem Gebiet der Theorie: Die großen Lehrmeinungen des bürgerlichen Zeitalters entstanden vorwiegend in Holland, England und Frankreich. In diesem Dreieck, teilweise auch in Italien, bildeten sich die liberalen, konstitutionellen, demokratischen, aufklärerischen und emanzipatorischen Strömungen, die der Neuzeit ihre endgültige Prägung geben würden. Deutschland blieb dagegen ein rückständiges, hinterwäldlerisches Land. Wohl gab es schon gegen Ende des 17. Jahrhunderts vereinzelte deutsche Gelehrte und Wissenschaftler von europäischem Format, wie etwa Leibniz, Samuel Freiherr von Pufendorf oder gar Christian Freiherr von Wolff. Aber es handelte sich mehr um Ausnahmeerscheinungen, so wie Grimmelshausen auf literarischem Gebiet. Sie gehörten alle zu jenen kulturellen Einsiedlern, von denen Nietzsche später sprechen sollte. Bezeichnend ist in dieser Hinsicht, wie wenig Leibniz von seinen eigenen Landsleuten geschätzt wurde. Als er starb, wurde sein Sarg nur von seinem Sekretär begleitet, und während die *Académie française* sein Ableben mit hoher Achtung bedachte, hüllte sich die von ihm selbst gegründete Berliner Akademie der Wissenschaften in Schweigen. Genauso verhielten sich die Hannoveraner und Mainzer Höfe, die ihm so viel zu verdanken hatten. Nein, damals gab es noch keine deutsche Kultur von Rang, und was als solche galt, war meistens eine schlechte Nachahmung der damaligen führenden Kulturen Europas. Noch 1772 bemerkte Lichtenberg in seinen *Aphorismen* mit seinem bissigen Humor: »Unsere Gelehrten verfallen in den Fehler der Krämer in den kleinen Städten, sie kaufen nicht an der Stelle, wo es wächst, sondern lassen sich es lieber erst von einem Engländer oder Franzosen vorsagen.«[7] Man muß bedenken, daß es im letzten Drittel des 18. Jahrhunderts, als anderswo die Aufklärung eine vollendete Tatsache war, im deutschen Reich noch Hexenprozesse gab, wenn auch nur vereinzelt.

Trotz dieser deprimierenden Lage hatte das Reich nicht das Bewußtsein seiner einstigen Größe verloren, fühlte sich weiterhin als der offizielle Repräsentant des christlichen Abendlandes, eine Stimmung, die Leibniz 1683 in seiner Schrift *Sorge um die Deutschen* so formulierte: »Die Majestät unsres Kaisers und der deutschen Nation Hoheit wird von allen Völkern noch anerkannt; bei Konzilien, bei Versammlungen wird ihm und seinen Botschaften der Vorzug nicht bestritten. Er ist das weltliche Haupt der Christenheit und der allgemeinen Kirche Vorsteher.«[8] Ja, es war gerade dieses starre und realitätsfremde Festhalten an der alten Vorstellung von seinem Glanz und seiner Gloria, welche das Reich hinderte, die Zeichen der Zeit genau zu erkennen und sich entsprechend an ihnen zu orientieren. Deutschland war also nicht nur ein x-beliebiges heruntergekommenes und isoliertes Land, es war auch ein Kaiserreich, das den Gedanken seines weltgeschichtlichen Formats nicht aufgegeben hatte und sich unterschwellig dem Traum hingab, eines Tages die verlorene Macht zurückzuerobern und sich von der Vorherrschaft der führenden Nationen zu befreien. Schon damals, mitten in der provinziellen Bedeutungslosigkeit, in der sich das Reich befand, entstand tatsächlich eine tiefe Sehnsucht nach Ausgleich und Ebenbürtigkeit mit dem überlegenen Ausland, sehnten sich die Deutschen nach Achtung. Diese Sehnsucht äußerte sich in jener Zeit dadurch, daß sie das Ausland imitierten, in ihrer Unterwürfigkeit und snobistischen Selbstverleugnung, aber sie trug schon den Keim zu anderen selbstbewußteren Erscheinungsformen. Natürlich war all dies Wunschdenken, aber die Deutschen haben immer die Kunst beherrscht, ihren traurigen Alltag mit Illusionen über ihre Zukunft und ihre Größe zu kompensieren, eine Kunst, die ihnen erlaubt hat, die schlimmsten Katastrophen und Verfallserscheinungen ihrer Geschichte mit erstaunlicher Geduld und Disziplin zu ertragen. In jenen Zeiten, als das untergehende Reich sich dem Diktat der damaligen Großmächte beugen mußte, taten seine Bewohner dasselbe wie zwei- oder dreihundert Jahre später die Nachkriegsdeutschen im Umgang mit den Siegermächten. Sie paßten sich den äußeren Umständen an, ohne sie wirklich anzunehmen, in der Hoffnung, eines Tages die verlorene Größe zurückzugewinnen. Denn auch dies ist ein typischer Charakterzug der Deutschen: die erlittenen Niederlagen nach außen hinzunehmen und zugleich im stillen Kämmerlein auf die Stunde der Abrechnung und der Revanche zu warten, auf die Stunde, in der man wieder stark genug ist, um die eigene Überlegenheit zu beweisen.

Gerade in der Phase der Weltgeschichte, in der sich die Neuzeit herauskristallisiert, stellt sich Deutschland abseits von der gesamten Entwicklung, tanzt aus der Reihe und kocht sein eigenes Süppchen, und zwar aus einer seltsamen Mischung von Unfähigkeit, Starrsinn, Unbelehrbarkeit und Größenwahn heraus. Erstaunlicherweise begriff Deutschland nicht, daß sein Sonderweg in Wirklichkeit eine fatale Sackgasse war, der Beginn eines langen Irrwegs durch die europäische Geschichte. Es war eine Tragödie für Deutschland, daß es ihm in der Sternstunde der Neuzeit nicht gelang, bei dem Aufbau der modernen Welt mitzuwirken; statt dessen klammerte es sich krankhaft an die Größe eines Reiches, das in Wirklichkeit nicht mehr als ein noch nicht begrabener Leichnam war. Der Mythos des ›Sonderschicksals‹ Deutschlands, der vom 19. Jahrhundert an zum festen Repertoire der Deutschtümler gehören wird, gründet sich eigentlich auf die Unfähigkeit, in einer Zeit, da die europäischen Führungsnationen entstanden, selbst auch eine große Nation zu werden.

Deutschland, das in den glorreichen Zeiten des Reiches andere Länder seine Stärke hatte spüren lassen, erlebte jetzt am eigenen Leib die Herrschaft oder die Hegemonie fremder Mächte. Dadurch entstand das doppelte Bild des braven, rechtschaffenden Deutschen und des bösen, rücksichtslosen Ausländers, der in seine harmlose, friedliche Welt einbricht und seine Geduld und seine Friedfertigkeit ausnutzt und mißbraucht. Aus dieser manichäischen Vorstellung entwickelte sich einerseits eine stumme, aber immer tiefere Aversion gegen die Ausländer, andererseits die Romantik des Deutschtums und damit auch die Sehnsucht nach einer Weltordnung, in der der gute, ehrliche, tüchtige teutonische Mensch endlich in ungestörter Selbstherrlichkeit leben konnte.

Auch hier zeigen sich gewisse Parallelen zur Gegenwart, denn kaum ein Bundesbürger versäumt es, die Russen oder die Amerikaner – oder beide zugleich – ihrer Machtpolitik wegen zu tadeln, während er für sich selbst das Bild eines friedfertigen Menschen in Anspruch nimmt. Der so denkende Bundesbürger fragt sich allerdings nicht, wie die Bundesrepublik sich verhalten würde, wenn sie eine Großmacht wie die Vereinigten Staaten Amerikas oder die Sowjetunion wäre. Genausowenig kommt er auf die naheliegende Idee, daß seine erhabene moralische Entrüstung über die Politik der Supermächte doch nur Ausdruck der eigenen militärischen Ohnmacht sein könnte. Viele Deutsche lehnen natürlich jede Form der Macht ab, nicht nur die ausländische, und haben keinerlei Bedürfnis, Angehörige einer deutschen Supermacht zu werden.

DIE UNPOLITISCHE KULTUR

Langsam und zögernd erholte sich Deutschland nach und nach von den schrecklichen Folgen des Dreißigjährigen Krieges, ohne jedoch seine territoriale Zersplitterung und seine politische Rückständigkeit überwinden zu können. Es entstand die merkwürdige Situation, daß die führenden Nationen Europas von den großen Ereignissen der Zeit in Anspruch genommen waren und Deutschland währenddessen sein Abseitsstehen benutzte, um sich in aller Stille auf seine innere Entwicklung zu konzentrieren, und dies mit fruchtbaren und weitreichenden Folgen, vor allem auf kulturellem Gebiet. »Deutschland«, schrieb Novalis, »geht einen langsamen, aber sichern Gang vor den übrigen europäischen Ländern voraus. Während diese durch Krieg, Spekulation und Parteigeist beschäftigt sind, bildet sich der Deutsche mit allem Fleiß zum Genossen einer höhern Epoche der Kultur, und dieser Vorschritt muß ihm ein großes Übergewicht über die andern im Laufe der Zeit geben.« *(Die Christenheit oder Europa)*[1]

Die geschichtliche Isolation und Bedeutungslosigkeit des Landes war tatsächlich der Entwicklung seiner Kultur, seiner Philosophie und seiner Wissenschaft günstig, und daraus erklärt sich, daß ungefähr von der Mitte des 18. Jahrhunderts an in den verschiedenen kleinen Fürstentümern und Markschaften eine Kultur blühte, die in relativ kurzer Zeit zu einer der am meisten beachteten Europas wurde. Somit konnte Golo Mann mit einer gewissen Berechtigung behaupten, daß um 1800 Deutschland »das Athen Europas war«. *(Geschichte als Ort der Freiheit)*[2] Madame de Staël schrieb in diesem Zusammenhang: »Diese Zerspaltung Deutschlands, die seiner politischen Kraftentfaltung verderblich war, war hingegen aller Art von Versuchen, die Genie und Einbildungskraft wagten, äußerst günstig. In Bezug auf literarische und metaphysische Meinungen herrschte eine Art sanfte und friedliche Anarchie, die jedermann die völlige Entwickelung seiner persönlichen Anschauungsweise gestattete.« *(Über Deutschland)*[3]

Aber der kulturellen Entwicklung Deutschlands fehlte vom ersten Tag an eine politische Dimension; obwohl keineswegs ideologisch neutral, war sie mehr geistig-theoretisch als staatsbürgerlich orientiert. Der Hauptgrund für diese Fehlentwicklung lag an den feudalen Verhältnissen, die damals in Deutschland weitgehend herrschten. Die deutschen Fürsten, die aufgeklärten unter ihnen nicht ausgenommmen, regierten mit eiserner Hand; zwar zeigten sie sich großzügig, wenn es darum ging, Kunst, unpolitische Literatur oder abstrakte Ideen zu tolerieren, ließen aber keine konkrete Kritik an ihrer Machtausübung zu. Jeder Versuch, ihre absolutistische Herrschaft in Frage zu stellen, wurde als ein unzumutbarer Affront zurückgewiesen und im Keim erstickt.

So wie die Landesherren von Anfang an mit dem äußeren Prunk des französischen Hofes hatten wetteifern wollen, versuchten sie jetzt, durch die Förderung der Kultur als aufgeklärte Monarchen zu glänzen. Da sie aber mehr die Ruhmsucht und Eitelkeit trieben als der Geist des Fortschritts, reagierten sie allergisch auf die Verbreitung von Ideen, die ihre Autorität aushöhlen konnten. Und dieser Abwehrprozeß gegen den Geist der Neuzeit begann sehr früh. Schon Thomasius verlor seinen Lehrstuhl in der Leipziger Universität, weil seine Vorstellungen über die Ehe den Kurfürsten von Sachsen mißfielen. Von den Militaristen und Pietisten angegriffen, wurde 1723 Christian von Wolff seine Dozentur in Halle entzogen, er mußte über Nacht die Stadt mit seiner schwangeren Frau verlassen, um einer Verhaftung zu entgehen. Auch Fichte wurde 1799 unter der Beschuldigung des Atheismus von der Universität Jena weggejagt.

Diese despotischen Verhältnisse erklären – zumindest teilweise –, warum die deutsche klassische und humanistische Kultur politisch weniger bewußt als die englische oder französische war, mehr bedacht, den Menschen durch moralische und geistige Erziehung zu emanzipieren als durch staatsbürgerliche Praxis. Vergebens wird man in dem damaligen Deutschland einen Voltaire, einen Rousseau, einen Diderot oder ein Werk wie die *Enzyklopädie* suchen, noch weniger eine Erscheinung wie den offenen Materialismus von Julien La Mettrie, des Baron d'Holbach oder Claude Helvetius. Im Gegensatz zu den englischen oder französischen Intellektuellen waren die deutschen Dichter und Denker in der Regel abhängige, vom Staat besoldete Beamte, so daß sie meist auf der Hut waren, sich die Gunst ihrer Fürsten zu verscherzen. Um die Problematik des Bürgertums darzustellen, verlegte Lessing die Handlung von *Miss Sara Sampson* nach England, für seine Kritik am Adel *(Emilia Galotti)* wählte er das ferne Italien. Die kritisch-satirischen Romane Wielands spielten sich grundsätzlich in exotischen und fiktiven Gebieten ab *(Die Abenteuer von Don Sylvie, Geschichte des Agathon, Der goldene Spiegel, Geschichte der Abderiten)*. Selbst Goethe, zwar hochgeachtet am Weimarer Hof, griff gern auf fremde Stoffe zurück *(Iphigenie, Egmont, Tasso)*. Auch Schiller brachte seine freiheitlich republikanischen Vorstellungen in Stücken zum Ausdruck, die sich außerhalb Deutschlands abspielten, wie in *Don Carlos* oder *Wilhelm Tell.*

Die materialistischen oder pantheistischen Ideen faßten auch in Deutschland Fuß, aber damit sie überhaupt verbreitet werden konnten, mußten sie unter dem Mantel des Spinozismus auftreten, so bei Lessing, Goethe oder Herder.

Jakob Michael Lenz und Friedrich M. von Klinger, die in ihren Sturm-und-Drang-Dramen die Tyrannei bedingungslos angeprangert hatten und mit dem französischen revolutionären Geist sympathisierten, mußten Deutschland verlassen und beendeten ihr Leben in Rußland, der erste gar in geistiger Umnachtung. Herder, der das Prinzip der Revolution bejahte und mit den republikanischen Ideen Frankreichs sich mehr oder weniger identifizierte, litt entsetzlich unter den Verhältnissen, die im Liliput-Herzogtum Weimars herrschten. Hölderlin schließlich, der sich so glühend für die revolutionären Ereignisse in Frankreich engagierte und davon träumte, aus Deutschland ein republikanisches, demokratisches neues Athen zu machen, ging bald elend zugrunde, nicht nur wegen des Todes von Diotima.

Die unpolitische Grundrichtung der klassischen Kultur entsprach auch der deutschen Tradition der Innerlichkeit, der Neigung, das Reich der Subjektivität von den objektiven Verhältnissen zu trennen und auf die persönliche geistige Entwicklung mehr Wert zu legen, als sich um die *res publica* zu kümmern. So schrieb Schiller in einer Prosaskizze aus der Zeit, nachdem der Friede von Lunéville zwischen Napoleon und Österreich geschlossen worden war: »Abgesondert von dem Politischen, hat der Deutsche sich einen eigenen Wert gegründet, und wenn auch das Imperium unterginge, so bliebe die deutsche Würde unangefochten. Sie ist eine sittliche Größe, sie wohnt in der Kultur und im Charakter der Nation, der von ihren politischen Schicksalen unabhängig ist ... indem das politische Reich wankt, hat sich das geistige immer fester und vollkommener gebildet.«[4] Ähnlich Friedrich Schlegel 1800: »Nicht in die politische Welt, verschleudere du Glauben und Liebe, aber in der göttlichen Welt der Wissenschaft und der Kunst opfre dein Innerstes in den heiligen Feuerstrom ewiger Bildung.«[5] Diese schon damals tiefe Trennung zwischen Geist und Politik wurde im Laufe des 19. und 20. Jahrhunderts zu einem der dominierenden Züge des Groß- und Kleinbürgertums, schlug weitgehend in obrigkeitshörige und demokratiefeindliche Gesinnung um, mit den verheerenden Folgen, die Thomas Mann 1939 in dem Aufsatz »Kultur und Politik« so zusammenfaßte: »Die politische Willenlosigkeit des deutschen Kulturbegriffs, sein Mangel an Demokratie hat sich fürchterlich gerächt: er hat den deutschen Geist zum Opfer einer Staatstotalität gemacht, die ihn der sittlichen Freiheit zugleich mit der bürgerlichen beraubt ... Das politische Vakuum des Geistes in Deutschland, die hoffärtige Stellung des Kultur-Bürgers zur Demokratie, seine Geringschätzung der Freiheit ... hat ihn zum Staats- und Machtsklaven, zur bloßen Funktion der totalen Politik gemacht ...«[6] Dem deutschen Humanismus hat es freilich nie an politisch-staatsbürgerlichem Gehalt gefehlt, aber die meisten Deutschen haben instinktiv diese Dimension ihrer großen Erzieher übersehen und sich mehr an das Schöngeistige oder rein Sittliche gehalten. Kultur war für sie vor allem ein privates, kein öffentliches Gut.

Die großen und repräsentativsten Vertreter der deutschen Aufklärung waren kosmopolitisch eingestellt, fühlten nicht weniger deutsch als europäisch. Deshalb findet man in ihrem Werk kaum nationalistische Töne, eine Haltung, die schon Leibniz in einem Brief an den Zaren Peter klar formulierte: »Ich halte den Himmel für das Vaterland und alle wohlgesinnten Menschen für dessen Mitbürger.«[7] Und noch ausdrucksvoller bei Schiller: »Es ist ein armseliges, kleinliches Ideal, für eine Nation zu schreiben; einem philosophischen Geist ist diese Grenze durchaus unerträglich. Dieser kann bei einer so wandelbaren zufälligen und willkürlichen Form der Menschheit, bei einem Fragmente (und was ist die wichtigste Nation anders), nicht stillstehen.« Entsprechend bezeichnete er sich als »Bürger des Universums«.[8] Der Hauptgegenstand von Kants Überlegungen war nicht das deutsche Volk, sondern das Menschengeschlecht als Ganzes, er hatte eine föderalistische Auffassung von der Weltordnung, nahm die Idee eines vereinigten Europas vorweg und träumte von einem den ganzen Globus umfassenden ›ewigen Frieden‹. In seinem von begrifflicher Tiefe, Toleranz, Liberalität und Nüchternheit geprägten grandiosen System gab es keinen Platz für teutonische Selbstherrlichkeit. Auch Lessing, Goethe oder Herder waren frei von jedem nationalistischen Dünkel. Herder lehnte jeden hierarchischen Wertvergleich zwischen den verschiedenen Völkern ab und hatte eine pluralistische Konzeption von der Weltgeschichte, und es ist sicher kein Zufall, daß er die slawischen Völker und ihre Kultur auf das entschiedenste verteidigte.

Die großen Schöpfer der deutschen Kultur waren vom Geist der gesamteuropäischen Aufklärung geprägt und teilten mit ihr den Leitgedanken eines supranationalen Universalismus als einzige legitime Grundlage für einen im Dienste des Fortschritts und der Emanzipation der Menschheit stehenden Humanismus. Schon aus diesem Grund empfanden sie kaum das Bedürfnis, sich für spezifisch deutsche Werte zu begeistern. Wohl bemühte sich etwa Lessing, das deutsche Theater von den Fesseln des französischen zu befreien, aber bei aller Kritik an Frankreich versäumte er nicht zu erkennen, daß im Vergleich zu den Franzosen die Deutschen kulturell noch Barbaren waren. Goethe, wie vorher Winckelmann, verbrachte mehrere Jahre in Italien, auch Herder fuhr dorthin, genauso wie später Wilhelm von Humboldt. Schiller war ein Verehrer des klassischen Altertums, Hölderlin lebte und dichtete, auf das innigste mit dem hellenischen Geist verbunden. Und alle waren mehr oder weniger von dem Zeitgeist beeinflußt, waren mit dem Werk der großen Zeitgenossen vertraut, an erster Stelle mit dem Rousseaus, dann von Kant bis hin zu den Romantikern. Selbst Fichte war am Anfang seiner philosophischen Karriere ein glühender Bewunderer der Jakobiner, meinte, daß Deutschland von seiner politischen und gesellschaftlichen Unmündigkeit nur durch ein Eingreifen Frankreichs befreit werden könnte. Die Brüder Humboldt, mütterlicherseits hugenottischer Abstammung, kannten sich in der französischen Kultur genauso aus wie in der deutschen, dies galt umgekehrt auch für Adelbert von Chamisso.

Allerdings klangen damals schon gewisse Mißtöne durch, lauschte man auf die ersten Bekenntnisse zum herausragenden Deutschtum; sie standen im krassen Gegensatz zum Universalismus der Aufklärung. Die ersten zusammenhängenden Theorien über die angebliche Überlegenheit und Einmaligkeit des deutschen Volkes wurden von Fichte und Hegel formuliert. Alles, was in dieser Hinsicht danach kam, war entweder eine Verflachung oder Entstellung von dem, was diese zwei Denker verkündet hatten. Fichte sah die Deutschen als das »Urvolk schlechtweg« und glaubte, daß in ihnen »der Keim der menschlichen Vervollkommnung am entschiedensten liegt«[9]. Ebenso: »Euch ist das größere Geschick zuteil worden, überhaupt das Reich des Geistes und der Vernunft zu begründen und die rohe körperliche Gewalt insgesamt, als Beherrschendes der Welt, zu vernichten.«[10] Pathetisch sagte er: »Gehet ihr in dieser eurer Wesenheit zugrunde, so gehet mit euch zugleich alle Hoffnung des gesamten Menschengeschlechts auf Rettung aus der Tiefe seiner Übel zugrunde ... Es ist daher kein Ausweg: wenn ihr versinkt, so versinkt die ganze Menschheit mit, ohne Hoffnung einer einstigen Wiederherstellung.«[11] Gewiß, diese maßlosen Sätze wurden unter dem Eindruck der Anwesenheit der napoleonischen Truppen in Berlin ausgesprochen, dennoch frappieren sie durch ihren selbstherrlichen und unkritischen Ton, insbesondere durch die naive Behauptung, dem deutschen Volk falle die Aufgabe zu, das Reich der Vernunft und des Geistes zu begründen, als hätten vorher die anderen Völker in dieser Hinsicht nichts geleistet.

Hegel hielt keine »Reden an die deutsche Nation«, konnte jedoch nicht der Versuchung widerstehen, die Dialektik des Geistes mit der Überlegenheit des deutschen Volkes zu identifizieren: »So scheint die germanische Welt äußerlich nur eine Fortsetzung der römischen zu sein. Aber es lebte in ihr ein vollkommen neuer Geist, aus welchem sich nun die Welt regenerieren mußte, nämlich der freie Geist, der auf sich selbst beruht, der absolute Eigensinn der Subjektivität.«[12] Tatsächlich sah Hegel Deutschland als die Kulmination des Weltgeistes, und die vorherige Geschichte der Menschheit nur als eine Art Prolegomena des glorreichen germanischen Reiches.

Aber sowohl Fichtes exaltiertes Bekenntnis zum Deutschtum wie Hegels apologetische Deutung der germanischen Welt bleiben Nebenerscheinungen, wenn auch sie nicht unwesentlich dazu beigetragen haben, für den im Laufe des 19. Jahrhunderts entstandenen deutschen Nationalismus eine philosophische Grundlage zu liefern. Was das deutsche klassische Denken insgesamt auszeichnet, ist das Primat der Idee über die lebende Realität, das instinktive Streben, die Natur, das Unmittelbare und Spontane im Menschen der Herrschaft von Vernunftkategorien unterzuordnen. Dieser immer gegenwärtige Idealismus erklärt einerseits die theoretische Tiefe der deutschen Philosophie, aber auch ihren spekulativen Charakter und ihre Weltfremdheit. Der »kategorische Imperativ« Kants, die »Wissenschaftslehre« Fichtes, die Identitätsphilosophie Schellings oder der »Weltgeist« Hegels sind – jeder auf seine Art – der philosophische Ausdruck einer Geisteshaltung, die als Hauptziel die Disziplinierung des Konkret-Menschlichen anstrebt, sei es im Namen der Vernunft, des Geistes, des Absoluten oder der Idee Gottes. Kant wußte mit der Natur nicht viel anzufangen, Fichte begriff sie als das Nicht-Ich und wollte sie beherrschen. Hegel verteufelte sie als das Minderwertige, als Negation des Geistes. Schelling hatte zum Begriff Natur ein positiveres Verhältnis, aber abgesehen davon, daß er innerhalb der deutschen klassischen Philosophie ein Exot blieb, ein verspätetes Kind Giordano Brunos, behielt bei ihm die Religion schließlich doch die Oberhand über die Natur. Denn während er sie zuerst als ein Teil des Absoluten begriff, distanzierte er sich später von der Naturphilosophie der Jugendjahre und degradierte sie als die Negation Gottes, als das Böse oder Sündhafte, eine Einstellung, die er von Jakob Böhme übernahm. Es gab freilich andere Strömungen. Goethes Weltanschauung war eng mit dem Begriff und der Erfahrung der Natur verbunden, auch Schiller ging von ihr aus, wollte sie nur durch Ästhetik vervollkommnen oder verklären. Deshalb konnten sich beide nicht mit dem moralischen Rigorismus Kants anfreunden. Schleiermachers tiefe Religiosität stützte sich auf eine fast naive Bewunderung der natürlichen Welt. Aber auch dann, wenn das deutsche klassische Denken die Natur nicht verwirft, ist es doch eher geneigt, sie zu sublimieren, sie durch eine ›höhere‹ Kategorie – Geist, Kunst – aufzuheben. Erst durch diesen Vermittlungsprozeß erreicht sie ihre ›wahre‹ Bestimmung.

Dieser Drang, die Natur zu beherrschen – der religiösen Ursprungs ist –, paart sich mit einer Verherrlichung des Werdens. Im Gegensatz zu Rousseau, der von dem Begriff des *homme naturel* ausgeht und die Geschichte eher als einen Entfremdungsprozeß gegenüber dem Urzustand der Menschheit sieht, zeichnet sich die deutsche Philosophie der Klassik dadurch aus, daß sie der historischen Entwicklung eine besondere Bedeutung zumißt, am ausgeprägtesten bei Hegel: »Die Freiheit als Idealität des Unmittelbaren und Natürlichen ist nicht als ein Unmittelbares und Natürliches, sondern muß vielmehr erworben und erst gewonnen werden, und zwar durch eine unendliche Vermittlung der Zucht des Wissens und des Wollens. Daher ist der Naturzustand vielmehr der Zustand des Unrechts, der Gewalt, des ungebändigten Naturtriebs, unmenschlicher Taten und Empfindungen.« *(Philosophie der Geschichte)*[13] In diesem Sinne ist die deutsche Philosophie die totale Negation des griechischen Denkens, vielleicht mit Ausnahme Heraklits. Denn während die alten Griechen die Natur als die Quelle der Wahrheit und Vernunft bejahten und kreisförmig dachten, liegt für die Deutschen das Heil in der Zukunft. Diese dynamische Auffassung führt automatisch zu einer systematischen Ablehnung alles Kontemplativen und Beschaulichen, auch zu der inneren Unruhe, die den Deutschen eigen ist.

Die Glorifizierung des Kommenden bildet schon die Grundlage für das Denken Herders, sie wird dann von Hegel dialektisch vertieft und weiter entwickelt. Herder sieht die Geschichte als einen Prozeß immer perfekter und höher werdenden Entwicklungsphasen, die schließlich in der Endphase der ›Humanität‹ kulminieren. Hegel übernimmt diese apologetische Deutung der Weltgeschichte, genauso wie nach ihm Marx. Ähnlich bei Schelling; die Vergangenheit ist für ihn nicht bloß ein chronologisches oder zeitliches Faktum, sondern das Unvollkommene oder Unreine; sie bedeutet die Verneinung Gottes, dessen Reich nur in der Zukunft vollziehbar ist, und zwar dann, wenn sich die Natur in Geist verwandelt.

Die Bejahung des geschichtlichen Fortschritts ist freilich ein gemeinsamer Zug der europäischen Aufklärung, aber während diese von einem festen, zeitlosen Begriff der universalen Vernunft ausgeht und die dunklen Phasen der Vergangenheit kategorisch ablehnt, wertet sie die deutsche Philosophie als eine unvermeidliche Etappe in der geschichtlichen Entwicklung. Deshalb verteidigt Herder das Mittelalter, deshalb wird Hegel von der Rationalität alles Realen oder von der »Einsicht in die Notwendigkeit«[14] sprechen. Die Einstellung der deutschen Philosophie zeigt sich hier äußerst ambivalent, denn während sie einerseits ausgesprochen zukunftbezogen ist, rechtfertigt sie andererseits immer wieder das Vergangene als eine für das Werden unerläßliche Vorbedingung. Man kann diese dialektische Auffassung als einen Ausdruck theoretischer Überlegenheit interpretieren, als eine Überwindung des unreflektierten, unhistorischen Rationalismus der englischen oder französischen Aufklärung; aber was sie wirklich bedeutet, ist der Versuch, die Wahrheit als das Produkt einer objektiven Entwicklung aufzufassen, die ohne das subjektive Eingreifen der Menschen von allein ihren Weg findet, auch dann, wenn dieser Weg oft durch die Hölle geht. Wie in der Religion wird im Grunde alles gerechtfertigt, das Gute wie das Böse, weil beide Kategorien als These und Antithese der geschichtlichen Entwicklung unzertrennlich sind und jede auf ihre Art der Verwirklichung der ersehnten Prophetie dient. Am Ende vollzieht sich doch der Wille Gottes, oder in der Sprache der deutschen Philosophie, die Bestimmung des Absoluten oder des Weltgeistes.

Daß diese visionäre Verherrlichung des Werdens auf einer Säkularisierung des religiösen Begriffs der Transzendenz beruht, ist unschwer zu erkennen. Gott wird in Geschichte umfunktioniert, die Entwicklung der Menschheit mit der Selbstentfaltung Gottes gleichgesetzt, dieser wiederum als die Bewegung der Realität selbst interpretiert. Transzendenz ist nicht mehr als eschatologisches Jenseits, sondern ein diesseitig-immanentes Telos. Vor allem die Philosophie Schellings stellt den Versuch dar, Gott zu erklären, die Geschichte als Theodizee auszulegen. Die Welt ist eine kontinuierliche Selbstentfaltung Gottes, der Mensch nur Vermittler dieser göttlichen Offenbarung. Entsprechend bezeichnete Schelling den Philosophen als den »Historiker des Absoluten«. Ähnlich bei Hegel: »Gott regiert die Welt, der Inhalt seiner Regierung, die Vollführung seines Plans ist die Weltgeschichte.« *(Philosophie der Geschichte)*

Das Begreifen und Darlegen des Absoluten wird tatsächlich nach Kant der Angelpunkt der klassischen deutschen Philosophie, und dieses Absolute ist vor allem Idee, Wissen, Begriff. Um das Absolute zu entziffern, muß aber das denkende Subjekt sich als absolut setzen, als »absolute Ichheit« (Schelling) oder »absolutes Ich« (Fichte). Teilweise schon bei Kant, aber vor allem von Schelling, Fichte und Hegel an wird das Denken als eine genetisch-normative Kraft aufgefaßt, deren Entwicklung parallel zu der Entwicklung der historischen Realität verläuft. Die Wahrheit ist nichts anderes als das Resultat der begrifflichen Tätigkeit des Menschen, es gibt keine vom denkenden Subjekt getrennte objektive, selbständige Wahrheit. Das Subjekt trägt schon an sich die Bestimmung des Objektiven, die Wahrheit ergibt sich aus dem Schöpfungsprozeß seiner produktiven Denktätigkeit. Das Denken wird als ein Absolutum konzipiert, als ein allmächtiger Demiurg, der kraft seiner abstrakten, spekulativen Kategorien in der Lage ist, die Wahrheit zu konstituieren. Die Wahrheit wird also nicht bloß erkannt wie in der klassischen Philosophie, sondern erzeugt, und zwar von einem Subjekt, das keine andere Gesetze kennt als seine eigene Denktätigkeit.

Kant, der noch sehr stark von der englischen Philosophie beeinflußt war und entsprechend einen großen Respekt vor der Empirie hatte, konnte das Rätsel von dem »Ding an sich« gelassen hinnehmen, aber nach ihm entstand ein Denken, das die ganze Mannigfaltigkeit der lebenden Realität unter die Herrschaft seines umfassenden Begriffssystems brachte. Es gibt und darf keine Widersprüche geben: Das ist das Fazit der deutschen Philosophie nach Kant.

Trotz der großartigen Dimensionen seines theoretischen Gebäudes blieb Kant bescheiden, maßvoll, klassisch. Er interpretierte zwar die Welt aus der Sicht der absoluten Subjektivität, aber setzte dem erkennenden Subjekt die Grenze des »an sich«. Damit relativierte er den Prozeß der Erkenntnis und gewährte der Mannigfaltigkeit der Sinneswelt eine Selbständigkeit und einen Freiraum, durch die seine Philosophie etwas sehr Realistisches und Nüchternes bekommen hat. Im Gegensatz zu seinen verwirrten und anmaßenden Schülern bildete er sich nicht ein, im Besitz der absoluten Wahrheit zu sein. Die Subjektivität Kants ist eine Subjektivität, die sich selbst Grenzen setzt, die entsprechend die äußere Welt nicht als abstraktes Eroberungsfeld betrachtet. Im Gegenteil: Der Zuchtgeist des Kantschen Subjekts ist nach innen gerichtet. Der Zweck der Moral ist es gerade, die Triebe in Schach zu halten, um die Koexistenz der Menschen in der objektiven Welt zu ermöglichen. Im Gegensatz zu Hegel, der kein Verhältnis zur Ethik hatte, glaubte Kant an die Fähigkeit des Menschen, moralisch richtig zu handeln. Die Werte, die sein autonomes Subjekt vertritt, sind keine anderen als die liberal-humanistischen Werte der Aufklärung.

Während Kant die Sackgasse der reinen Vernunft erkannte und jede Form des absoluten Wissens ablehnte, schüttelten seine Schüler die erkenntnistheoretischen Skrupel, die ihn noch hemmten, unbedenklich ab und zögerten nicht, Leben und Logik gleichzusetzen. Panlogismus also als die Grundlage des Weltgeschehens, der Staat als mächtiger Verwalter des Ganzen. Die Konflikte und Widersprüche der Welt werden a priori durch Denken erklärt und aufgehoben.

Hegel verachtete und haßte jede Unmittelbarkeit und Spontaneität, denn er glaubte, daß die einzige legitime Form der Wahrheit im Begriff liege. Wenn das Wahre das Ganze ist und dieses Ganze sich nur im endlosen Prozeß des Werdens zu manifestieren vermag, dann ist das individuelle Leben als solches wertlos. Von der ersten Seite der *Phänomenologie* an sind wir Zeuge des verbissenen Kampfes, den Hegel gegen das Unmittelbar-Spontane führte, das er als eine Form der Selbstentfremdung auffaßte, weil er in der Tiefe seines Herzens alles Lebendige und Freie haßte. So hat Camus mit Recht behaupten können, daß die *Phänomenologie* eine »Meditation über die Verzweiflung und den Tod« sei. *(L'homme révolté)*[15] Dieser Haß entsteht aus dem irrationalen, destruktiven und autoritären Bedürfnis, alles Zufällige und Autonome zu beherrschen und unter das abstrakte Gesetz des Weltgeistes zu stellen. Alles, was eine

119

Ausnahme ist (und wahre Subjektivität kann nichts anderes als Ausnahme sein), muß zugunsten eines abstrakten Weltplanes geopfert werden, der kein Mitleid kennt und buchstäblich über Leichen geht. Am Ende bleibt nur die Unterordnung des einzelnen unter die Macht des Staates, aber wohl bemerkt, nicht irgendeines Staates, sondern dieses preußischen. Treffend bemerkt der englische Kulturphilosoph Christopher Dawson: »Es gab in der Tat eine Art Wahlverwandtschaft zwischen dem preußischen Staat und der Hegelschen Philosophie. *(Understanding Europe)*[16]

Was Hegel in der *Phänomenologie* und in der *Logik* in einer äußerst kodifizierten und dunklen Sprache ausdrückt, nimmt eine viel konkretere Gestalt an in der *Philosophie des Rechts* und in der *Philosophie der Geschichte.* Das einzige, was zählt, ist der Weltgeist, und alles, was sich seiner Selbstverwirklichung in den Weg stellt, muß zerstört werden. Die Geschichte ist ein erbarmungsloser Kampf zwischen Macht und Machtlosigkeit, und in diesem Krieg bleibt den Schwachen – auch wenn sie recht haben – kein anderer Ausweg, als zugrunde zu gehen. Für Hegel waren die Menschen, die sozialen Gruppen und die Völker nur Rohmaterial für die Verwirklichung des Weltgeistes. In seiner Philosophie kündigen sich schon sehr deutlich die Grundelemente des neueren Deutschland an: Verachtung des individuellen Lebens und Verherrlichung der abstrakten Macht des Staates, Repression im Innern und Aggression nach außen, Totalitarismus auf der einen und Imperialismus auf der anderen Seite.

Es ist kein Zufall, daß gerade Hegel und nicht Kant der eigentliche Praeceptor Germaniae wurde. Hegel setzte sich durch – auch innerhalb der Linken –, weil er eine Philosophie vertrat, die die deutsche Wesensart am treuesten und konsequentesten verkörpert, weil sein Denksystem eine Apologetik des Untertanengeistes, des Konformismus und der Staatsanbetung darstellt. Insoweit sind die meisten Deutschen mehr oder weniger instinktiv Hegelianer, auch heute. Denn trotz ihrer demokratisch-angelsächsischen Hülle ist die Bundesrepublik ein tief hegelianischer Staat, der darauf aus ist, das Abweichende und Nichtkonforme prinzipiell zu verteufeln und so wenig Pluralismus wie möglich zu dulden. Der Haß gegen jede Form des Dissens und der Heterogenität, gegen das Subjektive überhaupt, sind verspätete Auswirkungen Hegelschen Denkens, wobei freilich Hegel selbst ein Produkt deutscher Verhältnisse war.

Die klassische deutsche Kultur reduziert sich selbstverständlich nicht auf Hegel, sie bleibt insgesamt, trotz ihrer Weltfremdheit und ihrer Spekulationssucht, ein wertvoller, in manchen Beziehungen ein einzigartiger Bestandteil der Weltkultur, der die Menschheit unzählig viel zu verdanken hat. Sie bildet auch eine humanistische Quelle, auf die die Deutschen immer zurückgreifen können. Allein Kant, Lessing, Herder, Goethe, Schiller, Hölderlin und alle anderen großen Gestalten der klassischen Zeit sind seit jeher im Leben Deutschlands mehr eine periphere Erscheinung gewesen. Die ideale Welt, die sie entwarfen, wurde oft nicht nur übersehen oder mißachtet, sondern bewußt verfälscht und mit den Füßen getreten. Daß es eine so kulturfeindliche Erscheinung wie die des Dritten Reiches geben konnte, beweist, wie prekär im Grunde die Lage der deutschen Kultur immer war, auch jetzt verhält es sich nicht anders.

Das ist ja die Achillesferse des deutschen Humanismus: seine politische und gesellschaftliche Machtlosigkeit, ein Drama, das mit den Worten ausgedrückt werden kann, die Hölderlin in einem Brief an seinen Bruder benutzte, um sein eigenes Drama zu kennzeichnen: »Nicht wahr, ich bin ein schwacher Held, daß ich die Freiheit, die mir nötig ist, mir nicht ertrotze.«[17]

DIE ROLLE PREUSSENS

Seit jeher hat es in der Geschichte Staaten gegeben, deren Lebenselement das Kriegshandwerk war, und Preußen stellt das letzte große Beispiel dieser Tradition dar. Sein Werdegang ist vergleichbar mit dem von Sparta oder noch mehr mit dem von Oswald Spengler so bewunderten Kastilien, dem einstmals führenden spanischen Königreich, das er als ein für Preußen nachahmenswertes Vorbild ansah.

Preußen war von Anfang an ein künstliches Staatsgebilde, verkörperte den abstrakten und mechanischen Rationalismus und das Zweckdenken des bürgerlichen Zeitalters, obwohl es andererseits mit seiner militaristisch und autoritär orientierten Politik im offenen Gegensatz zu den bürgerlichen Grundwerten stand: Freiheit, Antimilitarismus, Friedenswillen, Selbstbestimmung des einzelnen und der Völker. Kein deutscher Staat kann eine solch verwikkelte und mühsame Entstehungsgeschichte aufweisen wie Brandenburg-Preußen, kein anderer war dazu ausersehen, einen solch einschneidenden Einfluß auf die Geschicke der Nation – und für kurze Zeit Europas – auszuüben. Im ganzen ist die Geschichte Preußens vom 17. Jahrhundert an eine fast ununterbrochene Folge von Eroberungskriegen und militärischen Raubzügen, von rücksichtsloser Machtpolitik und größenwahnsinniger Expansions- und Geltungssucht geprägt. Dort, wo Preußen nicht stark genug war, um seine Ziele *manu militari* zu erreichen, versuchte es, sich mit den Großmächten diplomatisch zu arrangieren und sich brav den Machtverhältnissen anzupassen. Seine Außenpolitik beruhte auf einer Verbindung von offener Aggression und opportunistischer Kompromißbereitschaft: Rücksichtslosigkeit gegenüber den schwächeren, Zweckbündnisse mit den stärkeren Staaten. Innenpolitisch richtete sich Preußen nach dem einfachen Rezept des Befehlens und Gehorchens, kannte kein anderes Prinzip als die unbedingte Unterordnung des einzelnen unter die allgegenwärtige Macht der Staatsmaschinerie. Das von der deutschen Geschichtsschreibung meist vermittelte Bild eines edlen, heroischen und erhabenen Preußen ist äußerst unzutreffend, geht weitgehend von einem unkritischen und vulgärpatriotischen Wunschdenken aus.

Der Aufstieg Preußens setzt nach dem Dreißigjährigen Krieg ein, etwa zur gleichen Zeit, wie das Reich verfällt und der landesfürstliche Partikularismus und der Despotismus entstehen, die vorher behandelt wurden. Insoweit betreibt Preußen eine ähnliche Politik wie die anderen deutschen Länder und Dynastien. Es gibt allerdings zwei wichtige Unterschiede: Erstens, der Ehrgeiz Preußens ist dynamischer als der der anderen deutschen Teilstaaten, und zweitens versucht Preußen (mit Erfolg), seine Machtansprüche auf eine schlagkräftigere Armee zu stützen. Während sich die anderen Fürsten damit begnügen, höfische Pracht und Scheinmacht zu entfalten, will Preußen tatsächliche, handgreifliche Macht. »Ein König von Preußen«, schrieb Friedrich II. in seinem Politischen Testament von 1752, »muß sich mehr bemühen, eine Provinz zu erobern, als sich mit einem leeren Titel zu schmücken. Eure erste Sorge muß sein, den Staat zu der Größe zu führen, dessen Idealbild ich Euch gezeichnet habe. Erst dann dürft Ihr der Eitelkeit opfern, wenn Ihr Eure Macht dauerhaft begründet habt.«[1]

Die Grundlage Preußens war von Anfang an das Soldatentum, und so konnte Mirabeau sagen, daß das Land nicht ein Staat sei, das eine Armee besitze, sondern eine Armee, die einen Staat besitze. Der preußische Militarismus erreichte mit Friedrich II. seinen Höhepunkt, aber die Obsession, das an sich unbedeutende Land in eine tüchtige Kriegsmaschinerie zu verwandeln, entstand viel früher. So baute schon der Große Kurfürst Friedrich Wilhelm eine für preußische Verhältnisse ansehnliche Armee von 12 000 Mann auf und verwendete zwei Drittel der Staatseinkünfte für militärische Ausgaben. Der eigentliche Architekt der preußischen Armee war freilich der ›Soldatenkönig‹. Von den sieben Millionen Talern, die Friedrich Wilhelm I. jährlich kassierte, flossen fünf Millionen an das Heer. Als Friedrich II. den Thron bestieg, fand er eine Armee von über 80 000 Mann vor; im Verhältnis zur preußischen Bevölkerungszahl war sie etwa sechsmal größer als die Streitmacht der europäischen Großmächte. Friedrich erhöhte sie bald auf 100 000 Mann, in Kriegszeiten verdoppelte sich die Zahl. Frankreich besaß ein Heer von 160 000 Mann, Rußland von 130 000, Österreich von 80 000 bis 100 000.

Der Aufstieg Preußens als militärische Macht war eng verbunden mit der Hegemonie des Adels als führende gesellschaftliche Schicht. Während in den fortschrittlichen Nationen Europas schon die Bourgeoisie die aufsteigende Klasse war und die Aristokratie die absteigende, bildeten in Preußen die Junker die herrschende Kaste. Es gab eine Arbeitsteilung: Der Adel war dem König treu ergeben, diente ihm uneingeschränkt in der Armee und in der Verwaltung, und als Belohnung für seine Loyalität und Gefolgschaft erhielt er freie Hand, die niederen Stände zu unterdrücken und zu schinden. Preußen war vorwiegend ein Agrarland, die Sozialstruktur feudalistisch, die Bauern besaßen keine Rechte, sie wurden rücksichtslos durch das allmächtige Junkertum ausgebeutet, genötigt, nicht nur für ihre Gutsherren zu arbeiten, sondern auch in der Armee zu dienen.

Das Wertesystem Preußens beruhte auf drei Grundpfeilern: dem Kastengeist des Offizierskorps, dem Standesbewußtsein der Junker und der moralischen Integrität des Beamtentums. Aber das Primat lag eindeutig beim Soldatentum, dessen ›Ethos‹ nicht nur innerhalb der Armee, sondern auch im zivilen Bereich tonangebend war. So waren die persönlichen und gesellschaftlichen Beziehungen zwischen den Gutsherren und den Bauern und Tagelöhnern von einer kasernenmäßigen Disziplin geprägt. Überhaupt war das Offizierstum die angesehenste gesellschaftliche Schicht. Das, was man unter preußischem Militarismus versteht, war mehr als nur Kriegssucht und Kasernen-Drill, es war auch Alltag, Liebe zur Uniform und zu Parademärschen. Der Soldatenrock galt als das höchste Kennzeichen der Vornehmheit, der Waffendienst als der Inbegriff aller Tugenden.

Von seiner leistungsfähigen und modernen Streitmacht abgesehen, war Preußen sonst ein rückständiges Land ohne nennenswerte Handels- und Kulturstädte. Aber dieser rudimentäre Staat war von einem sehr starken Selbstbehauptungstrieb durchdrungen, und so gelang es ihm nach und nach trotz seiner bescheidenen territorialen, wirtschaftlichen und demographischen Verhältnisse, sich zu einer beachtenswerten Macht innerhalb des zusammenhanglosen Reiches zu entwickeln. Der preußische Staat und überhaupt die preußische Geschichte sind das Produkt eines außergewöhnlichen Willensprozesses, sie beruhen paradoxerweise – wie schon angedeutet – auf dem bürgerlichen Prinzip der Leistung, oder, wenn man will, der Rationalität oder ›instrumentellen Vernunft‹. Nur, während in den führenden Nationen Europas der bürgerliche Sinn für Effizienz zu tiefgreifenden Reformen im gesellschaftlichen Bereich führte (Wirtschaft, Produktion, Politik, Kultur), konzentrierte Preußen seinen Schaffensdrang auf das Militärwesen. Brandenburg-Preußen war ein wurzelloser Staat, hatte keine nennenswerte historische, ethnische, religiöse oder kulturgeschichtliche Tradition, war vom ersten Augenblick an eine rein voluntaristische Konstruktion, eine Art Fichtesche »Tathandlung«. Ohne diesen Durchsetzungstrieb hätte es sich weder entwickeln noch behaupten können. Schon auf Grund seiner territorialen Zersplitterung war es ein äußerst prekäres Gebilde, und der Wille, einen politisch und militärisch homogenen Staat aufzubauen, entsprach ja dem naheliegenden Bedürfnis, dadurch die konstitutive Anomalie des Gemeinwesens zu überwinden. Oder anders ausgedrückt: Preußens Stärke – das Heer, der Staat – war das Resultat seiner strukturellen Schwäche.

Man baut nicht eine starke Armee auf, um sie an Feiertagen paradieren zu lassen, sondern um sie als ein Instrument der Machtausdehnung zu benutzen. Die preußischen Monarchen bilden keine Ausnahme, sie stellen vielmehr eine weitgehende Bestätigung dieser uralten Regel dar. Der preußische Militarismus war von Anfang an zugleich Imperialismus, Hunger nach Gebiets- und Machtzuwachs. Diese zentrale Zielsetzung erreicht ihren krassesten Ausdruck bei Friedrich II., ist jedoch schon bei seinem Vorgänger klar erkennbar. So träumte schon der Große Kurfürst von der Eroberung Schlesiens, rechnete, wie viele Truppen notwendig wären, um diese und andere Eroberungspläne erfolgreich durchzuführen. Auch die zukünftige Konfrontation mit dem Haus Österreich gehört zu einer der frühesten Anliegen der preußischen Herrscher.

Militarismus und Imperialismus bildeten nicht die einzigen herausragenden Elemente preußischer Politik, die ebenso von einem systematischen Machiavellismus gekennzeichnet war. Diese Einstellung entsprach einerseits der Gesinnungslosigkeit der preußischen Staatsmänner, sie war aber andererseits durch die grundsätzliche Labilität des Landes bedingt. Denn trotz seiner beachtlichen Macht-

125

anhäufung war Preußen nicht stark genug, um eine selbständige Politik zu betreiben, und mußte immer wieder die aktive Unterstützung oder zumindest das Wohlwollen der Großmächte suchen. Auch das friderizianische Preußen blieb trotz einiger bemerkenswerter militärischer Siege und Raubzüge eine zweitrangige Macht, nicht nur demographisch, kulturell und wirtschaftlich, sondern auch militärisch. Daher die spöttischen Bemerkungen Marx' in einem Brief an Engels: »Es hat sich keine einzige mächtige slawische Nation unterjocht, brachte nicht einmal fertig, in 500 Jahren Pommern zu bekommen, bis schließlich durch ›Austausch‹. Überhaupt eigentliche *Eroberungen* hat die Markschaft Brandenburg – so wie die Hohenzollern sie übernahmen – nie gemacht, mit Ausnahme von *Schlesien*. Weil dies ihre einzige Eroberung ist, heißt Friedrich II. wohl der ›Einzige‹! Kleinliche Löffeldiebstähle, bribery, direkte Ankäufe, Erbschaftsschleichereien etc. – auf solche Lumperei läuft die preußische Geschichte hinaus.«[2]

Friedrich II. war nicht in der Lage, die großen Herrscher der Zeit offen herauszufordern, dafür gelang es ihm durch geschicktes Lavieren, ihre Rivalitäten für seine Zwecke zu nutzen. In der apologetischen Sprache Hegels: »Friedrich II. hat die ›Selbständigkeit seiner Macht dadurch erwiesen, daß er der Macht von fast ganz Europa, der Vereinigung der Hauptmächte desselben, widerstanden hat«. *(Philosophie der Geschichte)*[3] Friedrich II. verfaßte zwar in seiner Jugend ein dickleibiges Traktat gegen Machiavelli, aber als es darum ging, wirklich zu regieren, verhielt er sich wie ein getreuer Schüler des Florentiners: »Das Staatsinteresse ist das einzige Motiv im Rat der Fürsten«[4], verkündete er unmißverständlich in seinem Politischen Testament von 1752. Oder auch: »Hat man viele Feinde, so muß man sie trennen, den unversöhnlichsten heraussuchen und sich auf ihn stürzen, mit den anderen aber verhandeln, sie einschläfern und selbst unter Verlusten Sonderfrieden mit ihnen schließen. Wenn der Hauptfeind niedergeworfen ist, dann ist es Zeit, auf die anderen zurückzukommen und über sie herzufallen, unter dem Vorwand, daß sie ihren Verpflichtungen nicht nachgekommen seien.«[5] Und weiter: »Daher muß man sich sein Spiel nach Möglichkeiten ändern, es verbergen und sich in einen Proteus verwandeln, muß bald lebhaft, bald langsam, bald kriegerisch, bald friedfertig erscheinen.«[6] Doppelzüngigkeit war eines der hervorstechendsten Charaktermerkmale Friedrichs II., der sowohl als Mensch wie als Monarch immer wieder das Bedürfnis empfand, die anderen hinters Licht zu führen. Schon sein Vater hatte ihm mahnend gesagt: »Wenn Du Herr bist, wirst Du sie betrügen; denn das kannst Du nicht lassen. Du bist von Natur falsch und betrügerisch. Sieh Dich vor, Friedrich!«[7] Lord Tyrconnell, der die diplomatischen Interessen Frankreichs in Preußen vertrat, schrieb in seinem *Tableau de la cour de Berlin* (Bild des Hofes in Berlin): »Sein Herz ist nicht aufrichtig. Seine erste Regung ist stets die, zu täuschen oder wenigstens sich ein Hinterpförtchen offen zu halten, um seinen Verpflichtungen nicht nachzukommen.«[8]

Da Preußen nicht mächtig genug war, um Expansions- und Eroberungspolitik in größerem, kontinentalen oder universalen Stil zu betreiben, suchte es sich als Beute den einzigen geopolitischen Raum, in den er ohne große Schwierigkeiten eindringen konnte, und das war eben das übrige Deutschland. Die Haltung Preußens war nicht von Zuneigung gegenüber den anderen deutschen Teilstaaten bestimmt, auch nicht von der Sorge um das Schicksal des Reiches, sondern die machtpolitischen Interessen der Hohenzollern gaben den Ausschlag. Preußen sah das übrige Deutschland grundsätzlich als Eroberungsland an, keineswegs als das gemeinsame Vaterland aller Deutschen, das es zu lieben, zu schützen und zu vereinen galt. Das trifft auch und insbesondere auf Friedrich II. zu, der nicht nur von der deutschnationalen und nationalsozialistischen Geschichtsschreibung als der große Vorreiter der deutschen Einheit und des deutschen Patriotismus hochstilisiert worden ist. Nicht die Größe Deutschlands interessierte ihn, sondern ausschließlich seine eigene Macht und die Macht und die Herrlichkeit Preußens. In dieser Beziehung unterschied er sich kaum von den Landesfürsten, die aus engstirnigem Partikularismus Jahrhunderte hindurch die Einheit des Reiches boykottiert hatten. Deshalb war das Hauptmotiv seines Tuns und Treibens, Österreich als Träger des Reiches zu schwächen, deshalb zögerte er nicht, sich mit nichtdeutschen Mächten zu verbinden, um das Haus Habsburg-Österreich zu bekämpfen. Es ist eine Ironie der Geschichte, daß derselbe Monarch, der später als der große Vorläufer eines vereinigten Deutschlands gefeiert wurde, in Wirklichkeit eine eiskalte innerdeutsche Politik des *divide et impera* betrieb und sich als systematischer Totengräber des Reiches betätigte.

Man kann nun Preußen alles Mögliche vorwerfen – wie wir es unmißverständlich tun –, aber nicht Nationalismus in völkischem, pangermanischem oder rassistischem Sinn. Mit Recht bemerkte Dietrich Bonhoeffer: »Es ist daher einer der grotesken historischen Irrtümer, ausgerechnet Preußen als den Geburtsort und Repräsentant des Nationalismus zu bezeichnen.«[9] Ein solch herkömmlicher Nationalismus hätte eine halbwegs homogene ethnische Zusammensetzung der preußischen Bevölkerung vorausgesetzt, und die hatte Brandenburg-Preußen nie. Die Hohenzollern waren selbst keine Preußen, sondern Schwaben, ihr Auftauchen in der Mark Brandenburg verdankten sie einer Laune des Schicksals. Auf Grund seiner schmalen demographischen Grundlage und seiner Großmachtpolitik war Preußen immer darauf bedacht, seine Bevölkerung zu vermehren, und entsprechend holte es sich die Menschen, die es brauchte, von überall her, ohne sich um Nationalitäts- oder Religionsfragen zu kümmern. Als nach der Aufhebung des Edikts von Nantes 20000 Hugenotten Frankreich verließen, wurden sie in Preußen mit offenen Armen aufgenommen, ebenso andere religiöse Flüchtlinge aus dem Reich. Die Richtschnur preußischer Politik war Expansion und Machtentfaltung, nicht ethnische Reinheit oder Frömmigkeit. Zwar bekannte sich das Land zum Protestantismus, aber mit Ausnahme des ostpreußischen Pietismus spielte die Religion in Preußen nie eine primäre Rolle, vor allem und gerade bei Friedrich II. nicht. Preußen betrachtete das Konfessions- und Nationalitätsproblem aus der pragmatischen, quantitativen und utilitaristischen Sicht des bürgerlichen Zeitalters, war in dieser Hinsicht liberaler und aufklärerischer als andere Staaten. Die schlimmste Krankheit des neueren Deutschland – der Rassismus – war in Preußen so gut wie unbekannt, deshalb zögerten die preußischen Herrscher nicht, Soldaten und Handwerker aus aller Herren Länder in das Land zu ziehen. So setzte sich die Armee zur Zeit Friedrich II. zur Hälfte aus Fremden zusammen. Führende Verwaltungs- Staats- und Heeresfunktionen wurden nicht selten von Ausländern oder Nichtpreußen ausgeübt.

Leider war diese Toleranz in einzelnen Bereichen nicht Selbstzweck, sondern nur ein Mittel, um eine Politik durchzusetzen, die in ihrer Grundrichtung, das heißt in ihrem Machtstreben, im offenen Gegensatz zu dem Geist der Aufklärung stand. Auch Friedrich II. – und gerade er – war in strengem Sinn kein Sohn der Aufklärung, wie seine Apologeten oder nachsichtigen Historiker meinen. Das veredelte Bild, das die deutsche – gelegentlich auch die nichtdeutsche – Geschichtsschreibung vom Alten Fritz vermittelt hat, entspricht keineswegs der Wahrheit. So hat man seinen eiskalten, berechnenden Machiavellismus verdrängt oder heruntergespielt, mitunter auch als ein Zeichen seiner Größe gedeutet. Er beherrschte die französische Sprache und verkehrte mit Voltaire, La Mettrie, d'Alembert und anderen Vertretern der französischen Aufklärung, aber der Geist, der hinter dieser kulturellen Koketterie stand, war nicht aufklärerisch, sondern absolutistisch und feudalistisch. Was er wirklich liebte, war die Macht, deshalb bestand ja auch seine Herrschaft aus Macht- und Kriegspolitik. Das Schöngeistige, seine literarischen und philosophischen Versuche, das Musizieren, die Freundschaft mit Voltaire – all dies war nur eine oberflächliche Dimension seiner Persönlichkeit, bestand größtenteils aus unverbindlicher Rhetorik, war gar eine Maske, um seine tief despotische und menschenverachtende Gesinnung zu tarnen. »Niemand war absolut wie der König von Preußen; niemand repräsentierte wie er die böse Seite des Zeitalters«,[10] bemerkt Heinrich Mann in *Die traurige Geschichte des Friedrich dem Großen*. Kein anderer als Friedrich August von der Marwitz mußte zugeben: »Friedrich des Zweiten ... Regierung ... gewöhnte das Volk ganz und gar an den Despotismus und erzeugte sogar eine Art von Enthusiasmus dafür ...« *(Preußens Verfall und Aufstieg)*[11] Der englische Gesandte in Berlin, James Harris, schrieb am 18. März 1776: »Die Grundlage für die Handlungsweise des König von Preußen ... scheint darin zu bestehen, daß er die Menschen im ganzen und seine eigenen Untertanen im besonderen als Wesen betrachtet, die bloß geschaffen sind, um seinem Willen dienstbar zu sein und zur Ausführung alles dessen beizutragen, was auf Vermehrung seiner Macht und auf Erweiterung seiner Herrschaft abzielt.«[12] Er donnerte gegen die Tyrannen und war selbst ein Tyrann, sprach ständig von Freiheit und unterdrückte pausenlos seine Untertanen, behauptete, daß das einzig würdige Ziel eines Fürsten die Erhaltung des Friedens sei, verwandelte aber den Krieg in das Hauptgeschäft seiner Herrschaft. Er litt unter Verfolgungswahn, sah sich von Feinden umgeben, witterte überall Verschwörungen gegen sich und beklagte sich, allein zu sein, war unfähig, seine blinde Selbstgerechtigkeit einzusehen, ebensowenig, daß er diese Lage mit seiner Aggressions- und Eroberungspolitik selbst provoziert hatte. Denn entgegen seiner Unschuldsbeteuerungen, er tue nichts anderes als sich gegen seine Widersacher zur Wehr setzen oder ihnen zuvorkommen, war seine Politik – gerade in der Anfangsphase – imperialistisch ausgerichtet. Schon als Kronprinz dachte er an Eroberungen neuer Gebiete, sah sich in der Rolle eines preußischen Alexander des Großen, wie er freimütig in einem Brief an den Kammerjunker Karl Dubislaw von Natzmer bekundete: »Ich schreite immer von Land zu Land, von Eroberung zu Eroberung, indem ich mir wie Alexander immer neue Welten zur Eroberung vornehme.«[13] Das schrieb der Neunzehnjährige, und daß seine Worte mehr als die verwirrten Träume eines schwärmerischen Prinzen sind, beweist seine Politik als König.

Kaum hatte er den Thron bestiegen, verstärkte er seine Armee um mehrere Bataillone und Schwadronen, mit dem Ziel, seine kriegerischen Pläne in die Tat umzusetzen. Er hatte es eilig; 1740 drang er in Schlesien ein und startete damit seine Kriegs- und Expansionspolitik. »Die Genugtuung, meinen Namen in den Zeitungen und später in der Geschichte zu sehen, hat mich verführt«,[14] gestand er später seinem Sekretär Charles Jordan. Oder auch: »Ich liebe den Krieg um des Ruhmes willen ...«[15] Das Phantom »Ruhm« erscheine ihm oft, schrieb er an Voltaire, fügte dann hinzu: »Wahrhaftig, es ist ein großer Wahnsinn, aber man kommt schwer davon los, ist man einmal davon ergriffen.«[16] Und an Podewils am 27. April 1745: »...ich habe es mir zur Ehrensache gemacht, mehr als irgendein anderer zur Vergrößerung meines Hauses beizutragen; ich habe eine hervorragende Rolle unter den gekrönten Häuptern Europas gespielt... Aber ich habe den Rubicon überschritten und ich will nun entweder meine Machtstellung behaupten, oder daß alles zugrunde geht und bis auf den preußischen Namen mit mir begraben wird.«[17] Das ist nicht die Sprache eines großen Staatsmannes, vielmehr der anmaßende Dünkel eines eitlen, ruhmsüchtigen Parvenus. »Der König von Preußen hat nur eine Leidenschaft gekannt: die Ruhmesliebe«,[18] schrieb der französische Gesandte in Berlin, Graf Esterno, am 15. Juli 1786. Und ähnlich 1756 sein Vorgänger, der Herzog von Nivernais: »Sein ihn beherrschendes Gefühl ist die Sucht nach Ruhm und das Verlangen, sich auszuzeichnen.«[19] Aber nicht nur Friedrich II. war von maßloser krankhafter Geltungssucht beherrscht. Die ganze Geschichte Preußens ist von Anfang bis Ende die Geschichte eines begabten, energiebeladenen, aber größenwahnsinnigen Emporkömmlings, der der Welt beweisen will, wie stark seine Muskeln sind. Nicht von ungefähr verglich Carlyle Preußen mit einem Athleten.

Hinter Friedrichs exhibitionistischem und infantilem Bedürfnis, bewundert (und gefürchtet) zu werden, verbarg sich vor allem Menschenverachtung, Mißtrauen, Pessimismus und innere Vereinsamung. Friedrich war im Grunde tief unglücklich, glaubte nicht an die Menschen, war überzeugt, daß die meisten von ihnen Gesindel waren. »Der Hauptfehler seines Charakters ist seine Menschenverachtung«,[20] stellte der Marquis de Valory, ebenfalls französischer Gesandter in Berlin, lapidar in seinen Memoiren fest. Und Nivernais: ». . . er glaubt überhaupt, alle Menschen seien ohne Grundsätze – vielleicht weil er selbst nicht Grundsätze genug hat.«[21] Das düstere Bild, das er von seinen Mitmenschen hatte, entsprach keineswegs dem Gedankengut der Aufklärung, sondern vielmehr dem zynischen anthropologischen Pessimismus eines Hobbes oder eines Mandevilles. »Die Masse unserer Gattung ist dumm und boshaft«, schrieb er an Voltaire am 31. Oktober 1760. »Ich suche in ihr vergebens nach dem Ebenbild Gottes, von dem sie nach der Versicherung der Theologen geprägt sein soll. Jeder Mensch hat ein wildes Tier in sich; wenige wissen es zu bändigen, die meisten lassen es los, wenn der Schrecken des Gesetzes sie nicht zurückhält«.[22] Diese Menschenverachtung half auch ihm, das Prinzip des Krieges zu rechtfertigen; so in einem Brief an Marie Antoine von Sachsen, am 22. September 1765: »Der Krieg ist eine Geißel; er ist ein notwendiges Übel; weil die Menschen verderbt und böse sind, weil die Annalen der Welt bezeugen, daß man ihn zu allen Zeiten geführt hat«.[23] Obwohl er persönlich keineswegs grausam veranlagt war, glaubte er, daß Strafe die einzig angemessene Methode sei, um Menschen zu führen und zu erziehen. Auch sein tiefverankertes Mißtrauen und seine autokratische Art zu regieren waren Folgen seiner fixen Idee, Menschen seien von Natur aus böse.

Nein, nein, nicht Friedrich verkörperte den Geist der Aufklärung, sondern Männer wie Lessing, Goethe und Kant, und nicht Macht und Krieg war das Anliegen dieser Zeitgenossen, sondern Frieden, jener von Kant beschworene ›ewige Frieden‹, der eine Entgegnung auf die kriegslüsterne und machtbesessene Politik der friderizianischen Zeit darstellte.

Es war verhängnisvoll für Deutschland, daß der unfreieste und rückständigste seiner Teilstaaten auf Grund seiner militärischen Überlegenheit es nach und nach schaffte, die bestimmende Kraft innerhalb der Nation zu werden. Denn Preußen war nicht nur ein militarisiertes Land, es war zugleich ein despotisch regiertes Gemeinwesen, zwei Momente, die einander bedingten und das gemeinsame Produkt der politischen und gesellschaftlichen Rückständigkeit des Landes waren. Franz Mehring dazu: »... denn wenn im Schatten der preußischen Militärdespotie nur die Sklaverei gedeihen konnte, so konnte die preußische Militärdespotie doch auch nur in einem Theile von Deutschland entstehen, wo Bildung und Kultur, Wissenschaft und Wohlstand bis auf die letzte Spur verschwunden waren und die Masse der Bevölkerung in jahrhundertelanger Sklaverei jeden selbständigen Willen verloren hatte.« *(Die Lessing-Legende)*[24] Trocken bemerkt Lord Acton: »Kein Volk war unterwürfiger oder mehr bereit, um des Staates willen zu leiden.« *(Lecture on Modern History)*[25] Oder in der ausgewogenen, vorsichtigen Sprache Rankes: »Der preußische Staat bildete das eigentümlichste Ganze, in welchem ein Moment das andere bedingte, eins in das andere eingriff, alle zu dem Zwecke der Macht zusammenwirkten; ein Gemeinwesen, das aber keineswegs durch freien Entschluß aus der Nation hervorgegangen, sondern aus dem Gefühl der Gesamtstellung, die sich in der Persönlichkeit des Fürsten konzentrierte, erwachsen war, zwangsvoll und drückend für die Individualitäten, die aber wieder durch die politische Bedeutung, an der sie Anteil hatten, befriedigt wurden.« *(Preußische Geschichte)*[26] Der Aufstieg Preußens bedeutete nicht nur das Entstehen einer mächtigen Militär- und Kriegsmaschinerie, sondern ebenso die Institutionalisierung des autoritären Regimes als Staatsgrundlage, und dies in einem Augenblick, als Europa und Amerika ihre großen bürgerlichen Revolutionen in Angriff genommen oder gar vollzogen hatten.

Man hat Preußen oft als einen modernen Staat bezeichnet und dabei auf die Schlagkraft seiner Armee und das Funktionieren seiner Verwaltung hingewiesen. Gewiß war es darin und in anderen Teilaspekten modern, aber nur in einem technischen Sinn, nicht im Bereich alles Weltanschaulichen. Das Wertesystem, auf das sich Preußen berief, stammte im Gegenteil aus der Vergangenheit und bestand aus anachronistischen, regressiven, längst überholten Grundsätzen: Konservatismus, blinde Disziplin, unbedingte Treue zum Königtum, staatserhaltende Gesinnung, Kastengeist, Hierarchie, Aristokratismus und ähnliches. In Preußen gab es weder einen fortschrittlichen, liberal gesinnten Adel wie in England noch eine revolutionäre Bourgeoisie wie in Frankreich. Das Junkertum lehnte den Konstitutionalismus ab und beharrte auf seinen feudalistischen Vorstellungen. Es brachte es nicht fertig, sich als eine eigenständige, zukunftsorientierte politisch-wirtschaftliche Kraft zu entwickeln. Die Grundeinstellung der führenden Schichten war restaurativ und stand in offenem Gegensatz zu den progressiven Werten der Aufklärung. Entsprechend wird Preußen innerhalb und außerhalb Deutschlands eine vorwiegend reaktionäre und konterrevolutionäre Rolle spielen, nur mit der Despotie des zaristischen Rußland vergleichbar.

Was zuerst nur ein preußisches Übel war, eine interne Angelegenheit der Hohenzollern und ihrer paar Millionen Untertanen, wurde durch die Expansion Preußens innerhalb des Reiches nach und nach ›nationalisiert‹ und verwandelte sich im Laufe des 19. Jahrhunderts in eine gesamtdeutsche Erscheinung. Der Aufstieg Preußens wurde allerdings für einige Jahre zäh unterbrochen, als 1806 die napoleonischen Armeen die veraltete preußische Kriegsmaschinerie spielend zerschlugen. Drei Jahre vorher hatte Charles Fourier in seinem Artikel »Triumvirat Continental«

prophetisch geschrieben: »Trotz seiner schönen Armee ist Preußen nur ein paralytischer Staat.« Erst später, als Napoleon schon geschwächt war, gelang es Preußen – freilich nicht allein – sich erfolgreich gegen den französischen Kaiser aufzulehnen. Es war Napoleon, der die Politik Preußens und Deutschlands diktierte, nicht die Nachfolger Friedrichs II. Er verwandelte das ehemalige Reich in eine Reihe gefügiger Protektorate, ging mit seinen, von ihm eingesetzten Vasallen wie mit Schachfiguren um, ohne dabei auf nennenswerten Widerstand zu stoßen. Im Gegenteil! Mehr als ein Drittel der napoleonischen Armee bestand aus wehrpflichtigen deutschen Verbänden. Auch Preußen brauchte ziemlich lange, bis es sich wirksam gegen die napoleonische Hegemonie zur Wehr setzte. Auf echten, bedingungslosen Widerstand stieß Napoleon zuerst in Spanien und Rußland, nicht jedoch im deutschen Raum. Vor allem der erfolgreiche spanische Freiheitskampf gegen die napoleonischen Truppen verstärkte die Entschlossenheit der preußisch-deutschen Reformpatrioten (Scharnhorst, Stein, Gneisenau, Clausewitz), den Widerstand gegen den französischen Kaiser zu wagen. Freiherr vom Stein rühmte in einem von der französischen Behörde konfiszierten Brief die spanische Erhebung gegen Bonaparte als ein Vorbild für Deutschland.

Preußens ›deutsche‹ Rolle im umfassenden Sinn beginnt etwa nach der Niederlage Napoleons, als beim Wiener Kongress 1815 Europa neu aufgeteilt wurde. Das Vakuum, das der Untergang des Bonapartismus in Deutschland hinterlassen hatte, wurde jetzt von Preußen weitgehend ausgefüllt. Preußen schaltete sich als waltende Ordnungsmacht ein, dort wo Napoleon – und vor ihm die französische Monarchie – geherrscht hatte. Damit verließ es seine frühere periphere Rolle und drang in jene Territorien ein, die schlechthin das ›Antipreußische‹ verkörperten, wie das Rheinland oder der westliche Teil Sachsens. Deutsche Geschichte verschmolz sich mit preußischer Geschichte und umgekehrt, aus der preußischen Geschichte wurde jetzt deutsche Geschichte.

Natürlich bestand Preußen nicht nur aus Soldaten, Bürokraten und gehorsamen Untertanen, natürlich gab es dort große Männer, herausragende Beispiele für Humanismus, Kosmopolitismus und Liberalismus. Der größte und universalste Philosoph Deutschlands, Immanuel Kant, lebte und wirkte in Königsberg. Die Vertreter der preußischen Aufklärung mühten sich auch, den Staat zu liberalisieren und ihn von den Fesseln des Junkertums und des Feudalismus zu befreien, aber ihre Versuche blieben in der Regel auf halbem Weg stecken und waren immer bedroht von dem absolutistischen Geist, der weiterhin in Preußen herrschte. Die preußischen Reformen setzten vor allem nach der Niederlage gegen Napoleon ein, endeten dann ziemlich abrupt mit dem Fall des Bonapartismus und der Wiederherstellung der preußischen Souveränität und des deutsch-preußischen patriotischen Selbstbewußtseins. Während der reformfreudigen Phase entfaltete sich in Berlin ein reges kulturelles Leben, die Hauptstadt war jedoch nur ein winziger Teil von einem Gebiet, wo die Bevölkerung größtenteils – genau 87 Prozent – noch auf dem flachen Lande lebte, wo unangefochten die feudalistische Gesinnung des Junkertums wie eh und je das Sagen hatte. Wilhelm von Humboldt wurde vom Freiherrn vom Stein beauftragt, das Erziehungssystem gründlich zu reformieren, aber nach einem Jahr schon mußte er sein Amt aufgeben, später lebte er in großer Abgeschiedenheit. Sein Bruder Alexander zog es nach seiner großen Weltexpedition vor, sich in Paris niederzulassen, wo er zwanzig Jahre verbrachte; als er nach Preußen zurückkehrte, war er den ständigen Angriffen der reaktionären Kamarilla ausgesetzt, die sogar seine Korrespondenz kontrollierte. Die antiliberal gesinnte aristokratische Fronde blieb mächtig, sie wehrte sich verzweifelt gegen die Modernisierung des Staatswesens, pochte auf ihre alten Privilegien, bekämpfte die bürgerlichen Reformen des Freiherrn vom Stein und Hardenbergs, kannte keine andere Ideologie als den reaktionären und konterrevolutionären Pietismus. Ihre politischen Führer – wie von der Marwitz – und ihre Theoretiker – wie Adam Müller – priesen die vergangenen Zeiten, donnerten gegen die Geldwirtschaft, lamentierten gegen die Desintegration des bodenständigen Junkertums und prangerten den zunehmenden Einfluß des Nominal-Adels an.

Nachdem 1819 Kotzebue ermordet worden war und die Demagogenverfolgung begonnen hatte, kam die Stunde der offenen Reaktion und der Friedhofsruhe. Auch Hegel predigte von seinem Katheder die Allmacht des Staa-

tes und den Untertanengeist. Während England sich an-
schickte, zu Hause und auch sonst überall die Doktrin des
Liberalismus als Richtschnur des öffentlichen und internationalen Lebens durchzusetzen, wußte der Praeceptor
Germaniae nichts Besseres zu tun, als gegen den britischen
Parlamentarismus zu Felde zu ziehen: »... der Pomp und
Lärm der formellen Freiheit im Parlament und in sonstigen
Versammlungen aller Klassen und Stände die Staatsange-
legenheiten zu bereden und in jenem darüber zu beschließen, sowie die unbedingte Berechtigung dazu, hindert sie
oder führt sie nicht darauf, in der Stille des Nachdenkens in
das Wesen der Gesetzgebung und Regierung einzudrin-
gen.«[27] So dozierte der alte Mann kurz vor seinem Tode.
Und ähnlich wie Hegel dachten die führenden politischen
und geistigen Schichten des Landes, von den zur Restauration konvertierten Romantikern bis hin zum unbelehrbaren Junkertum. Sie alle predigten mehr oder weniger offen
die Unterordnung des Bürgers unter die Staatsautorität,
den Gehorsam als höchsten Ausdruck sittlichen Verhaltens und die blinde Pflichterfüllung als einzige Grundlage
für eine gute Gesinnung.

Man war stolz darauf und auf andere als typisch preußisch geltende Tugenden, auf die Unbestechlichkeit des
Beamtentums, auf das Ehrgefühl des Offizierskorps, auf die
Treue der Untertanen zu ihrem König; man pries überhaupt Preußen als einen soliden, unerschütterlichen, in
jeder Beziehung verläßlichen, tüchtigen und diszipliniert-
ten Staat, als ein Bollwerk der Zucht und Ordnung, wo alles
reibungslos funktioniert und seinen rechten Gang geht.
Man vergaß allerdings dabei, daß diese angeblichen Tugenden nur formaler Natur waren und vorwiegend irrationalen Zielen gedient hatten und weiterhin dienten; auch
wurde nicht mehr bedacht, daß das Hauptmerkmal der
preußischen Geschichte keineswegs die Solidität gewesen
war, sondern im Gegenteil die Instabilität, die Unsicherheit, das ständige Bangen ums Überleben. Und wie hätte es
auch anders sein können in einem Land, das fast immer im
Zustand des Krieges oder der Kriegsvorbereitungen gelebt
hatte? Es gab zwar kürzere oder längere Phasen des Friedens, diese jedoch nur als Ergebnis von Erschöpfung oder
Niederlagen, selten aus der Einsicht heraus, daß Militarismus und Krieg anachronistische, verwerfliche, anti-

humanistische Werte darstellen. Die von den preußischen Herrschern, Staatsmännern und führenden Offizieren betriebene Politik war alles andere als verläßlich und verantwortungsvoll; im ganzen gesehen, war sie ein Vabanquespiel, eine Abenteuerpolitik, die oft die Existenz des Staates aufs Spiel setzte und schließlich zur Götterdämmerung des Dritten Reiches führte.

Preußen soll hier nicht verteufelt werden, und noch weniger soll es allein für die Fehlentwicklung der deutschen Nation verantwortlich gemacht werden. Eine solche Schwarz-Weiß-Sicht würde dem wahren Sachverhalt der deutschen Problematik nicht gerecht werden. Man darf darüber hinaus die Trennungslinie zwischen ›Preußischem‹ und ›Deutschem‹ nicht allzu eng ziehen, denn das, was – im negativen Sinn – als typisch oder spezifisch preußisch gilt, ist auch in anderen Teilen Deutschlands zu Hause, manchmal sogar in ungehemmterer Form und ohne das Gegengewicht preußischer Nüchternheit und Rationalität. Der Nationalsozialismus schlug gerade in Preußen am wenigsten Wurzeln, und nicht Berlin, sondern München war der Geburtsort und der Mittelpunkt der braunen Bewegung. Hitler war schließlich kein Preuße, und unter den Offizieren, die vor und vor allem während des Krieges mehrmals versuchten, ihn zu beseitigen oder wenigstens seiner Diktatur ein Ende zu setzen, befanden sich nicht wenige Preußen. Damit soll nicht grundsätzlich die These vertreten werden, daß das Junkertum gegenüber dem Nazismus grundsätzlich feindlich eingestellt war, noch weniger, daß beides unvereinbar war. Zwischen den Junkern und den Nationalsozialisten bestanden wichtige Unterschiede, aber ebenso entscheidende Berührungspunkte und Affinitäten, so zum Beispiel die Blut-und-Boden-Ideologie, der Mythos der Herrenrasse, der Militarismus, der gemeinsame Haß gegen die Weimarer Republik, der Revanchismus und der Imperialismus. Der preußische Adel war seit langem eine untergehende Klasse – wirtschaftlich bankrott –, und er hoffte, gerade im Rahmen eines nationalsozialistischen Staates neue Lebenskraft zu schöpfen. Nicht erst Hitler, sondern schon die Reichswehr setzte sich über die Bestimmungen des Versailler Vertrages hinweg und leitete die heimliche Wiederaufrüstung der Nation ein. Innerhalb der NSDAP gab es Kräfte – Röhm, die SA,

Walther Darré –, die den Einfluß des Junkertums abbauen wollten, aber sie setzten sich nicht durch. Hitler wurde zwar in erster Linie von der Schwerindustrie und dem Finanzkapital gefördert, aber Tatsache ist, daß er im entscheidenden Augenblick nur durch die Unterstützung der junkerlichen Umgebung von Hindenburg Kanzler werden konnte.

Unbestreitbar ist, daß die Zerstörungsmaschinerie, die Hitler benutzte, um seine Kriegspläne in die Tat umzusetzen, eine im wesentlichen preußische Schöpfung war; ebenso, daß er die Wehrmacht für seine Zwecke nur mobilisieren konnte, weil sie, im Geiste preußischen Gehorsams erzogen und gedrillt, sich als unfähig erwies, sich rechtzeitig den wahnsinnigen Eroberungs- und Vernichtungsträumen des Dritten Reiches zu widersetzen – was am Anfang möglich gewesen wäre –, und den bequemen, üblichen preußischen Weg der unreflektierten und mechanischen Pflichterfüllung wählte.

Nein, man soll Preußen nicht verteufeln und schlechter machen, als es war, aber auch nicht seine Verantwortung für die Untaten der neueren Geschichte Deutschlands herunterspielen oder verklären, wie es seit einigen Jahren in zunehmender Weise geschieht, und nicht nur seitens reaktionärer oder konservativer Publizisten und Historiker. Die Kriegskatastrophen, die Europa in diesem Jahrhundert erlebt hat, sind ohne den preußischen Militarismus nicht denkbar, und der Kontrollrat der Alliierten wußte sehr wohl, was er tat, als er am 25. Februar 1947 durch das Gesetz Nr. 46 ausdrücklich beschloß, was die Geschichte selbst vorher vollzogen hatte: Preußen aufzulösen.

DIE VERSPÄTETE NATION

> Wir Deutsche fürchten Gott,
> aber sonst nichts auf der Welt.
> *Bismarck*[1]

Der deutschnationale Geist, der jahrhundertelang im Schatten des Kaiserreichs und der Kleinstaaterei gestanden hatte, erhielt während und nach den Befreiungskriegen gegen Napoleon einen kräftigen Auftrieb und begann als eine durchaus zukunftweisende historische Alternative am Horizont aufzutauchen. Aber diese neue alldeutsche Idee blieb zuerst nebulös und ohne feste Konturen, war nicht viel mehr als die Illusion von romantischen Intellektuellen, Studenten und Gelehrten. Eines der wenigen konkreten Ergebnisse des neuen gesamtdeutschen Patriotismus war die Gründung der allgemeinen deutschen Burschenschaft, deren Aktivitäten allerdings nach der Ermordung Kotzebues und nach den Karlsbader Beschlüssen weitgehend neutralisiert wurden. Auch der von den 39 Teilstaaten nach dem Wiener Kongreß ins Leben gerufene Deutsche Bund blieb eine verhältnismäßig abstrakte Konstruktion ohne große Wirkung, er diente lediglich dem Zweck, einen Kompromiß zwischen dem alldeutschen Gedanken und der tatsächlichen geopolitischen Zersplitterung des Landes zu ermöglichen, auch den latenten Antagonismus zwischen Preußen und Österreich zumindest vorübergehend in Schach zu halten. Metternich hoffte, mit Hilfe des Deutschen Bundes sowohl dem keimenden Pangermanismus wie dem »friedlichen Dualismus«[2] zwischen Österreich und Preußen erfolgreich zu begegnen. Seine diplomatische Meisterleistung wurde jedoch von Beginn an durch die Expansionsdynamik Preußens bedroht. Tatsächlich empfand Preußen den Deutschen Bund zunehmend als eine Zwangsjacke und wartete nur auf einen günstigen Augenblick, um sich davon zu befreien, was es dann bedenkenlos tat: »Der Deutsche Bund«, gab Bismarck in einer seiner Reden vor dem Reichstag zynisch zu, »ist durch uns zerstört worden, weil die Existenz, die man uns in ihm machte, weder für uns noch für das deutsche Volk auf die Dauer erträglich war.«[3]

Auf dem Gebiet der Tagespolitik verlief zuerst alles nach

den Vorstellungen Metternichs, der das politische Leben des nachnapoleonischen Europas weitgehend bestimmte. Die eigentliche Wende beginnt erst mit dem Abstieg Österreichs und dem parallel laufenden Aufstieg Preußens. Wie häufig in seiner Geschichte trieb Preußen ein doppeltes Spiel: einerseits hielt es sich an den vom Wiener Kongreß herbeigeführten Status quo und unterhielt freundschaftliche Beziehungen zur danubischen Monarchie, während es sich aber andererseits daran machte, seinen Einfluß auf das übrige Deutschland auszudehnen, zuerst mit friedlichen Mitteln, genauer durch den Zollverein. Metternich erkannte, daß dies nur den ersten Schritt zu einer weiteren Verpreußung Deutschlands bedeutete, und versuchte, den preußischen Schachzug zu vereiteln, ebenso Bayern und andere Teilstaaten; vergeblich, denn die von Preußen vorangetriebene Liberalisierung des innerdeutschen Raums konvergierte mit der wirtschaftlichen Gesamtentwicklung Europas und war auf Dauer nicht aufzuhalten.

Der österreichische Vielvölkerstaat war zudem im Jahrhundert des Nationalismus ein Anachronismus geworden, die inzwischen entstandenen nationalistischen Bewegungen in Griechenland, Belgien, Italien und anderen Ländern Europas stellten bald die kontinentale Neuordnung in Frage, die auf die Heilige Allianz zurückging. Die Hohenzollern hatten langfristig die besseren Karten als die Habsburger, weil Preußen schon tief ins deutsche Gebiet eingedrungen war und von den Anhängern der nationalen Einheit bereits als Motor eines gemeinsamen Vaterlands angesehen wurde. Die Beziehungen zwischen Österreich und dem deutschen Teil des Reiches waren schon vorher sehr locker und rein formal gewesen, wenn sie nicht sogar von offener Feindseligkeit gekennzeichnet waren. Durch die Vormachtstellung Preußens wurde Österreich noch mehr aus dem deutschen Szenario verdrängt und ins Abseits getrieben. Religiöse Motive spielten dabei keine unerhebliche Rolle. Österreich war ein katholischer Staat, der preußisch-kleindeutsche Nationalismus vom Protestantismus beherrscht. Auch ethnisch gab es Widersprüche: Die Donaumonarchie war ein Vielvölkerstaat, der Anteil ihrer slawischen und magyarischen Bevölkerung sogar größer als der deutsche. Während dieser ethnische Pluralismus von den Österreichern als ein Zeichen ihrer Universalität betrachtet wurde, blickten die teutonischen Nationalisten mit Mißtrauen oder offener Verachtung auf diese nicht-deutschen Untertanen, die in Osteuropa angesiedelt waren. Österreich hatte auf lange Sicht kaum Chancen, die Macht Preußens über Deutschland zu verhindern, es konnte die Entwicklung nur hinauszögern.

Die zunehmende Entzweiung zwischen Preußen–Deutschland und der Donaumonarchie führte zum Krieg von 1866 und endete mit der vollständigen Niederlage Österreichs. Dieses Ereignis war mehr als nur ein militärischer Sieg, mehr als der Sieg einer überlegenen Armee: Es war der Triumph eines jungen, kraftstrotzenden Staats über eine alte, verbrauchte Weltmonarchie.

Fürst Bismarck gelang es in verhältnismäßig kurzer Zeit, aus dem ehemaligen zersplitterten Reich eine einheitliche Nation zu machen. Dieses neu entstandene Gemeinwesen hatte aber von Anfang an einige bedenkliche Nebener-scheinungen, die nichts Gutes ahnen ließen. Die wichtigste davon war der Ausschluß Österreichs, gerade des Landes, das die Idee des Reiches verkörpert hatte, das die größere Erfahrung als europäische Macht hatte, das gewohnt war, die Welt aus einer universalen, übernationalen Sicht zu betrachten, das schließlich ein natürliches, auch historisch bewährtes Bindeglied zwischen Süd-, West-, Mittel- und Osteuropa darstellte. Was Bismarck also mit seiner ihm eigenen Rücksichtslosigkeit zustande gebracht hatte, war ein amputiertes Klein-Deutschland. Symptomatisch war ebenso, daß Deutschland durch Kriege gegen Dänemark, Österreich und Frankreich geeint wurde, keineswegs durch eine demokratische oder revolutionäre Volks-erhebung. Golo Mann: »Das, was ein halbes Jahrhundert lang der Traum des Bürgertums gewesen war, wurde nun ohne, ja zeitweise gegen das Bürgertum gemacht: das Deut-sche Reich wurde schließlich unter Fürsten und Generälen im Heerlager proklamiert; in dem eine Bürgerdeputation sich grau und schüchtern ausnahm.« *(Deutsche Geschichte des 19. Jahrhunderts)*[4] Die Geburtsstunde des Reiches war also auf das engste mit dem Prinzip der nackten Gewalt verbunden, entsprach der »Eisen-und-Blut«-Politik, die Bismarck in seiner berühmten Rede vom 30. 9. 1862 ange-kündigt hatte: »... nicht durch Reden und Majoritätsbe-schlüsse werden die großen Fragen der Zeit entschieden ...

sondern durch Eisen und Blut ...«[5] Bismarck war zweifellos ein kluger, aber in noch größerem Ausmaß ein skrupelloser Staatsmann, und so provozierte er bedenkenlos den französisch-preußischen Krieg von 1870 mit dem Ziel, auf diesem Weg die endgültige Verpreußung Klein-Deutschlands zu erreichen und den südwestdeutschen Partikularismus aus der Welt zu schaffen. Es war ein doppelter Schlag: gegen das napoleonische Frankreich, aber auch gegen das renitente katholische Deutschland, das sich gegen die Vorherrschaft eines Großpreußens wehrte und davon träumte, eine Art Niemandsland zwischen Preußen und Österreich zu werden.

Nach dem Ausgang des preußisch-französischen Krieges und der Annexion Elsaß-Lothringens war es für jeden klar, daß die Stunde Deutschlands gekommen war und daß das Emporkommen eines verpreußten Deutschland der Beginn eines neuen Kapitels in der europäischen Geschichte bedeutete. Als erste fühlten es die Deutschen selbst. Ihr nationales Selbstbewußtsein stieg ins Unermeßliche, es kulminierte in der Überzeugung, daß Deutschland ausersehen war, die Geschicke Europas, ja vielleicht die Geschicke der Welt zu lenken und zu bestimmen. Schon die Gründung des Reiches im Herzen des besetzten Frankreich war rein optisch eine unmißverständliche Zur-Schau-Stellung des neuen Machtbewußtseins, ließ den kommenden Stil der neu entstandenen Nation ahnen: Arroganz, Plumpheit, parvenuehafte Ostentation. Nüchtern stellte Thomas Mann 1918 fest: »... Deutschlands Einigung ist ... durch das Schlimmste und Unverzeihlichste bewerkstelligt worden, wodurch sie hätte bewerkstelligt werden können: durch die Demütigung Frankreichs.«[6] Auch die semantische Erhebung der Nation zum Reich und des Königs zum Kaiser war ein weiterer Aspekt von Machtdemonstration, diente dem Zweck, die historische Kontinuität zwischen dem Bismarckschen Klein-Deutschland und dem alten Heiligen Römischen Reich Deutscher Nation zu unterstreichen, wie Wilhelm I. bei seiner Proklamation in Versailles stolz verkündete: »Demgemäß werden Wir und Unsere Nachfolger an der Krone Preußen fortan den kaiserlichen Titel in allen unsern Beziehungen und Angelegenheiten des deutschen Reiches führen und hoffen zu Gott, daß es der deutschen Nation gegeben sein werde, unter dem

Wahrzeichen ihrer alten Herrlichkeit das Vaterland einer segensreichen Zukunft entgegenzuführen.«[7]

Nicht nur der neugebackene Kaiser, jeder Durchschnittsdeutsche fühlte sich von der Größe des improvisierten Reiches beflügelt, wurde von dem Pathos der germanischen Überlegenheit ergriffen. Der Deutsche, schrieb Dostojewski 1877 im *Tagebuch eines Schriftstellers*, »glaubt, daß es in der Welt keinen höheren Geist und kein höheres Wesen gibt als das germanische und daß nur Deutschland allein fähig sei, dieses Wort auszusprechen. Schon die bloße Annahme erscheint ihm lächerlich, es könnte in der Welt vielleicht doch noch etwas geben, sei es nur als Keim, was das zur Führung der Welt bestimmte Deutschland nicht auch in sich hätte.«[8] Diese nationale Euphorie wurde später meisterhaft von Heinrich Mann in seinem Roman *Der Untertan* karikiert, so in einer patriotischen Rede seines Helden Heßling: »In staunender Weise ertüchtigt, voll hoher sittlicher Kraft zu positiver Betätigung, und in unserer blanken Wehr der Schrecken aller Feinde, die uns neidisch umdrohen, so sind wir die Elite unter den Nationen und bezeichnen eine zum ersten Male erreichte Höhe germanischer Herrenkultur, die bestimmt niemals und von niemandem, er sei wer er sei, wird überboten werden können!«[9]

Die Deutschen der Gründerzeit berauschten sich an ihrem neu erworbenen Glanz und fingen an zu glauben, daß das deutsche Volk eine Art Sonderschicksal verkörpere und daß dieses Sonderschicksal im krassen Gegensatz zu dem Schicksal des übrigen Kontinents stand. Paradoxerweise war der Architekt der deutschen Einheit – Bismarck – nicht dieser Ansicht, aber es gab immer mehr Deutsche, die im Ernst glaubten, ihr Vaterland sei stark genug, um allein mit allen anderen Nationen fertig zu werden und sich an die Spitze der Völker zu stellen.

Die Deutschen waren stolz auf ihre Kultur, auf ihren Geist, aber genauso auf ihre Kraft, auf ihre militärischen Muskeln. Sogar Engels ließ sich von der kriegerischen Schlagkraft des Bismarckschen Deutschland anstecken, wie aus seinem Briefwechsel mit Marx unmißverständlich hervorgeht. So am 10. August 1870: »Man wird sich allerseits hüten, den in Wut gehetzten deutschen Michel noch mehr zu reizen. Du siehst aber, wie recht ich hatte, in dieser preußischen Militärorganisation eine ganz enorme Kraft zu sehn, die bei einem Nationalkrieg, wie jetzt, vollständig unbesiegbar ist.«[10] Und wenige Tage später: »Darum aber den Antibismarckismus zum alleinleitenden Prinzip erheben, wäre absurd. Erstens tut Bismarck jetzt wie 1866, immer ein Stück von unser Arbeit, in *seiner* Weise und ohne es zu wollen, aber er tut's doch. Er schafft uns reineren Bord als vorher.«[11] Tatsächlich versprach sich Engels – hier in Übereinstimmung mit Marx – von der militärischen Überlegenheit Preußens große Vorteile für die deutsche Arbeiterbewegung innerhalb und außerhalb des Reiches, eine Ansicht, die Marx seinerseits mit nicht zu überbietender Brutalität in einem seiner Briefe an Engels zum Ausdruck brachte: »Die Franzosen brauchen Prügel. Siegen die Preußen, so die Zentralisation der state power nützlich der Zentralisation der deutschen Arbeiterklasse. Das deutsche Übergewicht würde ferner den Schwerpunkt der westeuropäischen Arbeiterbewegung von Frankreich nach Deutschland verlegen, und man hat bloß die Bewegung von 1866 bis jetzt in beiden Ländern zu vergleichen, um zu sehn, daß die deutsche Arbeiterklasse theoretisch und organisatorisch der französischen überlegen ist. Ihr Übergewicht auf dem Welttheater über die französische wäre zugleich das Übergewicht *unsrer* Theorie über die Proudhons etc.«[12] Im Gegensatz zu Marx und Engels lehnten Bebel und Liebknecht den preußischen Militarismus kategorisch ab, bekämpften ihn auch leidenschaftlich. Aber dieser anfängliche Widerstand der sozialdemokratischen Führer gegen die Macht Preußens verlor später an Gewicht, wurde nach und nach von der Vorstellung verdrängt, daß die Einheit und die Zentralisierung der Nation, auch unter preußischer Führung, die Sozialdemokratie und die Arbeiterbewegung nur stärken werde. Kritisch bemerkt dazu Erich Mühsam: »Die Sozialdemokratie förderte also die altpreußischen Tendenzen des Reichskurses in dem naiven Glauben, dadurch jener zentralistischen Staatsmaschinerie vorarbeiten zu können, deren Hebel sie bei dem erträumten friedfertigen ›Hineinwachsen in den Zukunftsstaat‹ einfach in die Hand zu nehmen brauchte, um der erstaunten Welt alsdann das nebelige Phantasiegebilde eines ›freien Volksstaates‹, in Freiheit dressiert, vorzuführen.« *(Briefe an Zeitgenossen)*[13] Ähnlich Hugo Ball: »Derselbe Chauvinismus

wie in den oberen Klassen zeigt sich auch in den Anfängen
der deutschen Sozialdemokratie, Lassalle, ihr Begründer,
ist Monarchist und träumt davon, daß deutsche Arbeiter-
massen am Bosporurs stehen werden.«[14]

Genauso wie Deutschland innenpolitisch durch das Prinzip der Stärke regiert wurde, war die Außenpolitik auf
Machtdurchsetzung ausgerichtet, nach dem Motto Friedrich II.: »Man fürchtet mich, gut so, ich will gefürchtet werden.«[15] Denn dies war der Traum Deutschlands: stark zu
sein, die mächtigste Nation Europas zu werden, überall
wegen seiner Schlagkraft gefürchtet und bewundert zu
werden. Diese fatale Einstellung führte in der Praxis zum
Imperialismus und zur Kanonenbootpolitik, zu der auf
Expansion und Annexion hinzielenden Ideologie des ›Le-
bensraums‹. Zu diesem primitiven Schema gehörten die
entsprechenden Feindbilder, und sie wurden schnell fabri-
ziert und an die Wand gemalt, je nach Bedarf mal Österreich, die Franzosen überhaupt, danach die Engländer,
dazwischen die Russen, schließlich die Juden.

Der nationalistische Wahn steigerte sich immer mehr,
wuchs in direktem Verhältnis zur Steigerung des industriellen, technischen und bevölkerungsmäßigen Potenti-
als. Friedrich II. war darauf aus gewesen, unter den damaligen großen Häuptern Europas als gleichberechtigter Fürst
anerkannt zu werden; Bismarck entfesselte ein paar Kriege, aber nacheinander und nicht gegen mehrere Länder
zugleich; er warnte sogar davor, ganz Europa herauszufordern, und verbot seinen Generälen, Österreich über das
Maß zu demütigen. Wilhelm II. traute sich zu, zur gleichen
Zeit England, Frankreich und Rußland zu besiegen. Hitler
nahm sich schließlich vor, Herr von ganz Europa zu werden, ließ seine Panzerdivisionen in alle Richtungen rol-
len, erklärte Nordamerika den Krieg, schickte Truppen
nach Afrika, griff willkürlich die Sowjetunion an. Sein
Traum war die Errichtung eines Weltimperiums unter germanischem Kommando. Es war unschwer vorauszusehen, daß eine solche größenwahnsinnige Vision scheitern
mußte.

Aber nicht nur die Militärs und die Politiker befürworteten den Aggressionskurs des Wilhelminischen Deutschland. Er wurde auch von den akademischen Kreisen und

den Burschenschaften weitgehend bejaht, von der konservativ-bürgerlichen Presse und den patriotischen Vereinen aller Couleur, ebenso von führenden Vertretern des Industrie- und Finanzkapitals und einer Reihe imperialistisch gesinnter Organisationen wie dem Wehrverein oder dem Alldeutschen Verband, die alle Register der Demagogie mobilisierten, um den nationalistischen Wahn noch mehr anzuheizen. Selbst beträchtliche Teile der Arbeiterschaft und der Sozialdemokratie ließen sich von diesem übersteigerten Nationalismus anstecken. Der Begriff ›deutsch‹ wurde zur Mode, erlebte eine nie dagewesene Verbreitung, wurde als Synonym für alles Große und Wertvolle verwendet, während man gleichzeitig anfing, sich des Gegenbegriffs ›undeutsch‹ zu bedienen, um alles angeblich ›Minderwertige‹ zu charakterisieren. Wie infantil und lächerlich im Grunde dieser Ausbruch von hemmungsloser Selbstverliebtheit war, merkten nur die Deutschen nicht. Genausowenig merkten sie freilich die Gefährlichkeit des Spiels, auf das sie sich eingelassen hatten. Was in den ersten Dekaden des 19. Jahrhunderts als eine diffuse, abstrakte und gar liberale alldeutsche Patriotismus-Bewegung begonnen hatte, verwandelte sich nach und nach in irrationale Überheblichkeit, tobende Scharfmacherei und rabiaten Rassismus. Die alten philosophischen Vorstellungen Fichtes, Hegels oder Schleiermachers von der Herrlichkeit der germanischen Werte wurden bis zur Unkenntnis verflacht und zu billigen, immer plumperen Kampfparolen umfunktioniert, bis schließlich die rund um die Uhr herausposaunte Überlegenheit des Germanentums eine Ideologie hervorrief, die sich aus primitivem Militarismus, Imperialismus und Rassismus zusammensetzte.

Die geistigen Führer der Nation waren die ersten, die diese Entwicklung förderten und anheizten. Der Wahlpreuße, liberale Renegat und Antisemit Heinrich von Treitschke, der sowohl als Professor in Berlin wie als Publizist und Abgeordneter einen starken Einfluß auf die öffentliche Meinung ausübte, verherrlichte den Obrigkeitsstaat und den Krieg, vertrat die These, daß die Größe einer Nation von ihrer Kriegstüchtigkeit abhänge, verteufelte andererseits die Friedenszeiten als Phasen der Dekadenz und prangerte das Kantsche Ideal des ewigen Friedens als unmoralich an. Ähnlich Moltke in einem Brief an Johann

Bluntschli, am 11. Dezember 1880: »Der ewige Friede ist ein Traum, und nicht einmal ein schöner, und der Krieg ein Glied in Gottes Weltordnung.«[16] Auch und insbesondere Nietzsche trug entscheidend dazu bei, die Verherrlichung des Krieges salonfähig zu machen. Mit seinen äußerst brillant formulierten Theorien über die Minderwertigkeit der christlich-humanistischen Werte und seine Apologie des Übermenschen und des Willens zur Macht als Zeichen einer über den Massen stehenden aristokratischen Moral lieferte er den nationalistischen und imperialistischen Kreisen eine verführerische Rechtfertigung für ihre Herrenrasse-Hirngespinste, obwohl er – wie schon vorher ausgeführt – persönlich eine sehr schlechte Meinung von seinen Landsleuten hatte und kein Nationalist war, genausowenig ein Antisemit.

Die Apologie des Krieges erreichte ihren Höhepunkt mit dem General und Publizisten Friedrich von Bernhardi, einem glühenden Verehrer Treitschkes, der in der Phase vor dem Ersten Weltkrieg einer der führenden und einflußreichsten Vertreter des nackten Imperialismus war. In seinem Buch *Deutschland und der nächste Krieg* definierte er den Krieg als eine »biologische Notwendigkeit«, als einen »Regulator im Leben der Menschheit, der gar nicht zu entbehren ist, weil sich ohne ihn eine ungesunde, jede Förderung der Gattung und daher auch jede wirkliche Kultur ausschließende Entwicklung ergeben müßte.«[17] Und weiter: »Ohne den Krieg aber würden nur allzuleicht minderwertige oder verkommene Rassen die gesunden, keimkräftigen Elemente überwuchern, und ein allgemeiner Niedergang müßte die Folge sein.«[18] Der Krieg ist also »nicht nur eine biologische Notwendigkeit, sondern auch eine sittliche Forderung und als solche ein unentbehrlicher Faktor der Kultur«.[19]

Diese Anhimmlung des Krieges war keineswegs – wie etwa bei Nietzsche – eitle philosophische Spekulation, diente vielmehr dem greifbaren, ganz pragmatischen Zweck, den deutschen Imperialismus ›ethisch‹ und ›wissenschaftlich‹ zu verklären. Zum selben Genre dieser Annexions- und-Lebensraum-Theorie gehören die ebenfalls vor dem Ersten Weltkrieg sehr populären Abhandlungen des Propaganda-Chefs des Alldeutschen Verbandes, des Professors Ernst Hasse, der unter der Devise »Ellbogenfreiheit,

Ausdehnung, Land!« und mit extrem plumpen Argumenten schamlos die Errichtung eines deutschen Imperiums in Europa auf Kosten der anderen Nationen verlangte: »Denn wenn das deutsche Volk die Mutter der Angelsachsen und gleichzeitig die Mutter und die Großmutter der Yankees ist, die im 20. Jahrhundert ganz gewiß die hauptsächlichsten Träger des Imperialismus sein werden, dann müssen auch im deutschen Volke selbst die entsprechenden Ausdehnungskräfte und die erforderliche Ausdehnungslust vorhanden sein . . . Nein, wir können, dürfen und müssen den für uns geeignetsten Teil der Welt als ausschließliches Einflußgebiet für uns in Anspruch nehmen. Und dieser Teil der Welt ist Mitteleuropa und Vorderasien, wobei es aber gar nicht ausgeschlossen zu sein braucht, daß wir unsere anderen Erwerbungen in der Welt festhalten und vermehren.«[20] Diese oder ähnliche kriegsverherrlichenden und kriegsbejahenden Gedanken waren im Kern weder neu noch ausschließlich deutsch; aber neu und für die Gesinnung des damaligen Deutschland spezifisch ist die unglaubliche Dreistigkeit des Tones und die zugleich anmaßende und naive Annahme, solch hemmungslose Forderungen hätten wirklich etwas mit einer überlegenen Moral zu tun.

Auch der Antisemitismus war in Deutschland alles andere als neu, und man braucht in diesem Zusammenhang sich nur daran zu erinnern, daß schon der Stifter des deutschen Protestantismus die Juden mit blindwütigem Haß beschimpft hatte. Diese vor allem religiös bedingte, antisemitische Tradition war eine gesamteuropäische Erscheinung, aber während sie in anderen Ländern durch den Einfluß der Aufklärung und des Liberalismus an Bedeutung verlor, wurde sie in Deutschland vom 19. Jahrhundert an zu einer der zentralen Komponenten der ›nationalen Erneuerung‹, wobei jetzt die herkömmliche Judenhetze in Verbindung mit sozialen, politischen und ethischen Motivationen auftrat. Wie so oft in diesem Lande beeilte sich der akademische Betrieb, den sich rasch quer durch alle Volksschichten vermehrenden Antisemitismus theoretisch zu vertiefen, und was eigentlich ein deutsches Problem war (die Unfähigkeit zur Toleranz und zur Liberalität), wurde in eine »Judenfrage« umfunktioniert. Eugen Dühring, ein konfuser Kopf, der eine Zeitlang ein beträchtliches Ansehen innerhalb der Sozialdemokratie genoß (bis En-

gels in seinem *Anti-Dühring* ihn massiv abqualifizierte), ent-
puppte sich als einer der schamlosesten Vertreter des neuen
Antisemitismus und nahm im wesentlichen die Judenverfolgung der Nazis vorweg. In seinem Buch *Die deutsche Frage
als Rasse, Sitten und Kulturfrage* beschrieb er die Juden als
Träger eines zersetzenden Elements, das zu einer allmäh-
lichen Degenerierung der Wirtsvölker führt. Und in der
Judenfrage als Frage der Rassenschädlichkeit bezeichnete er
das Judentum als etwas »Unverbesserliches« und empfahl
als Therapie ihre »Einschränkung, Einpferchung und Ab-
schließung«.[21]

Auch der Orientalist und politische Publizist Paul Anton
de Lagarde war einer der führenden Intellektuellen, der
sein Wissen in den Dienst des Antisemitismus stellte. Anhänger der Blut-und-Boden-Theorie und Verfechter einer
auf der Grundlage einer germanisierten Staatsreligion ju-
denfreien Volksgemeinschaft, wurde er von den Nationalsozialisten – mit Recht – als einer ihrer großen Vorläufer
verehrt. Er sah die Juden als eine von Natur aus verdorbe-
ne und mit den Interessen der deutschen Nation unverein-
bare Rasse, die die Weltherrschaft anstrebe und unfähig
sei, sich aufrichtig und selbstlos in einer fremden Gemeinschaft zu integrieren. Als vorbeugende Maßnahme gegen
ihren Einfluß auf die germanischen Länder empfahl er die
»Verpflanzung« von zwei Millionen mitteleuropäischen Juden nach Palästina. In seinen von den Nazis hoch ge-
schätzten *Deutschen Schriften* schrieb er: »Juden dürfen am
Staatsleben nicht teilnehmen, wann und weil sie unfähig
dazu sind ... Die Juden bloß durch Zulassung zu unserm
weltlichen Leben zu entjudaisieren, ist untunlich, weil dies
sie nur abschleifen, aber ihr fremdartiges Naturell erhalten,
sie also nur zu Trägern der Verwesung machen würde: ein
fremder Körper im Leibe erzeugt Eiterung.«[22] Auf Grund
ihrer Internationalität waren die Juden »Feinde jeder europ-
päischen Nation ... Sie stehen mit den Jesuiten und den
Sozialdemokraten auf einer Stufe: sie sind vaterlandslos.«[23]
Für die Deutschen waren die Juden »nichts anderes ... als
eine uns widerwärtige, für die Geschichte unnütze Last,
mit deren Weiterschleppen wir besser zu verwendende
Kraft vergeuden«.[24]

Die von Lagarde angestrebte Germanisierung des Christentums deckte sich mit der politischen Agitation des kö-

niglichen Hof- und Dompredigers und Leiters der Berliner Inneren Mission, Adolf Stoeckers. Mit dem Vorsatz, die Arbeiter durch antisemitische Propaganda aus den Reihen der Sozialdemokratie zu entfernen, gründete er 1878 in Berlin die Christlich-soziale Arbeiterpartei. 1881 strich er das Wort »Arbeiter« aus dem Namen der Partei und wandte sich dem kleinen Mittelstand zu, wo er mehr Zugang für seine antisemitische Demagogie als bei den Arbeitern fand. Er beeinflußte auch die Konservative Partei, die er im Reichstag vertrat.

Mit seinen mythologischen Helden und seiner von überladenem Pathos durchdrungenen Musik versuchte der Antisemit und abtrünnige Revolutionär Richard Wagner das plebejische, klerikale und akademische Germanentum zu ergänzen und auf eine höhere künstlerische Stufe zu stellen. Der ästhetisch-poetische Hintergrund, den er geschaffen hatte, verlieh tatsächlich der Rassensublimierung eine erhabenere Dimension, die vor allem das Bildungs- und Besitzbürgertum ansprach. Da Wagner genausogern schrieb wie komponierte, betätigte er sich nebenbei als Autor antisemitischer Abhandlungen, in der Art »Was ist deutsch?«, wo er die Juden im Hinblick auf das deutsche Wesen als das »allerfremdartigste Element«[25] bezeichnete.

Kurioserweise erhielt der deutsche Rassismus starke Impulse durch zwei Ausländer: den Franzosen Gobineau und den Engländer Houston Stewart Chamberlain. In seinem zwischen 1853 und 1855 erschienenen Werk *Essai sur l'inegalité des races humaines* (Über die Ungleichheit der menschlichen Rassen) vertrat der französische Graf die These, daß die arische Rasse allen anderen überlegen sei, und davon besonders der germanische Stamm. Gobineau übte einen tiefen Einfluß auf Wagner aus, befreundete sich auch später mit ihm. In seinem in deutscher Sprache erschienenen Werk *Die Grundlagen des Neunzehnten Jahrhunderts* entwickelte Chamberlain die rassistischen Theorien Gobineaus weiter, aber auf eine entschiedenere, militantere Art. Seine Theorie gipfelte in der Behauptung, daß die Größe einer Nation in direktem Verhältnis zum Anteil an germanischem Blut ihrer Bevölkerung stehe. Sein Buch hatte großen Erfolg und wurde mehrere Male verlegt. Unter seinen Lesern und Bewunderern befand sich auch Wilhelm II. Hitler war von seinen Theorien nicht weniger beeindruckt.

Bismarck war kein Antisemit, und solange er das Heft in der Hand hielt, hatten diese und andere rassistischen und imperialistischen Vorstellungen keine unmittelbaren Auswirkungen auf die Regierungspolitik, aber nach seinem Ausscheiden 1890 drangen sie immer mehr in die Sphäre der Macht ein.

Die rasche, spektakuläre Entwicklung des Landes schien in der Tat die Überlegenheit der Herrenrasse zu bestätigen. Deutschland erlebte gerade nach dem preußisch-französischen Krieg einen kolossalen Aufschwung, alles stieg ins Unermeßliche: die Bevölkerung, die Produktion, die Wissenschaft, die Technik, das militärische Potential, sogar die Arbeiterbewegung. In dem Maße allerdings, in dem sich die physische Stärke der Nation vergrößerte, nahm ihre politische Vernunft ab. Nicht das Gebot der Verantwortung und der Selbstbesinnung führte bei den Deutschen zu mehr Macht, sondern Übermut, Maßlosigkeit und die Neigung, ihre Macht zu mißbrauchen, um noch mehr Macht zu erreichen.

Es wäre ein Irrtum anzunehmen, daß dieser Machtrausch nur die führenden reaktionär-konservativen Kreise der Nation ergriff. Auch und gerade das Kleinbürgertum, der Mittelstand, die Bauernschaft und weitere Teile des städtischen- und Lumpenproletariats ließen sich von den großtuerischen Parolen über die Macht und Herrlichkeit Deutschlands dupieren und mitreißen. Ja, just diese Schichten erwiesen sich als ein besonders fruchtbarer Boden für die wild um sich greifende nationale Selbstbeweihräucherung, identifizierten sich blindlings mit der narzißtischen und größenwahnsinnigen Vorstellung, sie seien Angehörige einer Herrenrasse. Und diese Reaktion war im Grunde nicht überraschend, sie entsprach dem unbewußten Drang, die Bedeutungslosigkeit des eigenen konkreten Daseins durch abstrakte, infantile Illusionen von der Bedeutung der Volksgemeinschaft zu verdrängen. Der Stolz auf die Hochwertigkeit ihres germanischen Blutes tröstete sie über die Minderwertigkeit ihrer tatsächlichen Existenz hinweg. Gladstone hatte gesagt, daß durch Bismarck Deutschland groß, aber die Deutschen klein geworden waren. Und tatsächlich verhielt es sich so, daß die Macht und Herrlichkeit der späteren Nation eng verbunden war mit der Unterdrückung des einzelnen. Die deutschen Mittel- und Volksschichten hatten damals nichts zu sagen, waren eine Masse von unterdrückten und geschundenen Untertanen, und gerade weil sie nicht den Mut aufbrachten, ihren Ausbeutern und Unterdrückern die Stirn zu bieten, gerade deshalb klammerten sie sich an die selbstbetrügerische Vorstellung, sie hätten teil an der nationalen Größe. Ihr glühender, unkritischer Patriotismus war nur ein indirekter Ausdruck ihres tiefverwurzelten Triebs zum Gehorsam; ihre unbedingte, untertänige Identifikation mit den imperialistischen und kriegerischen Zielen der herrschenden Klasse war eine Sublimierung ihrer eigenen Machtlosigkeit, eine Ersatzbefriedigung für die Fußtritte, die sie in ihrer eigenen, über alles geliebten Heimat bekamen. Wie treffend durchschaute Heinrich Mann diese Sachlage: »Je gedrückter die Nation bei sich zu Hause ist, um so gewisser muß ihr Beruf in der Welt ohne Grenzen sein.«[26]

Das neuentstandene Sendungsbewußtsein bestand keineswegs nur aus maßloser Euphorie und übertriebenem Selbstvertrauen in die Stärke der deutschen Nation; hinter dieser vordergründigen Stimmung steckten uneingestandene Ressentiments und ein tief verborgener Minderwertigkeitskomplex, ein Zug, den der Engländer Payne Best schon vor dem Ersten Weltkrieg als den »hervorstechendsten deutschen Charakterzug«[27] bezeichnete. Nach der Niederlage von 1918 überwog der Revanchismus, und nichts ist treffender als die damalige Bemerkung des spanischen Philosophen Unamunos, daß Deutschland das Land der Ressentiments schlechthin verkörpere. Die Nazis und all die Deutschen, die sich mit ihnen identifizierten, wollten nicht nur die Welt beherrschen, sie wollten sich vor allem für das Fiasko des Ersten Weltkriegs rächen. Wie kann man sonst die inbrünstige Raserei verstehen, mit der die Deutschen gegen die elementarsten Gebote des Selbsterhaltungstriebs und der Logik Hitler folgten und sich mit offenen Augen ins Verderben stürzten? Das war nur möglich, weil der Haß und die Zerstörungswut sie unempfänglich für jede nüchterne Reflexion gemacht hatten. Auch der satanische Versuch, die Juden auszurotten, war eine Folge dieses haßerfüllten Amoklaufens.

Jedenfalls entschied sich Deutschland, das gerade auf dem Höhepunkt seiner Entwicklung stand, für das unrühmliche Prinzip der bewaffneten Aggression und setzte bewußt alles daran, die auf der Grundlage des Liberalismus und der friedlichen Koexistenz mühsam aufgebaute kontinentale *balance of power* zu zerstören. Es war ein Rückfall in die Barbarei, der Zugriff auf einen primitiven, atavistischen, regressiven, gegen alle Grundsätze der abendländischen Zivilisation gerichteten Nationalismus. Wohlbemerkt: Nationalismus war keine deutsche Erfindung, hier erwies sich Deutschland als Epigone, nicht als Erfinder. Die anderen europäischen Nationen jedoch, die viel früher als Deutschland auf die Karte der nationalen Größe gesetzt hatten, lösten sich nie ganz von dem alten Gebot der Völkerzusammengehörigkeit, während die Deutschen jede übernationale Bindung plötzlich über Bord warfen und sich berechtigt fühlten, kein anderes Gesetz als das Gesetz der Gewalt anzuerkennen, als wäre Europa nicht mehr ein Kontinent von alten, mit einander eng verflochtenen Kulturvölkern, sondern ein riesiger, offener Dschungel.

Nach Bismarck hatten die Deutschen die Chance, sich friedlich neben den anderen Nationen behaupten zu können, hätten dabei sogar sehr gut abgeschnitten; aber nein, sie wollten glänzen, normale Erfolge genügten ihnen nicht, das doppelte Syndrom ihrer Ressentiments und ihres Größenwahnsinns trieben sie dazu, sich mit Gewalt als das Herrenvolk par excellence durchzusetzen. Sicherlich konnte nur ein Volk, das jahrhundertelang in weitgehender Abkapselung gelebt hatte, sich einbilden, über Nacht der Nabel der Welt geworden zu sein, nur ein solches Volk konnte den provinziellen Ehrgeiz entwickeln, andere, ältere, aber viel solidere Nationalstaaten, als es selbst war, in die Knie zu zwingen. Schon Edgard Quinet machte auf den dialektischen Zusammenhang aufmerksam, der zwischen der Isolierung der Deutschen und ihrer Neigung zur Selbstüberschätzung bestand: »Das Fehlen jedes politischen Ereignisses erlaubt es jedem jenseits des Rheins, sich zu betrachten, ohne sich jemals dem geringsten Vergleich mit der Außenwelt aussetzen zu müssen. Derart isoliert, wird die Eitelkeit, wenn sie sich entzündet, zu einer tiefen, gewissenhaften, religiösen Leidenschaft, zu einem Kult der eigenen Person, der den Charakter des Fanatismus in sich trägt.« *(Allemagne et Italie)*[28]

Die Frage ist unausweichlich: War der Nationalsozialismus als Kulmination der deutschen Selbstvergötzung und

Weltfremdheit letztlich nicht das Resultat der Borniertheit eines Volkes, das auf Grund seiner geschichtlichen und gesellschaftlichen Isolation unfähig geworden war, in weltgeschichtlichen Dimension zu denken? War Hitler anders als ein billiger, ungebildeter Provinzagitator?

Man muß sich aber auch fragen, wieso ein Volk, das auf die Kultur so großen Wert legte, das so Einzigartiges in diesem Bereich geleistet hatte, sich so bedingungslos von dem irrationalen Sirenengesang des Nationalsozialismus verführen ließ? Ich habe mir oft diese Frage gestellt, und obwohl sie sehr komplex ist, bin ich zu folgender Schlußfolgerung gelangt: Gerade weil das neuere Deutschland in der Sternstunde des bürgerlichen Zeitalters keine normative schöpferische Rolle spielen konnte, entstand hier das Bedürfnis, sich eine besondere Vorstellung von der nationalen Selbstverwirklichung zurechtzulegen, um sich damit gegenüber den anderen großen europäischen Nationen zu profilieren, etwa nach dem Motto: Wir sind eine verspätete Nation, das bürgerlich-liberale Europa wurde von anderen Völkern gemacht, ohne unsere Teilnahme; wir wollen aber etwas eigenes leisten, etwas unmißverständlich Deutsches, und da genügen uns die Modelle nicht, die anderswo entwickelt wurden. Das paßte auch ziemlich genau zu dem Hegelschen Begriff der Historie und der damit verbundenen Auffassung, daß jedes weltgeschichtliche Volk ein bestimmtes, immer höheres Stadium des Weltgeistes verkörpere, wobei wir uns freilich hüten werden, die Hegelsche Spekulation über den Weltgeist und die Weltgeschichte mit der Entwicklung des rabiaten deutschen Nationalismus der Wilhelminischen Ära auf eine Ebene zu stellen, sie überhaupt mit den Verbrechen des Dritten Reiches zu vergleichen.

Es war ein törichter, unbegreiflicher Entschluß, denn damit entfernten sich die Deutschen nicht nur von den anderen Völkern Europas, sondern auch von ihren eigenen humanistischen Traditionen, die eng mit dem gesamteuropäischen Wertesystem verbunden waren und einen bedeutenden Teil desselben bildeten. Die humanistische Tradition Deutschlands verschwand auch nicht im 19. Jahrhundert, wurde aber zunehmend von den irrationalen Strömungen des Nationalismus, des Imperialismus und des Rassismus verdrängt. Ja, auch während dieser Phase der nationalen Dämonie gab es in Deutschland eine große Kultur, aber sie erwies sich in allen entscheidenden Momenten als unfähig, den barbarischen Kräften Einhalt zu gebieten, scheiterte immer wieder an dem Größenwahn und der Borniertheit der Nationalisten, mußte vor der rohen Gewalt, vor der blind gewordenen und wild um sich schlagenden *furia tedesca* kapitulieren.

Und ähnlich verhielt es sich mit der Sozialdemokratie, die ja auch ein Teil, ein wichtiger Teil des humanistischen Erbes Deutschlands war. Denn trotz ihrer imposanten Wahlerfolge, ihrer bewundernswerten Massenorganisationen und ihrer wiederholten antimilitaristischen Bekenntnisse schaffte sie es nicht, konsequent und energisch genug gegen die Feinde der Demokratie und des Friedens Widerstand zu leisten. Ja, sie ließ sich nach und nach bewußt oder unbewußt von den imperialistischen Bestrebungen der herrschenden Klasse vergiften, zumindest lähmen. Das erklärt, daß ihre Proteste gegen die abenteuerliche Politik Wilhelms II. zunehmend zweideutiger und nachgiebiger wurden. Wie Faust hatten die Sozialdemokraten zwei Seelen in ihrer Brust: Die eine war internationalistisch gesinnt, die andere aber nicht unzugänglich für nationale und nationalistische Parolen, und im entscheidenden Moment – 1914 – stellte sich heraus, daß die zweite tiefer lag, daß die angeblichen »vaterlandslosen Gesellen« doch am Vaterland genauso hingen wie die anderen Schichten.

Es ist kein Zufall, daß die anderen sozialistischen Parteien Europas den Krieg durch einen Generalstreik verhindern wollten und die SPD sich beharrlich weigerte, diesem Beschluß zuzustimmen. August Bebel glaubte sich sogar verpflichtet, die herrschenden Klassen beruhigen zu müssen, entsprechend versicherte er in einer Rede vor dem Reichstag am 11. November 1911: ». . . und dieser Weg bedeutet, meine Herren, daß die Partei an einen Massenstreik im Kriegsfall nicht denkt, nichts damit zu tun hat . . .«[29] Es war im Grunde ein Blankoscheck für die Nationalisten, Imperialisten und Militaristen, die nur darauf warteten, den ersehnten Krieg zu entfesseln.

Summa summarum: Die spätere, von preußischen Bajonetten geschaffene Nation geriet zunehmend unter das Diktat der reaktionären Kräfte, während das humanistische, aufklärerische Lager sich auf dem Rückzug befand und zu schwach war, sich der kommenden Katastrophe entgegenzustellen. Der Krieg von 1914 war kein Zufall, genausowenig der Aufstieg des Nationalsozialismus und der neue Krieg von 1939. Diese und andere unheilvollen Ereignisse waren im Grunde die folgerichtige Konsequenz einer Entwicklung, die schon im Laufe des 19. Jahrhunderts ihren Anlauf genommen hatte, insbesondere nach der gescheiterten Revolution von 1848 und noch einmal nach dem Ausscheiden Bismarcks als Kanzler. Das damals entstandene Deutschland war gewiß eine hochmoderne und leistungsfähige Nation, aber politisch, historisch und ethisch gesehen, war sie unfertig, ziemlich primitiv und rückständig. Und das Erstaunliche und für Außenstehende schlechthin Unverständliche dabei war, daß diese rückständige Komponente in Verbindung mit einem hohen Maß an technisch-wirtschaftlicher Leistung und kultureller Bildung auftrat. Aber ist dies eben nicht die spezifische Form von teutonischem Barbarentum, diese paradoxale Konvergenz von technisch-wissenschaftlicher Begabung und moralischer Rücksichtslosigkeit, von Kultur und Gewaltfetischismus? Das Schöpferische im Dienste des Bösen – das war schon in der Gründerzeit das ausschlaggebende Merkmal der deutschen Nation, das Kainsmal sollte man eigentlich sagen, in Anbetracht dessen, was danach kam.

DIE PREKÄRE DEMOKRATIE

Gegen Demokraten helfen nur
Soldaten.
Altes preußisches Sprichwort

Deutschland ist nicht nur eine verspätete Nation; es ist auch ein Land, in dem die Demokratie immer schwach, immer bedrängt und in der Defensive war. Demokratische Institutionen wurden hier grundsätzlich als Folge verlorener Kriege eingeführt, auf Drängen von außen, nicht aus eigener Kraft, was auch und insbesondere für die Zeit nach dem Zweiten Weltkrieg gilt.

Das prekäre und gefährdete Dasein, das die Demokratie in Deutschland in der Regel geführt hat, beruht unter anderem darauf, daß ihr eigentlicher und genuinster Träger – die Bourgeoisie – es nicht schaffte, sich gegenüber der Krone, dem Adel, dem Militär und dem Klerus als selbstbewußte und führende Klasse zu behaupten. Statt gegen die restaurativen, den Demokratisierungsprozeß hemmenden Stände energisch zu kämpfen, schloß sie mit ihnen lieber faule Kompromisse, ja, stellte sich in ihren Dienst, auch dann und gerade dann, als sie wirtschaftlich schon längst eine selbständige und mächtige Klasse geworden war.

Als Claude Saint-Simon seine »industrielle Gesellschaft« konzipierte, sprach er sich nicht nur für die wirtschaftliche Führung der Industriellen aus, sondern auch für ihre politische Führung. Die deutsche Bourgeoisie begnügte sich mit der ökonomischen Verantwortung, überließ das politische Kommando dem Militär und dem Junkertum, eine Haltung, die für die Geschichte der Nation und der Welt fatale Folgen haben sollte.

Natürlich versuchte auch das deutsche Bürgertum, sich durchzusetzen, aber es war wenig ruhmreich, was es in dieser Hinsicht vollbrachte. Im Grunde gab es nur einen etwas ernst zu nehmenden Versuch, die Macht an sich zu reißen, und das war die Revolution von 1848. Nach ihrem kläglichen Scheitern warf sich das Bürgertum reu- und kleinmütig in die Arme der Krone, der Staatsgewalt und der Armee. Nicht weil es schwach war, mißlang es dem Bürgertum, seine eigenen Werte durchzusetzen, sondern vor allem, weil es selbst nicht an die demokratischen Prinzipien glaubte, weil es mehr dazu neigte, sich der Autorität zu beugen als nach Freiheit zu streben.

Es gab freilich ein liberales Bürgertum, und die Idee eines zugleich einheitlichen und demokratischen Deutschland war von ihm ausgegangen. Nur war diese liberale Gesinnung wohl nicht sehr solide, sondern eher oberflächlich; dies wurde spätestens klar, als nach und nach diese Bürger ohne nennenswerten Widerstand die Hegemonie der Junker akzeptierten und den Kriegen Bismarcks zustimmten, so daß am Ende von ihrem Liberalismus nur die Fassade blieb. Aus diesem Scheinliberalismus entstand auch der Scheinkonstitutionalismus, der sich im Land, vor allem in Preußen, durchsetzte; sein vom Junkertum aufgezwungenes Dreiklassenwahlrecht war ein Hohn auf die Grundsätze der Demokratie.

Die liberale Presse war genauso servil und feige wie die liberalen Politiker, paßte sich immer wieder den Machtverhältnissen an, ging jedem Konflikt mit der Regierung aus dem Weg und brachte es nie fertig, die offene Konfrontation mit der Reaktion zu riskieren. Mit unverhülltem Sarkasmus schrieb Lassalle 1864 dazu: »So kam es denn, daß trotz des besten Willens ... Herr v. Bismarck auch nicht ein einziges liberales Blatt hat unterdrücken können! So kam es, daß unsere liberalen Zeitungen ... noch alle glücklich am Leben sind!«[1]

Es existierte wohl eine Minderheit von entschlossenen Demokraten und Republikanern, aber seit dem Scheitern der März-Revolution befanden sie sich im Exil. Von denjenigen, die in Deutschland geblieben waren, war Lassalle praktisch der einzige, der genug Format hatte, um einen offenen Kampf gegen die Scheindemokratie des Bismarckschen Regiments zu wagen; aber sein Versuch, die Fortschrittspartei zu einer Aktion gegen die Vormundschaft des Bismarckstaates zu bewegen, wurde mit Entrüstung als die Provokation eines Agitators zurückgewiesen. Lassalle, der den Liberalismus der Fortschrittler auf das tiefste verachtete, versuchte dann, das allgemeine und gleiche Wahlrecht durch eine Mobilisierung der Arbeiter zu erreichen, aber außer ein paar guten Reden und der Gründung des Allgemeinen Deutschen Arbeitervereins kam nichts zustande. Sein frühzeitiger Tod setzte seinem ehrgeizigen Vorsatz ein jähes Ende. Und nach ihm gab es niemanden mehr, der ebensoviel Mut, soviel Energie und soviel organisatorisches Talent bewiesen hätte. Alles, was danach entstand, sowohl in der eigenen Partei (den Lassallianern) wie innerhalb der Sozialdemokratie war vom ersten Moment an mit dubiosen Kompromissen und Widersprüchen behaftet. Marx und Engels waren weit weg, ihr Einfluß auf die tägliche Politik der Partei hielt sich in Grenzen und war viel geringer, als man heute annimmt.

Das deutsche Bürgertum hatte panische Angst vor den Arbeitern, und sobald das Gespenst der Arbeiteragitation am Horizont auftauchte, warf es den Rest seiner liberalen Überzeugungen über Bord und beugte sich bedingungslos dem Diktat Bismarcks und seiner Junker. Die geistigen Schichten der Nation schlossen sich weitgehend dieser Entwicklung an und wendeten sich ebenso von den demokratischen Werten ab, sei es durch ein offenes, militantes Bekenntnis zur Reaktion oder durch die Flucht in den Elfenbeinturm der reinen Kunst oder der schöngeistigen Literatur. Während in anderen Ländern die kulturelle Elite geradezu die Vorhut der Demokratie und des Fortschritts bildete, verwandelte sie sich hier in eine der wichtigsten Säulen des restaurativen Staates. Demokratisch gesinnte und engagierte Intellektuelle wurden abgelehnt, politische Gesinnungslosigkeit und staatsbürgerlicher Absentismus wurden zur Mode, ja zum Zeichen geistiger Genialität, eine Einstellung, die Ernst Jünger in seinem Buch *Der Arbeiter* mit schamlosem Zynismus so zum Ausdruck brachte: »Auf über ein Jahrhundert deutsche Geschichte zurückblickend, dürfen wir mit Stolz gestehen, daß wir schlechte Bürger gewesen sind.«[2]

Schon die deutschen Romantiker schlugen Wege ein, die denen ihrer ausländischen Zeitgenossen entgegengesetzt waren. Anstatt das Neue zu bejahen, auf die Zukunft ihre Augen zu richten, blickten sie zurück ins Mittelalter, huldigten dem Feudalismus und verleugneten das Reich der Vernunft und der Freiheit. Vergebens wird man unter der deutschen romantischen Gilde einen Shelly, einen Byron, einen Hugo oder gar einen Lamartine, einen Manzoni oder einen Espronceda suchen. Im ganzen zeigten sie sich als Nostalgiker der Restauration, der Reaktion und der Gegenrevolution, betätigten sie sich als Diener Metternichs und der Heiligen Allianz. »Als abstrakte oder parasitäre

Negation der aufklärerischen Tradition gehört die Frühromantik zu den wichtigsten Grundlagen des politisch philosophischen Irrationalismus in Deutschland.« (Manfred Clemenz *Gesellschaftliche Ursprünge des Faschismus*)[3] Während anderswo die Romantiker revolutionär oder zumindest fortschrittlich eingestellt waren, gab es in Deutschland nur einen konservativen Romantizismus. Erst Heinrich Heine brach mit dieser Tradition, aber er mußte bezeichnenderweise ins Exil gehen, wie Ludwig Börne, Freiligrath, Arnold Rüge, Marx, Engels, Moses Hess und andere Dichter und Intellektuelle, die sich zur Demokratie und zu sozialem Fortschritt bekannten. Einer der großen literarischen Gestalten dieser Zeit – Georg Büchner – wurde wegen seiner revolutionären Tätigkeit steckbrieflich gesucht und starb noch sehr jung in der Emigration. Die Gruppe Junges Deutschland, die mit der Aufklärung sympathisierte, innere Reformen verlangte und sich zur Demokratie bekannte, wurde bald zur Zielscheibe aller möglichen Angriffe. Der Denunziant und Antisemit Wolfgang Menzel beschimpfte die Gruppe als »Jung-Palästina«, am 10. Dezember 1835 bezeichnete der Bundestag ihre Mitglieder als »undeutsch«. 1837 wurden sieben Professoren der Göttinger Universität unter der Beschuldigung entlassen, gegen einen Verfassungsübergriff ihres Königs in Hannover protestiert zu haben. Der Rheinländer Görres mußte in Bayern Zuflucht suchen wegen seiner Kritik am preußischen Staat. Sogar der Kölner Erzbischof Droste kam hinter Gitter, weil er sich dem Diktat der preußischen Behörde nicht beugen wollte.

Karl Ludwig von Haller und der konvertierte Jude Ludwig Stahl übernahmen die Aufgabe, mit ihrer restaurativ-autoritären Staatsauffassung den neuen Absolutismus theoretisch zu verklären. Beide bejahten den organischen, hierarchisch gegliederten Staat des Mittelalters, verwarfen den Konstitutionalismus als eine artifizielle Konstruktion und prangerten die Demokratie als ein mit der Würde der Krone unvereinbares System an. Stahl definierte die Revolution als »Sünde« und vertrat die Ansicht, daß die einzig zulässige Haltung der Untertanen gegenüber dem Staat der unbedingte Gehorsam sei, unabhängig davon, welche Werte der Staat verkörperte. Der Staat wurde – wie bei Hegel – als

160 ein absoluter Wert an sich hochstilisiert, den jeder als eine

›göttliche‹ Institution achten mußte. Auch Ranke, obwohl kein Reaktionär, sprach sich gegen den Parlamentarismus und die Lehre der Volkssouveränität aus, also gegen die Grundpfeiler der Demokratie.

Während die großen Vertreter des europäischen Geistes sich zur Aufklärung und Demokratie bekannten, dabei noch tiefer in die sozialen Fragen eindrangen, beschloß ein immer größer werdender Teil der deutschen Intelligenz, dem humanistischen Erbe den Rücken zu kehren und es verächtlich als ein flaches, dem deutschen Volke unangemessenes und unwürdiges Ideal abzutun. Während der Bismarcksche und nachbismarcksche Staat sich festigte, setzte sich dort die Überzeugung durch, daß dieses Volk besondere, einzigartige Werte verkörpere, Werte, die sich durch ihre Tiefe, ihre Reinheit und hohe Idealität von dem europäischen Nationalismus unterschieden. Demokratie und Liberalismus wurden mit der Begründung abgelehnt, sie entsprächen dem angeblich ›mechanischen‹ englisch-französischen Rationalismus und seien deshalb mit dem deutschen Geist unvereinbar. Man sprach in diesem Zusammenhang von dem »flachen« »nur verstandsmäßigen« Rationalismus, während nur die germanische Seele den »genialen«, wahrhaft »schöpferischen« Geist hervorbringen könne. Intellekt allein genügte nicht; das war ungermanisch, ein vulgäres, jedem durchschnittlichen Volk zugängliches Attribut. Das wichtigste, das allein entscheidende war der Geist, und der war vor allem deutsch. Aus dieser teils lächerlichen, teils anmaßenden Auffassung entstand dann der künstliche Dualismus von Kultur und Zivilisation: Das eine stand höher, das andere niedriger, und hierzu gehörte die Politik.

Politik galt überhaupt bei den gebildeten, vornehmen Schichten der Nation als etwas Undeutsches, eine Ansicht, die zunehmend zu einem sakrosankten Grundsatz edler Gesinnung wurde. Diese Verachtung für die *res publica* hatte verheerende Folgen und verhinderte die Entfaltung jener *vertu politique*, die Montesquieu als die wichtigste Voraussetzung für den Bestand eines modernen Gemeinwesens hielt. Und Carlo Schmid meinte dazu: »Der Umstand, daß wir in Deutschland so lange geglaubt haben, Bildung und Politik voneinander getrennt halten zu können, hat es mit sich gebracht, daß wir bei einer hochentwickelten individuellen Moral so wenig Moralität öffentlichen Verhaltens, das heißt des Verhaltens in Staatsdingen, haben. Anders ist es nicht zu erklären, daß so vielen Menschen der Nationalsozialismus mit all seinen Schrecken so lange erträglich erschien, als er sich nicht an ihnen selbst vergriff.« *(Politik und Geist)*[4]

Als Oswald Spengler den Geist des englischen Liberalismus mit dem deutschen Geist verglich, meinte er, ». . . wir können nicht Engländer, nur Karikaturen von Engländern sein«. *(Politische Schriften)*[5] Und krasser und konkreter: »Parlamentarismus in Deutschland ist Unsinn oder Verrat . . .«[6] Und weiter: »Wir sind durch unsere ganze Vergangenheit, durch unsere Rasse und unsere Lage ein monarchistisches Volk, das heißt, auf eine Regierung angewiesen, die wir mit Vertrauen und Vollmacht schalten lassen, möge der Regent nun Kaiser oder Kanzler heißen, so wie die Engländer geborene Republikaner sind seit der Diktatur ihres Normannenadels, mögen sie den Bau ihrer Gesellschaft mit einer königlichen Spitze verzieren oder nicht.«[7] Selbst Thomas Mann, später ein vorbehaltlos engagierter Demokrat, schrieb 1918: »Ich bekenne mich tief überzeugt, daß das deutsche Volk die politische Demokratie niemals wird lieben können, aus dem einfachen Grund, weil es die Politik selbst nicht lieben kann, und daß der viel verschriene ›Obrigkeitsstaat‹ die dem deutschen Volke angemessene, zukömmliche und von ihm im Grunde gewollte Staatsform ist und bleibt . . . Nie wird der rational-mechanische Staat des Westens Heimatrecht bei uns erlangen.« *(Betrachtungen eines Unpolitischen)*[8]

Nicht der selbstbewußte, wachsame, kritische Individualismus des mündigen Bürgers wurde als die höchste Tugend bewertet, sondern das bedingungslose Sich-Einreihen in die Volksgemeinschaft. Die ausschlaggebende Instanz im politischen Leben mußte der Staat sein, die Obrigkeit mit ihrem Beamtentum, nicht das souveräne Volk. Kritik am Staat galt daher als ein Zeichen schlechter Gesinnung, als undeutsch und unpatriotisch. Gefragt war Treue zum Ganzen, einerlei wie dieses Ganze aussah und was es vom einzelnen verlangte. Was in anderen, freieren Ländern als eine Schande galt, als ein Beleg für Charakterlosigkeit und Kriecherei – nämlich der Untertanengeist –, entwickelte sich in Deutschland als Inbegriff edelster Gesinnung.

Die demokratische Tradition lebte in Deutschland weiter, wurde aber zunehmend von den irrationalen, demokratiefeindlichen Strömungen der Lebensphilosophie und des Geniekults zurückgedrängt. Viele der einflußreichsten und angesehensten Denker und Schriftsteller waren antidemokratisch gesinnt und verachteten die Massen: Schopenhauer, sein Schüler Nietzsche, Ludwig Klages, Oswald Spengler, Werner Sombart, um nur einige zu nennen. Sie lieferten dem deutschen Groß- und Kleinbürgertum das ideologische Rüstzeug für den autoritären Staat, den sie wollten und aufbauten. Im Laufe dieser Entwicklung entstand die Legende von der Minderwertigkeit der humanistischen Kultur, der Mythos, daß Deutschland dafür nicht tauge und ein Sonderschicksal – ein höheres, versteht sich – zu erfüllen habe. So etwa Alfred Weber: »Der deutsche produktive Aufstieg muß wenigstens in seiner Eigenart als kulturelles Phänomen angedeutet und auf das Besondere seiner Untergründe hin gewertet werden, um begreiflich zu machen, daß er seinem Wesen nach etwas Andersartiges, beinahe Entgegengesetztes darstellt als die vorangegangenen kulturellen Höhewellen Spaniens, Frankreichs, Englands, die in der nationalen Kristallisation dieser Völker ihren Ursprung oder ihren Anlauf fanden. Er ist durch seine Besonderheit weltbedeutsamer als jene!«[9]

Die sogenannte Lebensphilosophie, die bis hinein in die Weimarer Republik das kulturelle Leben Deutschlands prägte und sehr dazu beitrug, das antidemokratische Denken innerhalb der geistigen Eliten salonfähig zu machen, schuf einen völlig willkürlichen Gegensatz zwischen Leben und Vernunft, mit dem mehr oder weniger deutlichen Ziel, diese zu diskreditieren und die vernunftfeindliche Herrschaft der führenden Schichten als Ausdruck einer genialen, überlegenen Gesinnung zu verherrlichen. Der Begriff ›Leben‹ wurde im Laufe der Zeit immer mehr eingeengt und schließlich mit dem Germanentum als biologisch-ethnischem Organismus identifiziert, also in eine rassistische Lehre verwandelt. Die Lebensphilosophie, die von Wilhelm Dilthey bis hin zu Max Scheler den Anspruch erhob, das ›wahre‹ Leben zu erfassen, endete dann, nach einer langen Irrfahrt durch alle möglichen irrationalistischen Abwege, im nihilistischen Abgrund des Heideggerschen »Sein zum Tode«.

Literaten und Intellektuelle, die gegen Demokratie, Liberalismus und Humanismus zu Felde zogen und irrationalen Hirngespinsten nachgingen, gab es in allen europäischen Ländern, aber Deutschland war das einzige Land, wo sie zu einer ideologischen Kraft wurden. Durch ihren zunehmenden Einfluß entstand eine Art geistige schwarze Front gegen Pazifismus, Kosmopolitismus und andere aufklärerische Werte, die als deutschfremd und dekadent eingestuft wurden, während man gleichzeitig die Gewalt und den Krieg verherrlichte, wie etwa Max Scheler in seinem Buch *Der Genius des Krieges und der deutsche Krieg*. Was sich also prätentiös-narzißtisch als hochgeistiger Geniekult gebärdete, als erhabene Bewegung einer neuen Spiritualität, war im Grunde nichts weiter als blanke, vulgäre Machtidolatrie. Zu dieser elitären Selbstverherrlichung gehörte freilich die verächtliche Haltung gegenüber den arbeitenden Massen, die sich, bitte schön, in den Dienst des ›Übermenschen‹, des ›Überindividuums‹ oder des ›faustischen Menschen‹ zu stellen hatten, freiwillig oder mit Hilfe nackter Gewalt.

Überall in den fortschrittlichen europäischen Ländern gab es Kritik an der bürgerlichen Welt, aber in einem positiven Sinn. Es war der Versuch, die Werte der Aufklärung und der Demokratie mit den neu entstandenen Werten des Sozialismus und der Arbeiterbewegung zu koppeln, also Freiheit mit sozialer Gerechtigkeit zu verbinden. Daher bildete sich in diesen Ländern eine natürliche Allianz zwischen den repräsentativen Vertretern der Intelligenz und des Proletariats. Diese Strömung faßte auch in Deutschland Fuß, war vertreten durch die republikanisch-sozialistisch gesinnte, intellektuelle Avantgarde (Feuerbach, Heinrich Heine, Büchner, Marx, Engels, Max Stirner, Lassalle, Rosa Luxemburg, etc.), konnte sich aber nie durchsetzen, wurde immer wieder von den antiaufklärerischen Kräften ins Abseits gedrängt, oft verfolgt oder gar mit Gewalt niedergeschlagen.

Diese Entwicklung führte zu einer pervertierten, extrem reaktionären Variante der sozialen Kritik, die unter der zweideutigen, vagen Bezeichnung »Kulturkritik« lief. Ihre Vertreter prangerten zwar die Widersprüche und Unzulänglichkeiten der bürgerlich-kapitalistischen Welt an – ihren Materialismus, die Herrschaft des Geldes –, aber nicht aus der Perspektive einer aufklärerisch-humanistischen Position, sondern aus einem überheblichen Subjektivismus, der sich gegen die Arbeiterklasse und fortschrittlichen Schichten richtete. Als Verkörperung des kleinbürgerlichen ›unglücklichen Bewußtseins‹ kritisierten sie vehement die bestehende Ordnung, jedoch nur formal und »kulturkritisch«, das heißt, ohne ihren machtpolitischen und strukturellen Inhalt konkret in Frage zu stellen. Statt der Problematik der bourgeoisen Demokratie durch eine Analyse ihrer gesellschaftlichen Zusammenhänge auf den Grund zu gehen und eine Aufhebung des bestehenden Klassenverhältnisses zu verlangen, suchten sie das Heil auf dem abstrakten und sterilen Weg der Verinnerlichung, womit sie sich automatisch für die Erhaltung der herrschenden Macht- und Gesellschaftsstrukturen aussprachen. Die ›freischwebende Intelligenz‹ war nicht in der Lage, sich zusammen mit dem Proletariat und den fortschrittlichen Kreisen des Mittelstandes und des Kleinbürgertums für ein antikapitalistisches, humanes und gerechtes System einzusetzen, sondern vielmehr sich vornehm abseits zu stellen und über den häßlichen Alltag des bürgerlichen, materialistischen Zeitalters zu jammern, eine Attitüde, die noch heute ein dominierender Zug des deutschen Feuilletonismus und des deutschen Kulturbetriebs ist.

Solche Kulturkritik lief auf eine Apologie des isolierten, monadenhaften Individuums hinaus, und damit auf eine Abkehr von dem engagierten *homme social*. Dies bedeutete von vornherein den Verzicht auf eine Überwindung der waltenden Ordnung. Eine solche Verneinung des gesellschaftlichen Menschen bedeutete wiederum die unausgesprochene Bejahung des Führerprinzips als einzigen Ausweg, um die bestehenden Widersprüche und Probleme der bürgerlich-kapitalistischen Ordnung in den Griff zu bekommen, also die Vorwegnahme des kommenden Faschismus. Bei der hochtrabenden Kulturkritik handelte es sich eigentlich nicht nur um eine rein parasitäre und perspektivlose Abart von Gesellschaftskritik, sondern um eine Rechtfertigung des sozialen Konformismus und Sich-Arrangierens mit dem Status quo. Diese stillschweigende Komplizenschaft zwischen verbaler Kritik und tatsächlicher Übereinstimmung mit den Machtinstanzen, die vor allem Schopenhauer und Nietzsche geprägt haben, findet ihren konsequentesten und raffiniertesten Niederschlag in der präfaschistischen Philosophie Heideggers, dem letzten großen Vertreter der antidemokratischen Geisteshaltung, die das deutsche Denken der neueren Zeit weitgehend auszeichnet.

Solche abstrakte, elitäre Kulturkritik war freilich kein ausschließlich deutsches Phänomen, es trat auch in anderen Ländern auf, und wir brauchen in diesem Zusammenhang nur auf Namen wie Vilfredo Pareto, Gustave Le Bon, Robert Michels, Henri Bergson, Georges Sorel oder Ortega y Gasset hinzuweisen. Aber während sie in den westlichen Ländern (mit Ausnahme Italiens) die tiefverwurzelte Tradition der Aufklärung und des Humanismus nie ernsthaft in Frage stellte, wurde sie in Deutschland zu einem herrschenden Element des geistig-politischen Lebens.

Wohl gab es hier vereinzelt auch eine liberal-demokratische Kulturkritik – so auf soziologischer Ebene wie bei Max Weber oder Karl Mannheim –, aber sie blieb die akademische Erscheinung einer Minorität und schaffte es nicht, sich gegen die pessimistisch-nihilistischen Denkströmungen zu behaupten. Ähnliches gilt für die Phänomenologie Husserls, die, ohne wirklich undemokratisch zu sein, eine klare Geistesverwandtschaft mit der elitären Einstellung der Lebensphilosophie aufweist. Daß auf ihrem Boden die offen demokratiefeindliche und präfaschistische Philosophie Heideggers entstand, war gewiß kein Zufall. Husserl verkörperte die Ohnmacht eines halbherzigen, mit tausend Widersprüchen behafteten philosophischen Spätliberalismus, der jeden Kontakt zu der gesellschaftlichen Wirklichkeit verloren hatte und keine andere Wahrheit anerkannte als die intuitiv bedingte »Wesenschau« des »reinen Ich«. Das noch liberal und an die klassische Philosophie anknüpfende Denken war epigonenhaft, bestand aus einer blutarmen, heterogenen und konfusen Mischung von Transzendental- und Lebensphilosophie, Neukantianismus, Neuhegelianismus, Phänomenologie und »wertfreier« Soziologie, zeigte keine klare, zukunftweisende Perspektive für die Krise der bürgerlichen Welt, war selbst ein Produkt dieser Krise. Das liberale Denken des wilhelminischen Deutschland und der Weimarer Republik hatte nichts Fruchtbares anzubieten, war selbst in eine Sackgasse geraten, schon deshalb, weil es keinen Glauben an die Ar-

beiterklasse hatte und völlig entfremdet in den Spinngewe-
ben ihrer spekulativen, aristokratischen Welt der Fachwis-
senschaften und der elitären Kultur gefangen war. Das war
der Preis, den es für seinen Verrat an der Arbeiterklasse
und an den Werten der Aufklärung bezahlen mußte. Die
deutsche Intelligenz brachte nicht den Mut auf, sich entschieden auf die Seite der Emanzipation zu schlagen, sie
glaubte, zu fein dafür zu sein, zog es vor, sich ein eigenes
Reich aufzubauen und in einem ästhetischen luftleeren
Raum zu schweben, während draußen die dämonischen
Kräfte schon längst dabei waren, den letzten Akt des deutschen Dramas im europäischen Szenario zu vollziehen.

Ideologisch-politisch blieb Deutschland ein rückständiges, anachronistisches Gemeinwesen, während es auf der
anderen Seite den Voraussetzungen eines modernen Staates weitgehend entsprach; und weil es so war, weil dieses
Volk es versäumte, sich auch staatsbürgerlich auf die Höhe
der Zeit zu stellen, entwickelte es sich zu einer hemmungs-
losen, barbarischen Zerstörungsmaschinerie.

Hier setzten sich die Propheten des ›Sonderschicksals‹
durch, jene, die meinten, Deutschland sei stärker als alle
anderen Länder und diese Stärke allein legitimiere es, Kriege zu entfesseln und seinen Willen anderen Völkern auf-
zuzwingen. Aus diesem pervertierten Weltblick enstand
die doppelte Götterdämmerung des Ersten und Zweiten
Weltkriegs. Während letzterer in vollem Gange war, schrieb
Thomas Mann mit bitterer Ironie: »Ja, wir sind ein gänzlich verschiedenes, dem Nüchtern-Üblichen widerspre-
chendes Volk von mächtig tragischer Seele, und unsere
Liebe gehört dem Schicksal, jedem Schicksal, wenn es nur
eines ist, sei es auch der den Himmel mit Götterdämme-
rungsröte entzündende Untergang.«[10]

Die anmaßenden Träume der Verkünder des ›Sonderschicksals‹ fanden in der Tat ihr Ende auf dem Trümmer-
haufen des Dritten Reiches. Die gleichen Genies allerdings,
die die kommende Barbarei mit ihren eigenen Wörtern
angekündigt und angehimmelt hatten, mußten bald erkennen, daß das neue Reich ganz anders war, als sie es sich
vorgestellt hatten. So waren diese Schöngeister, die mit
ihrer diabolischen Rhetorik der Nazimißgeburt Hebam-
mendienste geleistet hatten, bald mit den von ihnen selbst
beschworenen Geistern unzufrieden. Oswald Spengler war

der erste, der die Umgangsformen der neuen Herren spürte, Heidegger legte nach einigen Monaten sein Rektorat in Freiburg nieder, Ernst Jünger und Gottfried Benn waren bald enttäuscht, suchten Zuflucht in der Militärverwaltung. Sogar Richard Strauß, der braune Lieblingskomponist nach Wagner, verfeindete sich am Ende mit seinen früheren Beschützern und Gönnern.

Dieser Ausgang kann nicht überraschen. Es war ein tiefes Mißverständnis zu glauben, daß hochkulturelle Werte sich innerhalb einer brutalen Gewaltherrschaft verwirklichen lassen. Es ist nämlich etwas ganz anderes, schöngeistige Theorien über die Einzigartigkeit des deutschen Schicksals hervorzuzaubern und dann die Praxis eines antihumanistischen Deliriums zu erleben, etwas ganz anderes, die Macht als Kulmination der Kunst zu preisen – wie Gottfried Benn es tat – und dann die konkrete Gestalt dieser Macht mit ihrem finsteren Blick und ihren häßlichen Grimassen leibhaftig vor sich zu haben – und zu spüren.

In Ländern wie Deutschland, in denen die Bourgeoisie nicht ihren demokratischen Auftrag erfüllt und sich mit den reaktionären Kräften verbindet, kann nur die Arbeiterklasse die Demokratie herbeiführen oder retten. Die deutsche Sozialdemokratie zeigte sich dieser Aufgabe nicht gewachsen, sie erwies sich als unfähig, die Offensive der antidemokratischen Kräfte zu vereiteln und sich als Garantin der Freiheit und des Rechtsstaates durchzusetzen.

Genausowenig wie das Bürgertum es fertigbrachte, konsequent seine historische Rolle zu spielen, um den Feudalismus zu überwinden, genausowenig gelang es der deutschen Arbeiter- und sozialdemokratischen Bewegung, sich völlig von der weltanschaulichen, kulturellen und gesellschaftlichen Dominanz der Bourgeoisie zu lösen. Und so wie das Bürgertum Mittel und Wege fand, um sich immer wieder mit dem Militarismus und der Reaktion zu arrangieren, hat die deutsche Sozialdemokratie prinzipiell dazu tendiert, Kompromisse mit ihrem bourgeoisen Klassenfeind zu schließen, sowohl in theoretischer wie in praktischer Hinsicht. Bezeichnend in diesem Zusammenhang ist schon die vernichtende Kritik Marx' an dem Gothaschen Programm von 1875, auch der Brief, den er am 19. September 1879 über die damaligen Führer der Sozialdemokratie an Sorge schrieb: »Diese Burschen, theoretisch null, praktisch unbrauchbar, wollen dem Sozialismus (den sie sich nach den Universitätsrezepten zurechtgemanscht) und namentlich der sozialdemokratischen Partei die Zähne ausbrechen, die Arbeiter aufklären oder, wie sie sagen, ihnen ›Bildungselemente‹ durch ihre konfuse Halbwisserei zuführen und vor allem die Partei in den Augen des Spießbürgers respektabel machen. Es sind arme konterrevolutionäre Zungendrescher.«[11]

Auf ihren Kongressen, Parteitagen, bei ihren Kundgebungen und in den Presseorganen sprach sich die Partei offen für den Sozialismus aus, aber in Wirklichkeit war ihre tatsächliche Linie weitgehend von klassenkolaborationistischen und opportunistischen Erwägungen geprägt. Die Radikalität der Theorie entsprach dem bewußten oder unbewußten Bedürfnis, den im Alltag praktizierten kleinbürgerlichen Reformismus zu tarnen, eine Haltung, die Kautsky zu rechtfertigen versuchte, als er philisterhaft die Sozialdemokratie als »eine revolutionäre, aber nicht Revolutionen machende Partei« charakterisierte. Die Praxis der SPD und der sozialdemokratisch orientierten Gewerkschaften war auf den Begriff ›Legalität‹ fixiert, eine Taktik, die schon Lassalle als ein unerschütterliches Dogma in die Arbeiterbewegung eingebracht hatte. Das Prinzip der Lassalleschen ›friedlichen und gesetzlichen Agitation‹ war so tief verwurzelt, daß es nicht einmal während der langen Unterdrückungs- und Verfolgungsphase des Sozialistengesetzes revidiert wurde; ja, gerade während dieser Jahre wurde es nachdrücklich bejaht und konsequent angewendet. Die Parteiführung weigerte sich beharrlich, zu einer ›außerlegalen‹ Praxis überzugehen, beschimpfte dabei all diejenigen, die einen aktiven Widerstand befürworteten, als Anarchisten und Provokateure. Mit einer solch braven, disziplinierten Partei konnte die Bourgeoisie freilich ruhig einschlafen, brauchte einen Aufstand der arbeitenden Masse nicht zu befürchten.

Dieser starre Glaube an das Gesetz, der von der Parteileitung als das Nonplusultra strategischer Genialität verherrlicht wurde, spiegelte in Wirklichkeit den tiefsitzenden Obrigkeitsfetischismus der Sozialdemokratie wider, ihre geradezu neurotische Neigung, das Gesetz unter allen Umständen zu respektieren, eine Haltung, die sich bis heute wie ein roter Faden durch die ganze Geschichte der SPD und der deutschen Gewerkschaften zieht.

Diese Angst, der Staatsmaschinerie die Stirn zu bieten, deckte sich innerparteilich mit der eisernen Disziplin, die in der Partei herrschte, mit der Bereitschaft der Basis, dem von der Parteiführung bestimmten Kurs blindlings zu folgen. Sicherlich war die Partei demokratisch strukturiert, aber dieser formale innerparteiliche Pluralismus blieb weitgehend ungenutzt, und zwar, weil die große Masse der Genossen es kaum wagte, die Autorität der Führung und des von ihr beherrschten bürokratischen Apparats in Frage zu stellen. Dazu kam, daß Kautsky und andere ›Chefs‹ der Meinung waren – hier in Übereinstimmung mit Lenin –, daß die Arbeiter sich von selbst nicht befreien könnten und dazu die Hilfe ›gebildeter‹ Kader brauchten. Diese zutiefst reaktionäre und autoritäre Einstellung war so verbreitet, daß Engels sich genötigt sah, am 17./18. September 1879 an Bebel warnend zu schreiben: »Wir haben bei Gründung der Internationale ausdrücklich den Schlachtruf formuliert: Die Befreiung der Arbeiterklasse muß das Werk der Arbeiterklasse selbst sein. Wir können also nicht zusammengehn mit Leuten, die es offen aussprechen, daß die Arbeiter zu ungebildet sind, sich selbst zu befreien, und erst von oben herab befreit werden müssen durch philanthropische Groß- und Kleinbürger.«[12]

Der theoretische Kurs der Partei wurde seit dem Erfurter Parteitag 1891 weitgehend von Kautsky bestimmt. Auf dem Papier vertrat Kautsky eine strenge (wenn auch sehr vereinfachte), orthodoxe marxistische Linie und hörte nicht auf, sich in seinen unzähligen Broschüren, Artikeln und Büchern für die klassenlose, sozialistische Gesellschaft einzusetzen. Im Namen der marxistischen Doktrin sprach er sich auch gegen eine Zusammenarbeit mit bürgerlichen Regierungen (wie Millerand es in Frankreich getan hatte) aus und bekämpfte den Revisionismus Bernsteins, der nach dem Tode Engels offen die Marxsche These der unvermeidlichen Verelendung des Proletariats verwarf und für eine allmähliche Verwirklichung des Sozialismus innerhalb der bürgerlichen Gesellschaft eintrat. In Wirklichkeit war Kautsky genauso Opportunist wie Bernstein, denn während er formell die bürgerliche Gesellschaft verdammte, predigte er zugleich den klassenkämpferischen Still-stand. Da er von der deterministischen These ausging, daß die Entwicklung der Produktionskräfte und die immanen-ten Widersprüche des Kapitalismus von selbst eines Tages die klassenlose Gesellschaft herbeiführen müßten, sprach er sich gegen »vorzeitige« konkrete Aktionen gegen die Bourgeoisie hier und jetzt aus und bekämpfte bis aufs Mes-ser jeden Ansatz, diese Auffassung zu verlassen und eine aktivere, militantere, revolutionäre Strategie einzuschla-gen. Dialektik wurde zur bloßen Mechanik degradiert, Klassenkampf durch passives Warten und revolutionären Immobilismus ersetzt. Das Warten auf die Verwirklichung des Sozialismus lähmte die deutsche Arbeiterklasse, ge-wöhnte sie an völlige Passivität. »Während die überwu-chernde Macht der Parteibürokratie das frische Drängen lähmte und die Parteitaktik erstarrte, versteinerte in der Feder ihrer theoretischen Wortführer die weltumwälzende Lehre des Marxismus zu einem dürren Fatalismus. Wozu Aktionen, die so viele Gefahren mit sich bringen, wenn die ökonomische Entwicklung uns doch von selbst, gefahrlos, vorwärts bringt, unsere Macht stetig wachsen läßt und uns schließlich den Erfolg in den Schoß werfen wird?« (Anton Pannekoek *Neubestimmung des Marxismus*)[13]

Die zunehmenden Wahlerfolge der Sozialdemokratie schienen die Richtigkeit der von der Parteiführung einge-schlagenen legalen und parlamentarischen Taktik weitge-hend zu bestätigen, und sogar Engels zeigte sich in einer seiner letzten Schriften (Einleitung zu Marx' *Klassenkämpfe in Frankreich*) von dieser Entwicklung begeistert und kün-digte das Ende der Barrikadenzeit an. Es war gerade dieser späte Lobgesang auf den Parlamentarismus, den sein Ver-trauter Eduard Bernstein dazu ermutigte, sich von der or-thodoxen Linie des Kautskysmus loszusagen und mit sei-nem Revisionismus in die Öffentlichkeit zu treten. Die quantitativ gewiß spektakulären Wahlerfolge der Partei jedoch stärkten keineswegs ihre Schlagkraft; sie lieferten im Gegenteil ein zusätzliches Alibi, um den rein reformisti-schen und opportunistischen Kurs zu rechtfertigen und weiter zu praktizieren.

Verblendet also von ihren Wahlerfolgen und überzeugt, daß die Bourgeoisie eines Tages von selbst stürzen werde, rührte die Sozialdemokratie keinen Finger, um dem wachsenden Imperialismus des wilhelminischen Regimes entgegenzutreten; sie ging sogar so weit, sich allmählich mit ihm teilweise zu identifizieren. Lukács: »Es entstanden die falschen Extreme einer ›Versöhnung‹ mit dem undemokratischen imperialistischen Deutschland einerseits und einer abstrakten Verkündigung des Sozialismus bei abstraktem Überspringen der revolutionär-demokratischen Aufgaben andererseits.« (Georg Lukács *Die Zerstörung der Vernunft*)[14] Anstatt ihre riesigen Massenorganisationen gegen die Reaktion einzusetzen, vertrat die sozialdemokratische Führung die vulgär-deterministische These, daß es die Aufgabe der Partei war, die Entwicklung der Geschichte ruhig abzuwarten und sich auf die Stunde des kapitalistischen Zusammenbruchs vorzubereiten. Damit wurde die imposante Organisation der Partei zum Selbstzweck, oder wie Helga Grebing sagt: »Organisation wurde zum Ersatz für politische Aktion.« *(Geschichte der deutschen Arbeiterbewegung)*[15] Ja, je mehr die Partei und ihre parlamentarische Basis wuchs, desto opportunistischer wurde ihre konkrete Politik. Diese Entwicklung trat auch offen zutage, als die internationale Lage und der Klassenkampf in anderen Ländern sich zuspitzten. Rosa Luxemburg, tief beeindruckt von der russischen Revolution 1905, verteidigte den spontanen Massenstreik als ein entscheidendes Element des Klassenkampfes und prangerte zugleich die Fetischierung der Organisation an. Damit zog sie sich die Feindschaft Kautskys und anderer Führer der SPD zu, die sich durch die vernichtende Kritik ihrer Genossin entlarvt fühlten. Schon im Februar/März 1904 sprach sich Kautsky in *Neue Zeit* gegen eine Anwendung des Massenstreiks aus und vertrat den bekannten und für ihn typischen heuchlerischen Standpunkt, daß die Arbeiterklasse am besten auf dem Boden der Legalität und unter einer Verfassung wie der des deutschen Reiches gedeihe. Überhaupt lehnte die deutsche Sozialdemokratie auf das entschiedenste – genauso wie die Gewerkschaften – den um die Jahrhundertwende in den romanischen und skandinavischen Ländern entstandenen revolutionären Syndikalismus ab. Einen Generalstreik als Ultima ratio des Proletariats gegen die Bourgeoisie zu entfesseln war für die deutschen sozialdemokratischen und Gewerkschaftsstrategen eine zu abenteuerliche und rohe

Form des Klassenkampfes.

Wegen ihrer passiven Taktik blieb die deutsche Sozialdemokratie trotz ihres überlebensgroßen Parteiapparats, ihrer Massenorganisationen und ihrer Wahlerfolge im Grunde ein Koloß auf tönernen Füßen, eine Fiktion, oder um es mit den Worten Heinrich Manns auszudrücken: »Hochmut eine Scheinmacht: mehr ist die Sozialdemokratie nie gewesen.« *(Ein Zeitalter wird besichtigt)*[16]

Die Komplizenschaft mit den antidemokratisch-imperialistischen Kräften fand ihren eklatantesten Beleg am 4. August 1914, als die sozialdemokratische Reichstagsfraktion den von der Regierung verlangten Kriegskrediten zustimmte, obwohl die Partei auf ihren eigenen und den internationalen Kongressen – zuletzt in Basel 1912 – große Töne gegen den Militarismus angeschlagen hatte. Heinrich Mann traf den Nagel auf den Kopf: »Sozialdemokraten sind unter Wilhelm militaristisch-alldeutsch gewesen. Unfreiwillig wechseln sie von den Ausgenutzten und künftigen Kriegsopfern hinüber zu den Ausbeutern, die zuletzt den Abhängigen ihr Leben abfordern werden.«[17] Ähnlich Ossip K. Flechtheim 1966: »Die SPD ging den Weg des geringsten Widerstandes, der Identifizierung mit der Politik der reaktionären herrschenden Kreise und Klassen ... Mit ihrer Entscheidung vom 4. 8. und der diese fortführenden und steigernden Politik des ›Burgfriedens‹ und des ›Durchhaltens bis zum bitteren Ende‹ trug die SPD entscheidend dazu bei, nicht nur die Chancen des demokratischen Sozialismus in Europa zu zerstören, sondern auch die der Einheit und Freiheit der deutschen Nation und der Entwicklung eines europäischen und weltweiten friedlichen Staatensystems.« (Einleitung zu Rosa Luxemburgs *Politische Schriften*)[18]

Die Sozialdemokratie kapitulierte vor dem wilhelminischen Staat genauso, wie fünfzig Jahre zuvor die Liberalen vor Bismarck und seinen Kriegen kapituliert hatten.

Aber noch bedingungsloser war die Kapitulation der Gewerkschaften, denn während immerhin Rosa Luxemburg, Karl Liebknecht, Franz Mehring und andere Mitglieder des linken Flügels der SPD vom ersten Augenblick an den imperialistischen Krieg frontal angriffen, stellte sich die gewerkschaftliche Führung massiv hinter den ›Verteidigungskrieg‹ und erfüllte mit uneingeschränkter Hingabe ihre ›patriotische‹ Pflicht. Diese Haltung kam freilich nicht von ungefähr. Die Männer, die damals die Geschicke der Arbeiterbewegung in der Hand hatten, haßten Streiks, predigten Disziplin als die höchste Tugend eines Gewerkschaftsmitglieds und waren insgesamt Kettenhunde der Bourgeoisie, an erster Stelle Carl Legien, der jahrzehntelang der unbestrittene Chef der deutschen Gewerkschaften war. In Deutschland ist nie eine politisch selbstbewußte und revolutionäre Arbeiterbewegung wie in den romanischen und anderen europäischen Ländern entstanden, damit gab es auch keine offene, echte Klassenkonfrontation mit der Bourgeoisie. Lassalle hielt wenig von den Gewerkschaften, Marx und Engels betrachteten sie als einen ergänzenden, sekundären Faktor, keineswegs als Hauptwaffe gegen die Bourgeoisie. Die deutschen Gewerkschaften waren quantitativ noch mächtiger entwickelt als die Sozialdemokratie, hatten Millionen Mitglieder und besaßen ein ansehnliches Vermögen, aber ihre Grundhaltung war noch reformistischer und kleinbürgerlicher als die der SPD. Zwar gelang es ihnen, durch ihre unermüdliche Tätigkeit die Arbeits- und Lebensbedingungen des Proletariats entscheidend zu verbessern, aber da sie andererseits die Staatsautorität und die Machtstellung der Bourgeoisie nicht in Frage stellten, waren sie im Grunde ein wichtiger stabilisierender Faktor innerhalb des wilhelminischen Systems.

In der Weimarer Republik wiederholte sich das Trauerspiel. Sowohl die SPD als auch die Gewerkschaften verstrickten sich in dieselben Fehler, die sie schon vorher begangen hatten. Anstatt konsequent und entschieden gegen die von der Rechten vom ersten Moment an praktizierten Aushöhlung der Demokratie vorzugehen, duldeten sie tatenlos, wie die Verfassung untergraben wurde, klammerten sich an die Legalität eines Rechtsstaates, der eine Farce geworden war, und versäumten, den Aufstieg des Faschismus rechtzeitig zu verhindern. Als es soweit war, als die Stunde der Wahrheit kam, hatten sie weder die Kraft noch den Willen, ernsthaften Widerstand zu leisten. Ihre Kapitulation vor dem braunen Gesindel und ihren Helfershelfern aus dem bürgerlichen Lager war vollständig. Kein Generalstreik, kein Aufstand, kein bewaffneter Kampf gegen die Liquidatoren der Weimarer Republik! Partei und Gewerkschaften wurden von Hitler mit ein paar Federstrichen restlos entmachtet.

DIE VERPASSTE REVOLUTION

Im Gegensatz zu anderen europäischen Ländern ist Deutschland ein Land ohne nennenswerte revolutionäre Tradition geblieben, hat es bisher nicht geschafft, weder eine bürgerliche noch eine proletarische Revolution zustande zu bringen. Es gab wohl gelegentliche Versuche, mit Gewalt die Macht der Herrschenden zu stürzen, aber sie waren in der Regel dilettantisch und endeten immer mit einer Niederlage.

Es ist weit mehr als eine ›äußere‹ Erscheinung der deutschen Geschichte, mehr als eine zufällige Episode, daß sich in Deutschland die Revolution nur embryonal entfalten konnte und immer wieder von der Konterrevolution schnell und ohne große Schwierigkeiten niedergeschlagen wurde. Es handelt sich im Gegenteil um ein Phänomen, das mit der Mentalität des deutschen Menschen zusammenhängt und das wie kaum ein anderes Licht auf die Fehlentwicklung dieses Volkes wirft. Revolutionen treten freilich als eine kollektive Erscheinung auf, aber ihre motorischen Kräfte bilden sich schon vorher im Herzen des einzelnen. In der Tat sind Revolutionen zuallererst leidenschaftliche Gefühlsausbrüche, und dort, wo sie nicht vorhanden sind, kann es auch keine revolutionäre Leidenschaft geben. Deutschland liefert ein klassisches Beispiel dieses psychologisch-anthropologischen Gesetzes, das freilich von der historisch-gesellschaftlichen Entwicklung nicht zu trennen ist.

Der Freiheitstrieb konnte sich, wie schon ausgeführt, in Deutschland nur sehr mäßig entwickeln, und das erklärt auch, warum hier Revolutionen so medioker verliefen und so wenig schlagkräftig waren. Es hat einfach die Gärung der Freiheit gefehlt, der fruchtbare, unersetzliche Humus der Spontaneität. Die Deutschen haben keine richtige Revolution zustande gebracht, weil sie Gefangene ihrer Verklemmung waren, weil sie innerlich nie frei gewesen sind, auch heute weitgehend nicht. Das aktive Protestieren gegen Unrecht, das für viele Völker ein tiefes Bedürfnis ist und manchmal zu Volksaufständen, Revolutionen und Bürgerkriege führt, wird in Deutschland sofort von dem selbstrepressiven Mechanismus, den jeder Deutsche schon als Kind von seinen Erziehern übernimmt, im Keim erstickt und verinnerlicht. Diese innere Zwangsjacke blockiert die potentielle Explosionskraft, die erst das Entstehen von revolutionären Bewegungen und Aktionen möglich macht.

Es ist nun einmal so, daß der Deutsche kein libidinöses Verhältnis zur Revolution hat, sondern ein höchst feindliches. Diese Haltung wird weitgehend von seiner tief sitzenden Angst bestimmt, die etablierten Normen zu brechen. Da bei ihm die Lust zur unbedingten Befreiung von ganz früh an abgestumpft ist, scheut er, sich gegen das Diktat des gesellschaftlichen Über-Ich aufzulehnen, und versucht instinktiv, sich mit diesem zu arrangieren. Nicht die offene Revolte wählt er grundsätzlich, sondern die Selbstkasteiung. Die berühmte Ordnungsliebe der Deutschen ist nichts anderes als ein indirektes Ergebnis dieses Selbstverleugnungsprozesses.

Das gilt nicht nur für den Durchschnittsdeutschen, sondern genauso für die Minderheit, die offiziell die Sache der Revolution vertritt. Der Verdrängungsprozeß nimmt hier allerdings andere Formen an, äußert sich zum Beispiel durch eine zu große Neigung zum Theoretisieren, durch den Hang, den Moment der Aktion immer wieder durch nie enden wollendes Reflektieren zu verschieben, der Stunde der Wahrheit mit allen möglichen ›wissenschaftlichen‹ Argumenten und Erwägungen aus dem Weg zu gehen. Gründlichkeit wird zum Alibi für Tatenlosigkeit. Alexander Herzen, der mit vielen deutschen Revolutionären des vorigen Jahrhunderts Umgang hatte, schrieb in seinen *Erinnerungen*: »Selbst die radikalsten Männer unter den Deutschen bleiben in ihrem Privatleben Philister. Sie sind zwar kühn in der Logik, aber sie verzichten auf die praktischen Konsequenzen und verfallen so in himmelschreiende Widersprüche. Der deutsche Geist ergreift in der Revolution wie in allen anderen Dingen nur die allgemeine Idee in ihrer idealen Konstruktion; er glaubt, es sei schon alles getan, wenn eine Sache erkannt ist, meint, daß die Tatsachen sich den Ideen ebenso leicht fügen wie die Bedeutung der Tatsachen dem Bewußtsein.«[1] Auch der Legalitätskult, das Bedürfnis, selbst in revolutionären Zeiten ›vorschriftsmäßig‹ und ›ordnungsgemäß‹ zu handeln, drücken den

Widerwillen der Deutschen aus, das Gesetz zu übertreten.

Man kennt in diesem Zusammenhang die sarkastische, geniale Bemerkung Lenins: »Wenn deutsche Revolutionäre den Befehl erhielten, einen Bahnhof zu besetzen, wäre ihre erste Handlung, sich eine Bahnsteigkarte zu besorgen.« Aber auch dies sagte Lenin: »Die Leute sind durch die bürgerliche Legalität dermaßen korrumpiert und abgestumpft, daß sie den Gedanken an die Notwendigkeit anderer, illegaler Organisationen zur Leitung des revolutionären Kampfes nicht einmal begreifen können.«[2] Gemeint sind die deutschen Sozialdemokraten.

Sicherlich hat es in Deutschland auch echte, hundertprozentige Revolutionäre und Männer der Tat gegeben, ebenso Gruppen und Bewegungen, die sich bedingungslos und mit äußerster Konsequenz für die Sache der Revolution eingesetzt und gekämpft haben, aber sie sind immer eine Minderheit geblieben, die Ausnahme, die die Regel bestätigt. Wäre dem nicht so, hätte auch die deutsche moderne Geschichte seit Luther eine ganz andere Entwicklung genommen. Engels, der unbedingt sein Vaterland mit einer glorreichen revolutionären Vergangenheit schmücken wollte, schrieb 1850 in *Der deutsche Bauernkrieg*: »Auch das deutsche Volk hat seine revolutionäre Tradition. Es gab eine Zeit, wo Deutschland Charaktere hervorbrachte, die sich den besten Leuten der Revolutionen anderer Länder an die Seite stellen können, wo das deutsche Volk eine Ausdauer und Energie entwickelte, die bei einer zentralisierten Nation die großartigsten Resultate erzeugt hätte ...«[3] Diese Sätze entsprechen nur teilweise der Wahrheit, ihre Schlußfolgerungen sind schlicht falsch und beruhen auf einer äußerst mechanischen Vorstellung von Revolution, denn gerade, als in Deutschland ein zentraler Staat und eine mächtige Arbeiter- und sozialdemokratische Bewegung entstanden, wurde das Prinzip der Revolution fast völlig aufgegeben und durch die kleinbürgerliche und opportunistische Praxis ersetzt.

Die Bauernrevolte im 16. Jahrhundert war indes eine echte Revolution, aber bezeichnenderweise konnte sie sich nicht durchsetzen und endete – und auch das ist symptomatisch – mit einem grausamen, früher in solchem Ausmaß nicht gekannten Blutbad. Und damals begann noch etwas anderes ein deutsches Merkmal zu werden: Die Revolutionäre wurden nicht nur mit brutaler Gewalt niedergeschmettert, sondern man beschimpfte sie auch hemmungslos, wie Luther es mit den aufständischen Bauern und mit Thomas Müntzer getan hatte. Ihn hatte er als »Satan von Allstedt« diffamiert.

Während in anderen Ländern die Reformation eine Umwälzung der politischen Institutionen in fortschrittlichem Sinn bewirkte und die bürgerlichen Freiheiten und Rechte des einzelnen verstärkte, festigte sie schließlich in Deutschland nur die staatliche Gewalt. Obwohl nach der Niederlage der Bauern die Deutschen eines der am stärksten unterdrückten Völker Europas wurden, warteten sie über dreihundert Jahre, um wieder eine Revolution zu wagen, und als sie sich 1848 dazu entschlossen, warteten sie wiederum erst darauf, daß sich die Franzosen erhoben. Was sie vollbrachten, war eine schlechte und deprimierende Karikatur der Februar- und Juni-Revolution in Paris. Auch diesmal fehlte es nicht an mutigen Männern – Gustav von Struve und andere Republikaner –, die aufs Ganze zu gehen und die Monarchie abzuschaffen versuchten, so wie das Proletariat und die Kleinbürger in Paris vorgegangen waren, aber sie blieben eine kleine Schar isolierter Desperados inmitten der Angst und der Gleichgültigkeit der Massen. Ein paar Befehle von oben, einige Truppenbewegungen, und der Spuk der Revolution war vorbei. Und nur wenige Deutsche waren unglücklich darüber, denn der große Haufe war wieder froh, seine Ruhe zu haben.

Nein, die Deutschen sind kein revolutionäres Volk. Revolution zu machen, auf die Straße zu gehen, Barrikaden zu errichten, sich gegen die etablierte und gesetzmäßige Macht aufzulehnen liegt ihnen nicht, widerspricht ihren tiefsten Empfindungen. Nicht, daß sie feige wären, daß sie Angst vor Gewalt und Blutvergießen hätten ... Nein, sie leiden eben einfach unter chronischer Ordnungssucht und sind bereit, alles zu opfern, auch ihre Freiheit, wenn es darum geht, diese Ordnung aufrechtzuerhalten. In fast allen Bereichen des Lebens haben die Deutschen sich ausgezeichnet, in Punkto Revolution sind sie eines der unbegabtesten Völker der Welt. Eine Revolution zu machen würde für sie die Negation ihrer tiefsten Veranlagung bedeuten, krasse Vergewaltigung ihrer ureigensten Natur. Die Deutschen als Revolutionäre – sie werden immer ziemlich komisch dabei aussehen, zumindest deplaziert, als wären sie auf eine Bühne gestiegen, um die falsche Rolle zu spielen. Und jene, die ein paarmal versucht haben, eine Revolution in Gang zu setzen, haben es aus Trotz gemacht, vielleicht auch aus Selbstachtung oder aus Verzweiflung, nicht aus tiefer, spontaner Überzeugung. Entsprechend verlaufen deutsche Volksaufstände und Revolutionen seltsam traurig, freudlos, als erfüllten die Agierenden eine peinliche Pflicht. Ja, die deutschen Volkserhebungen haben immer etwas Pflichtgemäßes und Verkrampftes gehabt.

Marx und Engels waren deutsche Revolutionäre, aber das System, das sie konzipierten, wurde niemals von den deutschen Arbeitern verwirklicht. Der Marxismus hatte eine voluntaristisch-revolutionäre und eine deterministische, wissenschaftliche Seite; die Deutschen ließen die erste unberücksichtigt und identifizierten sich mit der zweiten, die von Hegel kam und ihrer Veranlagung entsprach. Und wenn jemand auftauchte, der die Revolution verwirklichen wollte, wie Johannes Most oder später Rosa Luxemburg, wurde er gleich als Anarchist gebrandmarkt. Die Sozialdemokraten sprachen jahrzehntelang über die Notwendigkeit einer sozialistischen Revolution, unternahmen jedoch nichts Ernstes, um sie durchzuführen. Sie konzentrierten sich auf das, was sie vorzüglich beherrschen: Theorie, Massenerziehung, friedliche Kundgebungen und Demonstrationen. Ende 1918 proklamierten sie offiziell die Revolution und stürzten die Monarchie, aber nach einer kurzen und widerspruchsvollen Phase des Rebellentums kehrten sie zur Tagesordnung und zur alten Politik zurück, so daß die Revolution bald zur Restauration wurde und schließlich im faschistischen Dritten Reich mündete. Zu Recht bemerkt Oswald Spengler dazu: »Von ein paar Naiven und Strebern abgesehen, wirkte die Revolution auf jeden wie ein einstürzendes Haus, am tiefsten vielleicht auf die Sozialistenführer selbst. Es ist ohne Beispiel: sie hatten plötzlich, was sie seit vierzig Jahren erstrebten, die volle Gewalt, und empfanden sie als Unglück. Dieselben Soldaten, die unter der schwarz-weiß-roten Fahne vier Jahre lang als Helden gefochten hatten, haben unter der roten nichts gewollt, nichts gewagt, nichts geleistet. Diese Revolution hat ihren Anhängern den echten Mut nicht gegeben, sondern genommen.« *(Politische Schriften)*[4]

Eine Handvoll mutiger und heroischer Revolutionäre

versuchte in München eine Räterepublik zu errichten, aber bald wurde das ganze Unternehmen von der Reaktion blutig niedergeschlagen. Ähnliches geschah mit dem Spartakusaufstand. Diese Versuche scheiterten, wie früher andere, immer an dem Widerwillen der deutschen Massen, sich gegen die Legalität aufzulehnen, reinen Tisch zu machen, sich ein für allemal von der Unterdrückung zu befreien.

Millionen deutscher Arbeiter waren vom Marxismus beeinflußt, aber ihre Auffassung davon war kleinbürgerlich, sie glaubten, daß die Entwicklung der Produktionskräfte und eine gute Organisation von selbst die Befreiung bringen würde. Aus dem Marxismus machten die Deutschen ein reformistisch-parlamentarisches System, vergaßen seine gewaltsame, revolutionäre Dimension. Die russischen Massen waren im Gegenteil kaum vom Marxismus geschult, hatten keinen riesigen Parteiapparat, auch keine mächtigen Gewerkschaften wie die Deutschen, aber als es darauf ankam, fanden sie die Kraft, das alte zaristische System zu zerschlagen und die Revolution mit allen Konsequenzen zu Ende zu führen.

In diesem Land hat es nicht nur keine echten, siegreichen Revolutionen gegeben, sondern überhaupt ist Revolution immer als etwas Verwerfliches angesehen worden. Man schätzt hier Revolutionäre nicht, man ehrt sie auch nicht, oder nur notgedrungen und halbherzig. Daß Revolutionäre von den besitzenden Klassen verteufelt werden, geschieht in allen Ländern, aber in Deutschland stoßen sie sogar unter den Arbeitern auf äußerstes Mißtrauen oder gar offene Ablehnung. Ein Revolutionär gilt in diesem Land gleich als Revoluzzer, ein despektierliches Wort, das in der spanischen Sprache nicht vorkommt, nicht weil sie arm wäre, sondern weil in Spanien Revolutionäre und Rebellen grundsätzlich nicht verachtet werden, nicht einmal von ihren Feinden. Auch wenn man ihre Gesinnung nicht teilt, auch wenn man sie ins Gefängnis wirft oder gar erschießt, ehrt man wenigstens ihren Mut, ihre Zivilcourage, ihren Idealismus, ihre ethische Absicht, ihre menschliche Größe. Und wie sollte es anders sein im Land des Don Quichotte, einem Land, wo es als ein Zeichen edler Gesinnung gilt, sich gegen Unterdrückung und Willkür aufzulehnen. Dieser Hintergrund fehlt in Deutschand; historische

Rebellen wie Schinderhannes oder Thomas Müntzer waren hier nie richtig populär, wurden als Randfiguren und Außenseiter verstanden, haben mit dem Durchschnittsdeutschen nichts zu tun, gehören nicht zum Alltag dieses Landes.

In einem Land ohne revolutionäre Tradition zu leben, müßte deprimierend wirken. Zucht und Ordnung als Dauerzustand – gibt es etwas Demütigenderes und Trostloseres? Sie haben von ihren Machthabern alles ertragen, die tollsten Kröten geschluckt, die Deutschen, ohne mit der Wimper zu zucken, ohne sich dagegen zu wehren, als ob Servilität und Würdelosigkeit das Selbstverständlichste im Leben wäre. Nur die mutigsten unter ihnen – eine heroische Minderheit – haben sich geweigert, stramm zu stehen, und sie wurden immer von den anderen schief angesehen, oft rücksichtslos verfolgt oder massakriert, während die große Mehrheit die Augen schloß und dem jeweiligen Machtträger zujubelte.

Deutschland war immer grundsätzlich konservativ, ordnungssüchtig und damit unfähig, auf die Fußtritte der Obrigkeit mit geballten Fäusten zu reagieren. Die Deutschen leiden seit Jahrhunderten an revolutionärer Kinderlähmung, das ist ihre nationale Krankheit, eine Krankheit, die noch heute tief im Organismus der Nation weiterlebt. Dahinter steckt eine massive ununterbrochene Tradition von Unterjochung. Man kann Völkern das moralische Genick brechen, seine geistige Wirbelsäule kaputtmachen, und das ist genau das, was mit den Deutschen geschehen ist. Sie mußten im Lauf ihrer Geschichte viele Prügel einstecken, viel Feudalismus und Fürstengewalt ertragen, viel staatliche Willkür und militärischen Drill hinnehmen. Dieses Volk, das alles andere als feige ist, wurde von den herrschenden Schichten in solche Angstzustände versetzt, daß es sich bisher von diesem primären Erlebnis nicht befreien konnte. Und diejenigen, die es geschafft haben, innerlich frei zu werden, sind isoliert und werden von einem Riesenheer von Leisetretern und Obrigkeitsanbetern eingekreist.

Hier herrscht noch der Kasernenstil, das ist ein Land, das mehr an die Herrlichkeit der Kommandoparolen glaubt als an die Macht des Volkes. Wie selten protestieren die Deutschen, mein Gott, wie fügsam sie alles ausführen, was ihnen von der Befehlselite diktiert wird. Deshalb ist Deutschland weiterhin das Land der Ordnung geblieben. Diese Ordnung ist jetzt demokratisch organisiert und verwaltet, aber hinter den institutionellen Mechanismen trifft man noch auf Schritt und Tritt das alte Herr-Knecht-Verhältnis. Die Bundesrepublik Deutschland ist unbestreitbar eine Demokratie, aber eine domestizierte, in der der Gedanke einer Volksrevolution weiterhin als frevelhaft gilt.

Revolutionen im klassischen Sinn sind nicht nur politische Ereignisse, sie legen auch Zeugnis von dem psychologischen Zustand eines Volkes ab. In Deutschland kann keine Revolution stattfinden, weil der einzelne einen revolutionären Aufstand im voraus als ein Zeichen von Chaos und Plebejertum auffaßt. Brav sein ist das wichtigste.

Ich meine keineswegs, daß ein Volk unbedingt »seine« Revolution haben muß, ich kann mir gut vorstellen, daß der Weg einer systematischen, energischen Evolution nicht der schlechteste ist, um weiterzukommen. Selbst Marx schloß nicht aus, daß man in bestimmten Ländern den Sozialismus mit friedlichen, evolutionären Mitteln errichten könnte, er dachte dabei konkret an England und Holland. Man soll keinen Fetischismus betreiben, am allerwenigsten mit der Revolution, aber ein Volk sollte immer bereit sein, seine Freiheit, seine Rechte und seine Selbstachtung zu verteidigen, notfalls mit Hilfe einer Revolution. Solange ein Volk a priori die Revolution als einen abwegigen Ausweg betrachtet, ist es geistig und politisch nicht emanzipiert. Und dies ist der Fall Deutschlands. Die Deutschen haben tausendmal genügend Gründe gehabt, um ihre Herrscher durch einen Volksaufstand zum Teufel zu jagen, und sie haben es bis jetzt nicht geschafft, nur halbherzig ein paar Mal versucht.

Und in dieser Beziehung hat sich kaum etwas geändert. Auch in der Bundesrepublik bleibt die Idee einer Revolution weiterhin ein Tabu, gilt als eine Art Sündenfall der politischen Dialektik, nicht als ein durchaus legitimes Mittel zur Bewahrung unverzichtbarer Grundwerte. Die überwältigende Mehrheit der westdeutschen Bevölkerung ist revolutionsfeindlich gesinnt, deshalb scheiterte die antiautoritäre Bewegung der sechziger Jahre, deshalb bleibt das Wählerpotential der Grünen auf ein bestimmtes Niveau beschränkt, deshalb sind Konformismus und Restauration die entscheidenden Faktoren im politischen Leben der Bundesrepublik.

Und gerade weil die Verwalter der Macht wissen, daß dieses Volk kaum je den Drang verspüren wird, eine Revolution zu Ende zu führen, gerade deshalb können sie sich den Luxus leisten, selbstherrlich zu regieren, und sich so ziemlich alles erlauben, was ihnen einfällt, ohne sich allzu viel um die öffentliche Meinung zu kümmern. Und wenn sie in ihrer Selbstherrlichkeit so weit gehen, die unendliche Geduld der bundesrepublikanischen Wähler mit irgendwelchen besonders frechen oder zynischen Husarenstükken zu strapazieren, dann gibt es immer die Möglichkeit zu leugnen, zu dementieren, zu vertuschen, zu drohen, die Gerichte zu mobilisieren, bei der Nibelungentreue der Parteikameraden Rückendeckung zu suchen. In diesem Land herrscht der unausgesprochene, aber weit verbreitete Grundsatz: Die Machtträger haben immer Recht, Irrtum ausgeschlossen. Nicht von ungefähr hat Ulrich Sonnemann die Bundesrepublik als das Land der »unbegrenzten Zumutbarkeiten« bezeichnet.

Die Deutschen sind nicht nur ein Volk ohne revolutionäre Berufung, sie sind überhaupt ein politisch ziemlich desinteressiertes Volk, heute genauso wie in den Zeiten, in denen Thomas Mann seine *Betrachtungen eines Unpolitischen* schrieb. Wohl erfüllen die meisten Bundesbürger getreu ihre Wahlpflicht, aber politisch engagieren sich die wenigsten von ihnen. Sie betrachten die Politik als ein ›schmutziges Geschäft‹ und ziehen vor, ihre Zeit anderen Dingen zu widmen, vor allem dem Sport, der die eigentliche Lieblingsbeschäftigung der heutigen Deutschen ist. Das erklärt, daß über zwanzig Millionen Bundesbürger Mitglieder irgendeines sportlichen Vereins sind, während die Zahl der Mitglieder der im Bundestag vertretenen Parteien etwa eineinhalb Millionen nicht überschreitet.

Die Berufspolitiker nutzen ausgiebig diese staatsbürgerliche Abstinenz aus, fühlen sich vogelfrei und kaum verpflichtet, Rücksicht auf die Wählerschaft zu nehmen, mit der sie in etwa machen, was sie wollen. Und dies wird weiter wie ein Perpetuum mobile gehen, bis die Deutschen lernen, daß Demokratie von Kontrolle, Wachsamkeit und Kritik lebt, vom täglichen Engagement für die Angelegenheiten der *res publica.*

Für eine deutsche Revolution ist es wahrscheinlich zu spät, Revolutionen sind in der alten Welt überhaupt unzeitgemäß geworden, kaum jemand will sie. Aber wenn schon keine Revolution, so könnten doch die Deutschen versuchen, den öffentlichen Belangen mehr Aufmerksamkeit zu schenken und ein höheres ethisches und politisches Niveau von den Machtträgern zu verlangen, das heißt, sich selbst zur militanten Demokratie zu erziehen. Nur auf diesem selbstaufklärerischen Weg werden sie in der Lage sein, die Versäumnisse ihrer verpaßten Revolution auszugleichen und die Irrtümer der Vergangenheit zu verhindern.

DISZIPLIN UND STAATSKULT

> Einer soll Herr sein! Auf allen
> Gebieten!
>
> *Heinrich Mann*[1]

Die Deutschen verehren nicht die Revolutionäre, sondern
den starken Mann. Das ist ihr wahres Idol.

In der Tat läuft in fast jedem Deutschen ein psychologi-
scher Mechanismus ab, im Fall von Konflikten und problematischen Situationen nach dem starken Mann zu rufen.
Nichts wird in diesem Land mehr bewundert als Staatsmänner und ›Führer‹, die sich durch ›hartes Eingreifen‹
Respekt verschaffen und für Ruhe und Ordnung sorgen.
Diese immer latente Sehnsucht nach einer Autorität, die
Stärke und Selbstvertrauen ausstrahlt, entspricht freilich
der inneren Unsicherheit, die sich hinter dem arroganten
Auftreten der meisten Deutschen verbirgt. Sie ist ein weite-
rer – wesentlicher – Zug ihrer Verklemmtheit.

Warum war Franz Josef Strauß der populärste Politiker
der Bundesrepublik Deutschland? Er verkörperte eben die
idealen Attribute eines teutonischen Machtmenschen:
Härte, Rücksichtslosigkeit, Kraftmeierei, Zynismus, Durchsetzungskraft, unverwüstliche Dickköpfigkeit. Diese Art
Machos lieben die Deutschen.

Hitler war kein Zufall, genausowenig wie vor ihm Bismarck und die vielen kleineren Helden, die in diesem
Lande den starken Mann gespielt haben und weiter spielen: Politiker, Beamte, Unternehmer, Militärs, Parteiführer,
usw.

Der starke Mann kann ein Diktator sein, aber auch eine
Institution oder Körperschaft. Die Deutschen haben großen Respekt vor allem, was stark ist, und wenn kein Diktator da ist, der diese Stärke leibhaftig verkörpern kann,
dann halten sie sich an mächtige Institutionen: Gerichte, Polizei, Verwaltung und andere staatliche Instanzen.
Das Amtliche spielt in diesem Lande eine außerordentli-
che Rolle. Mit Recht hat Ulrich Sonnemann behauptet,
Deutschland sei ein Land, »in dem der Verwaltungsbeam-
te, ob nun nach halbgöttlichem Gutdünken oder hinter
Schaltern schaltet, das Ultimum aller Zuständigkeit ist«.[2]
Man rufe sich nur mal ein paar der bombastischen Titel ins

Gedächtnis, die die Deutschen für ihre Ämter erfunden haben.

Jetzt gibt es in der Bundesrepublik keine Diktatur, dafür aber die anonyme und allmächtige Herrschaft Millionen kleiner und großer Amtsträger, die unentwegt arbeiten, immer wieder neue Mittel erfinden, um die Bürger von ihrem Fleiß zu überzeugen. Laufend werden neue Gesetze erlassen, neue Bestimmungen bekanntgegeben, immer perfektere und gründlichere Fragebogen hergestellt. Die Deutschen leben inmitten eines riesigen Ozeans von Statistiken, Daten, Formularen und amtlichen Untersuchungen, und man wundert sich, daß sie dabei noch nicht im Papier erstickt sind.

Die amtliche Autorität ist vor allem durch das Justizwesen repräsentiert. Der Einfluß der Gerichte in diesem Lande ist grenzenlos. Sie sind ständig überlastet. Die Deutschen haben ein sehr enges Verhältnis zur Jurisprudenz. Das ist das Land der Tribunale, der einstweiligen Verfügungen, der Strafanzeigen und der gerichtlichen Klagen. Große, aber auch kleine, oft lächerliche Streitigkeiten enden oft vor dem Kadi, Pardon wird nicht gegeben. Lappalien, die bei anderen gelasseneren Völkern mit einem hitzigen, aber am Ende harmlosen Wortwechsel zwischen den Kontrahenten erledigt werden, führen hier sofort zur todernsten Strafanzeige. Polizeibeamte sind pausenlos auf Achse, Rechts- und Staatsanwälte und Richter haben immer Hochkonjunktur. Rechtsempfinden verwandelt sich rasch in Rechthaberei und Denunziation, tatsächlich oder vermeintlich erlittenes Unrecht in Verfolgungswahn und blinde Rachsucht. Andere auf kaltem, amtlichem Wege zu bestrafen – gibt es etwas deutscheres als diese pervertierte Mischung aus Sadismus und Unterwürfigkeit?

Die Deutschen leben in der ständigen Angst, die Bestimmungen der Behörde zu verletzen, mit der Obrigkeit in Konflikt zu geraten, und somit tun sie alles nur Menschenmögliche, um dem nachzukommen, was die Staatsbürokratie von ihnen verlangt. Und das ist nicht wenig, denn die Sucht der Amtsträger nach Kontrolle nimmt immer maßlosere Formen an. Die Einführung der Computer als technische Hilfsmittel hat alles nur noch verschlimmert, hat die Möglichkeiten der totalen Datenerfassung ins Uferlose steigen lassen. Sicher, es gibt eine beträchtliche Minderheit von freiheitlich gesinnten Wissenschaftlern, Datenschützern und Grünen, die sich verzweifelt gegen die Übermacht der Staatsschnüffelei zur Wehr setzt. Doch kämpft sie auf verlorenem Posten. Die Mehrheit der Bevölkerung ergreift Panik bei dem Gedanken, sich gegen die Macht der Behörden auflehnen zu müssen. Ziviler Ungehorsam ist in diesem Land ungern gesehen, und die wenigen, die die Zivilcourage haben, dieses staatsbürgerliche Recht wahrzunehmen, laufen immer Gefahr, als Querulanten und Staatsfeinde gebrandmarkt zu werden. In einer Sendung von Radio Bremen meinte Alfred Paffenholz dazu: »Auch in der demokratisch verfaßten Bundesrepublik unserer Tage gibt es weiterhin obrigkeitsstaatliche Tendenzen; sie sind Folgen unserer Geschichte. Diejenigen, die sich couragiert dagegen wehren und die Grund- und Freiheitsrechte immer wieder einfordern, werden oft genug von staatlichen Autoritäten und Behörden als Störenfriede, Randalierer diffamiert, als Menschen, die – wie es so griffig heißt – ›eine andere Republik wollen‹.«[3] Um als abweichende und protestierende Minorität respektiert zu werden, muß man sich zuerst den Segen eines Gerichts holen, und nur wenn diese amtliche Hürde überwunden ist, sind die Widerspenstigen legitimiert, »von Amts wegen« und »im Rahmen des Gesetzes« sich als Rebellen zu betätigen. Das sind die Deutschen: Sogar um frei zu sein, muß man hier eine offizielle Genehmigung haben.

Man kann in Deutschland ohne den Staat kaum etwas erreichen, alles dreht sich um den allgegenwärtigen ›Vater Staat‹, der aus Sorge um seine Kinder mit einer unendlichen Fülle von Ämtern, Instanzen und Behörden auch in dem abgelegensten Provinznest präsent ist, damit ja kein Bürger sich verlassen und schutzlos fühlt.

Von dem Rat Marx' und Engels', den Staat langsam absterben zu lassen, haben die Deutschen keinen Gebrauch gemacht, auch ihre sozialdemokratischen Schüler nicht. Im Gegenteil, sie sind seit eh und je die eifrigsten Verfechter des Staatskults gewesen. Schon Lassalle als getreuer Anbeter Hegels konnte sich nichts ohne den Staat vorstellen, und genauso verhält es sich mit den heutigen Vertretern der SPD.

Der Staat symbolisiert für den Durchschnittsdeutschen die höchste Autorität, und was er bestimmt, gilt als sakro- 187 sankt und absolut bindend, gleichgültig, ob es richtig oder unrichtig ist. Und wer nicht pariert, setzt sich der Gefahr eines Disziplinarverfahrens aus, oder er wird in den vorzeitigen Ruhestand versetzt oder ihm wird – wenn er im Lehrbereich tätig ist – Haus- und Lehrverbot erteilt. Selbiges hat Professor Peter Brückner 1980 an der Universität Hannover erfahren müssen, wegen mangelnder ›Treue zum Staat‹.

Man muß sich eben diszipliniert verhalten, und auch hier kann man sich auf das Beispiel des guten Lassalle berufen, der in einer seiner Reden als Vorsitzender des Allgemeinen Deutschen Arbeitervereins sagte: »Noch ein anderes höchst merkwürdiges Element unseres Erfolges habe ich zu erwähnen. Es ist dieser geschlossene Geist strengster Einheit und Disziplin, welcher in unserem Verein herrscht! Auch in dieser Hinsicht, und in dieser Hinsicht vor allem, steht unser Verein, Epoche machend und als eine ganz neue Erscheinung in der Geschichte, da!«[4]

Auch die jetzigen Führer der SPD legen größten Wert auf Disziplin und Geschlossenheit, können mit Dissens und Meinungsvielfalt innerhalb der eigenen Reihen wenig anfangen. Als Hans-Jochen Vogel Ende März 1987 den Rücktritt Willy Brandts als Vorsitzender der SPD bekanntgab, beeilte er sich, die Disziplinlosigkeit der Genossen zu tadeln, die im Zusammenhang mit der Diskussion um die Griechin Margarita Mathiopoules den Parteiführer kritisiert hatten. Bei dem Zauberwort Disziplin sind die Deutschen immer einig, und deshalb gingen Vogels Äußerungen gegen die Brandt-Widersacher ohne Widerspruch durch. Ja, sogar die Kritiker Brandts bekamen weiche Knie; es entschuldigte sich Hans Apel am nächsten Tag mündlich beim Vorstand für seine Äußerung »Brandt muß weg«, Wischnewski bat Brandt schriftlich um Verzeihung. Auch die politischen Kommentatoren und Leitartikler der Nation nahmen keinen Anstoß an der Belehrung Vogels, obwohl es darauf vieles zu erwidern gegeben hätte. Denn: wie soll eine Diskussion über einen strittigen und kontroversen Sachverhalt ›diszipliniert‹ verlaufen? Was ist das für eine Sprache?

Vogel ist keine Ausnahme. Disziplin wird in Deutschland immer großgeschrieben, und wenn jemand dieses Wort beschwört, ist es, als hätte der liebe Gott selbst gesprochen.

Dieser Begriff der ›schulischen Zucht‹ genießt natürlich

in der Armee ein besonderes Ansehen. Der einzelne muß sich einem kollektiven Ziel unterordnen. Ein solcher Verhaltenskodex spielt im Zivilleben eine ebenso große Rolle. Aber im Grunde ist diese so verehrte Disziplin ein leeres Wort, ein Abstraktum, weil es nichts über die Sache selbst sagt. Disziplin kann man für vieles verlangen, für gute, aber auch für schlechte Zwecke. Und da liegt das Suspekte und Dubiose, daß man sie im voraus als einen absoluten Wert verherrlicht, ohne vorher gründlich zu klären, welcher Zielsetzung sie dienen soll. Somit wird Disziplin ritualisiert, zu einem sakralen Prinzip erhoben, und jedes abweichende Verhalten wird von vornherein verteufelt.

Disziplin hat diesem Volk unbestreitbar geholfen, äußerst schwierige Situationen zu bewältigen, aber noch öfter wurde sie für Zwecke mißbraucht, die alles andere als gut waren, zum Beispiel, um Unterdrückung zu rechtfertigen oder Kriege zu führen. Die Naziherrschaft war eines der letzten Beispiele dieses Disziplin-Mißbrauchs.

Aber diese und andere negativen Erfahrungen hat die Liebe der Deutschen zur Disziplin kaum verringert. Und diejenigen, die diese nationale Tugend nicht beherzigen, müssen mit dem Volkszorn rechnen, wie die Grünen, die beim Wort Disziplin alles andere als strammstehen und aus ihrer antiautoritären Gesinnung kein Hehl machen. Aus diesen Grünen werden gleich Chaoten gemacht, Anarchisten, Feinde der Republik, und zwar nicht, weil sie gegen die Zerstörung und Vergiftung der Umwelt zu Felde ziehen, sondern vielmehr, weil sie es auf eine ›undisziplinierte‹ Art und Weise tun, mit Basisdiskussionen, Demonstrationen, Boykottaufrufen, salopper Kleidung und anderen Formen der ›Disziplinlosigkeit‹.

Nicht nur die Grünen entziehen sich der typischen Vorstellung vom disziplinierten Deutschen. Es gibt hier auch andere Menschen und Gruppen, die wenig von Disziplin halten, die innerlich frei genug sind, um sich nach anderen Verhaltensnormen zu richten. Es hat sie immer gegeben, diese nicht leicht zu disziplinierenden Deutschen, aber sie haben es schwer, sich gegen den massiven und kompakten Disziplinkult um sie herum durchzusetzen.

Disziplin kann niemals der Endzweck einer wirklich freien und emanzipierten Gesellschaft sein, denn ihr Sklave zu werden bedeutet, das eigene Schicksal in die Hände einer fremdbestimmenden Instanz zu legen. Die Aufforderung zur Disziplin kommt einer Aufforderung zur Unterwerfung gleich, ist eine Form der Unterdrückung und der Erpressung. »Haltet Disziplin!« will sagen: Haltet euren Mund, tut, was man euch sagt, fragt nicht. Das ist der Kasernenstil, der Ton, der beim Kommiß herrscht.

Die ständigen Appelle an die Disziplin, die man in Deutschland am laufenden Band hört, führen zu einer Tabuisierung bestimmter Diskussionen, zu einer Ausklammerung unbequemer Auseinandersetzungen, nach dem Motto: Einigkeit ist wichtiger als alles andere, auch wichtiger als die Wahrheit.

Disziplin bedeutet auch den Sieg des Kollektiven über das Individuelle, hat eine Vermassung des einzelnen zur Folge, sie ist eigentlich eine stillschweigende Aufforderung, Masse zu werden, sich ohne Wenn und Aber in Reih und Glied aufzustellen und mit den anderen zu marschieren, nicht nur im Krieg.

Ich sehe in der deutschen Disziplin ein Zeichen jenes Autoritätgedankes, der in diesem Land immer tonangebend war. Denn die grundsätzliche Frage lautet: Kann Kritik diszipliniert werden? Kritik ist unvereinbar mit Disziplin, denn eine Kritik, die sich von vornherein die Zwangsjacke einer Disziplin auferlegt, in welchem Namen auch immer, hört auf, wahre Kritik zu sein. Disziplin, hat Erich Mühsam gesagt, »ist das Mittel schwächlicher Naturen, noch schwächere Naturen ihrem Willen zu unterwerfen«.[5] Und er hatte recht, dieser große Deutsche, der am Ende Opfer jenes Untertanen- und Kasernengeistes wurde, den er so leidenschaftlich bekämpft und lächerlich gemacht hatte.

Kant faßte die Disziplin als den obersten Grundsatz der richtigen Erziehung auf, aber mit seinem angeborenen Sinn für Ausgeglichenheit und Maß wies er darauf hin, daß das Zuchtprinzip durch das Freiheitsprinzip ergänzt werden muß. Die Deutschen haben nur seine Würdigung der Disziplin begriffen, sind aber nicht dem Gebot der Freiheit gefolgt. Bei Kant bedeutet Disziplin vor allem Selbstdisziplin, freiwillige Zähmung der animalischen oder unsozialen Triebe, deshalb eine Disziplin, die aus der Selbstbestimmung und der inneren Freiheit des einzelnen hervorgeht. Die Deutschen haben aber Disziplin vor allem als Gehorsam gegenüber der Obrigkeit verstanden, und zwar so gründlich, daß die jeweiligen Staatsorgane diese tiefverwurzelte Anlage ihrer Untertanen ausgiebig und wiederholt mißbrauchen konnten, ohne dabei auf nennenswerten Widerstand zu stoßen.

Widerstand? Wie soll man Widerstand leisten, wenn man von Kind an die Zwangsjacke der Disziplin tragen muß? Der Geist des Ungehorsams hat in Deutschland immer eine bedrängte Existenz geführt, und wenn er gepredigt wurde, hat man ihn überhört oder den Ungehorsamen bestraft, zum Schweigen gebracht. Es gilt weiterhin, was der Theologe Johann Baptist Metz gesagt hat: »Ich denke auch daran, daß wir ein Land sind ... mit einem bedenklichen Übermaß an politischer Anpassungsgeschichte und einem beträchtlichen Mangel an Widerstandsgeschichte.«[6] Aber auch die Worte, die Julien Green während der Nazizeit schrieb, haben nicht ganz ihre Gültigkeit verloren: »Wahr ist, daß das deutsche Volk noch nicht fähig ist, sich selbst zu regieren, und es will Sklave sein; niemals in der modernen Geschichte hat man ein so erstaunliches Phänomen gesehen wie diese Leidenschaft, versklavt zu werden.« (*Les années faciles*)[7]

Die Bundesrepublik ist freilich nicht das Dritte Reich, und die heutigen Deutschen wollen alles andere als Sklaven eines Führers sein. Was damals geschah, ist heute ziemlich unvorstellbar. Und dennoch steckt in vielen Deutschen weiterhin der irrationale Hang nach Lenkung von oben. Protest, ziviler Ungehorsam sind immer noch die Ausnahme, keineswegs eine selbstverständliche Haltung.

Es ist letztlich eine Frage der Erziehung und damit eine Frage des Charakters. Wenn Disziplin einen solch hohen Stellenwert in der Entwicklung einer Persönlichkeit hat, kann kaum ein überzeugender Charakter entstehen, wozu moralisches Stehvermögen, Zivilcourage und freiheitliche Gesinnung gehören. Charakter wurde von den Deutschen oft mit Kühnheit des Denkens verwechselt, ja, auf Wissen reduziert, so daß sie oft vor lauter Gedankenfreiheit die wahre, konkrete Freiheit geopfert haben. Schon Madame de Staël fiel auf: »Allein die politischen Einrichtungen können den Charakter eines Volkes formen; die Natur der Regierung Deutschlands stand fast immer im vollsten Gegensatz zu den philosophischen Erleuchtungen der Deutschen. Daher kommt es, daß sie die denkbar größte Kühnheit des Gedankens mit dem gehorsamsten Charakter verbinden ... der Geist der Deutschen und ihr Charakter scheinen nichts Gemeinsames zu haben: der eine kann keine Beschränkung ertragen, der andere unterwirft sich jedem Joch.« *(Über Deutschland)*[8]

Die Friedens-, Alternativ- oder Grünenbewegung beweist – wie auch die antiautoritäre Bewegung der sechziger Jahre –, daß die Deutschen nicht in alle Ewigkeit verdammt sind, sich wie gefügige, gehorsame, gefällige Untertanen zu benehmen, daß sie wohl in der Lage sind, über den Schatten einer falschen Erziehung zu springen und wie selbstbewußte, freie und notfalls unbequeme und ungehorsame Bürger zu handeln. Es gibt sicherlich auch Deutsche, die keiner Bewegung angehören und nicht von dem Untertanengeist beherrscht werden. Es wäre eine ›Umwertung aller Werte‹ nötig, in erster Linie eine Revolte gegen den sakralen Nimbus um den Begriff ›Disziplin‹, damit ein furchtloserer Umgang mit den Mächtigen in Deutschland selbstverständlicher würde.

DIE DEUTSCHE MYTHOLOGIE

Man kann für den Verlauf der deutschen Geschichte historische, politische oder auch kulturelle Gründe finden, aber diese Darstellung bliebe unvollständig und ziemlich vordergründig, wenn nicht ein Element berücksichtigt würde, das in diesem Zusammenhang von ausschlaggebender Bedeutung ist: die Tradition der deutschen Mythologie, ein Begriff, in dem sich die gesamten obskurantistischen, irrationalen und mystischen Tendenzen, die der deutschen Geschichte eigen sind, zusammenfassen lassen.

Daß die Deutschen für Wissenschaft, Technik, Philosophie und exaktes Denken ungemein begabt sind, ist hinreichend bekannt. Noch heute liegt die Bundesrepublik an der Spitze der technischen Erfindungen pro Kopf der Bevölkerung, weit vor Japan und den USA und nur von der Schweiz übertroffen. Erstaunlicherweise sind die Deutschen zugleich sehr anfällig für alle möglichen irrationalen Erscheinungen, eine Veranlagung, die sie immer wieder dazu treibt, den Sinn für die Realität zu verlieren und sich an Mythen und irreale Bilder zu klammern, die nur in ihrer getrübten und zügellosen Phantasie existieren. Diese obskurantistische Dimension ihrer Psyche erklärt vielleicht den unausgeglichenen und insgesamt unglücklichen Verlauf ihrer Geschichte, die bitteren Fiaskos, die sie wegen ihrer maßlosen Sehnsüchte, ihrer größenwahnsinnigen Schwärmereien und ihrer hochtrabenden Herrschaftsträume oft erlebt haben. Auch die unterschwelligen Ressentiments, die sich nach jeder historischen Niederlage in der Seele dieses Volkes wie ein Krebs einnisten, haben wahrscheinlich ihre Ursache in dem Mißverhältnis zwischen seiner haltlosen Phantasterei und der nüchternen Wirklichkeit.

Der deutschen Geschichte haftet seit jeher etwas Gespenstisches und Unheimliches an, und es ist sicherlich kein Zufall, daß die repräsentativste Gestalt der deutschen Literatur – Dr. Faustus – sich in Verbundenheit mit der Figur des Mephisto entwickelt. Schon Madame de Staël stellte fest: »Die öden Felder, die verräucherten Häuser, die gotischen Kirchen, alles das scheint direkt für Hexen- und Spukgeschichten geschaffen zu sein.«[1] Man braucht in diesem Zusammenhang nur an die wichtige Rolle zu erinnern, die die Hexenverfolgung im alten Deutschland gespielt hat, und nicht nur im finsteren Mittelalter. Kaum zu glauben, daß ein Drittel der Bundesdeutschen noch an Hexen glaubt, wie erst eine kürzliche Umfrage festgestellt hat. Nach dem Syndrom des Sektenwesens und der Drogenwelle zeichnet sich in letzter Zeit bei der deutschen Jugend eine Neigung zum Okkultismus ab. Der Freiburger Professor Johannes Mischo hat im Auftrag des katholischen Bistums Trier eine Studie durchgeführt, die er im März 1988 vorlegte. Danach sind rund 85 Prozent der 520 befragten Religionslehrer von ihren Schülern auf übersinnliche Phänomene, Geisterbotschaften, Satanskulte, schwarze Messen, geisterhafte Bewegungen, Spiritismus und andere magische und okkulte Praktiken angesprochen worden. Es gibt offenbar in der Bundesrepublik Millionen tüchtiger Menschen, die – nebenberuflich sozusagen – an Hexen, böse Geister, okkulte Kräfte, schwarze Magie, Zauberei und sonstigen Hokuspokus glauben, auch an Spiritismus, Anthroposophie, Theosophie und ähnliche pseudowissenschaftliche Praktiken.

Diese Alltags- und Privatdämonie wäre ziemlich harmlos, wenn man vergessen könnte, welche Rolle in Deutschland gerade das Dämonische auf politischer und gesellschaftlicher Ebene gespielt hat, zuletzt und in besonderem Maße im Dritten Reich. Die Naziherrschaft ist ohne die obskurantistische und satanische Tradition der deutschen Geschichte schwer erklärbar. Man hat meist die Bestialität der Nazis hervorgehoben und dabei andere Elemente übersehen oder nur am Rande berücksichtigt, die nicht minder relevant sind, darunter eben der tranceähnliche Zustand, in den große Teile der deutschen Bevölkerung damals gerieten, als wären sie buchstäblich von allen guten Geistern verlassen. Schon die pseudoreligiöse, charismatische und unkritische Rezeption der ›Botschaft‹ Hitlers durch den Durchschnittsdeutschen zeigt, wie leicht sich dieses Volk von Rattenfängern und Demagogen blenden und verführen läßt, wie stark Mythen, die geschickt in Szene gesetzt werden, auf sein Gemüt wirken. Das ganze Dritte Reich war eigentlich eine Art gigantische Schwarze Messe, daher die frenetische Hysterie und das brüllende Delirium, welches das Erscheinen des »Führers« bei den Massen erzeugte.

Die ersten, die an ihre Zauberkraft glaubten, waren freilich die Nazibonzen selbst. Daß sie die uralte Swastika als optisches Symbol für ihre Bewegung wählten, ist sicher kein Zufall, belegt vielmehr die Neigung, in der Dunkelkammer der frühgeschichtlichen Mythologie zu wühlen, sich durch archaische Legenden und Sagen eine priesterhafte, pseudo-sakrale Autorität zu geben. Dasselbe gilt für die Verwendung des altmythologischen Begriffs ›Thule‹ als eschatologische Chiffre eines verheißungsvollen germanischen Jenseits. Man weiß, welchen weltanschaulichen wichtigen Platz die Münchner Thule-Gesellschaft in der Inkubationsphase des Nazismus einnimmt. Mehrere führende Nationalsozialisten der ersten Stunde gehörten zum Kreis dieses Geheimordens, unter anderem Dietrich Eckart, der große Mentor und Förderer Hitlers in der bayerischen Hauptstadt. Bekannt ist auch, daß sich der zukünftige »Führer« in seiner Wiener Zeit eifrig mit den okkultistischen Schriften von Guido von List und vor allem Lanz von Liebenfels beschäftigte und Leser der vom letzteren herausgegebenen Zeitschrift *Ostara* war. Obwohl er es für opportun hielt, sie in *Mein Kampf* nicht zu erwähnen, wurde er von beiden tief beeinflußt, wie Helga Grebing zu Recht unterstreicht: »Bis in die subtilsten Einzelheiten und bis in alle Konsequenzen ist in den Schriften Lanz' und Lists und in der weitverbreiteten Zeitschrift *Ostara* ... die düstere Rassenmystik des Nationalsozialismus vorweggenommen.« *(Der Nationalsozialismus)*[2] Nur die Terminologie ist anders. Hitler war ein Agitator und politischer Demagoge, kein versponnener Gelehrter oder religiöser Schwärmer, als Massenmensch wußte er instinktiv, was er den Massen sagen (oder verschweigen) mußte. Er war moderner veranlagt als seine okkultistischen Lehrer, hatte einen angeborenen Sinn für Wirkung und Zweckmäßigkeit. Was ihn vor allen Dingen trieb, war ein maßloser, weltfremder und größenwahnsinniger Ehrgeiz. Von seinem Jugendfreund August Kubizek wissen wir, daß er davon träumte, »nach Walhalla einzuziehen und für alle Zeiten zu einer mythischen Gestalt zu werden ...«[3] Ähnlich das Zeugnis Hermann Rauschnings: »Hitler sprach ... wie ein Seher und Eingeweihter. Es war eine biologische Mystik oder, soll man sagen, eine mystische Biologie, die das Fundament seiner Eingebungen bildete.« *(Gespräche mit Hitler)*[4]

Auch Wilhelm Reich hatte in seinem Buch *Die Massenpsy-chologie des Faschismus* die ganze faschistische Rassenlehre als »biologischen Mystizismus«[5] bezeichnet.

Himmler, obwohl ein Spießer und eine Krämerseele durch und durch, schwärmte davon, die SS in einen neuen Orden auserwählter Ritter zu verwandeln, in eine Art braune Societas Jesu. Zu diesem Zweck erwarb er die Wewelsburg, wo sich die ganze SS-Elite traf, um sich dem Kult der »arisch-germanischen Rasse« zu widmen. Rudolf Heß glaubte an Okkultismus und Wahrsagerei, ließ sich Horoskope anfertigen. Sein Flug nach Großbritannien und sein bombastischer Plan, damit den Frieden zwischen England und Nazideutschland herbeizuzaubern, läßt erkennen, welch paranoisches und weltfremdes Verhältnis er zur Wirklichkeit hatte. Und er war nicht irgend jemand, sondern Stellvertreter des »Führers« und Mitverfasser von *Mein Kampf.* Der drogensüchtige Göring empfand das größenwahnsinnige und exhibitionistische Bedürfnis, sich mit Luxus und Pomp zu umgeben, sammelte deshalb alle möglichen Kunstgegenstände, schwärmte für alte Schlösser und erschien oft in den tollsten und extravagantesten Verkleidungen, wie es übrigens die Deutschen gern beim Karneval tun. Alfred Rosenberg, der Verfasser von *Der Mythus des 20. Jahrhunderts,* war auf der Suche nach einer Ersatzreligion und sah in der deutschen Mystik des Mittelalters den Ausgangspunkt der »germanischen Wiedergeburt«. Er stilisierte Meister Eckehart zum »größten Apostel des nordischen Abendlandes« und faßte den Plan, eine sich auf germanische Götter, mittelalterliche Ritter und Wagner-Helden stützende Religion zu gründen. Auch die Spekulationen des Blut-und-Boden-Theoretikers R. Walther Darré über die Ernährung gehören ins Reich der blanken Phantasterei, vor allem der Kausalnexus, den er zwischen der Überlegenheit der germanischen Rasse und dem Verzehren von Schweinefleisch herstellt, sowie die Behauptung, daß die Juden eine minderwertige Rasse seien, eben weil sie ein feindliches Verhältnis zum Schwein hätten. Schon der bloße Titel einer seiner Schriften spricht für sich und läßt das Ausmaß seines vulgär-primitiven Biologismus erkennen: *Das Schwein als Kriterium für nordische Völker und Semiten.*[6]

196   Dieses Ineinanderübergehen von Sein und Schein, von

Realität und Fiktion, von Machtdenken und Scharlatanerie bildet ein Grundelement der Nazibewegung. Das ganze Dritte Reich war auf eine Erneuerung von alten Mythen und Ritualen gerichtet, auf die pausenlose Inszenierung von pseudomatischen und pseudosakralen Zeremonien, auch wenn sich dieses regressive und animistische Schamanentum auf einen von Ingenieuren geleiteten, technischen und wissenschaftlichen Apparat stützte. Aber das Paradoxe am Dritten Reich ist, daß es eine Symbiose von Modernität und Primitivität darstellte, von Produktion und Magie, von rationaler Planung und Anti-Rationalismus. Dazu gehörten auch die fieberhafte Suche nach Ersatz für die fehlenden Rohstoffe und die damit verbundenen kühnen Pläne der Autarkie. Der technisch-wissenschaftliche Erfindungsgeist steigert sich durch schwärmerische Einbildungskraft zur reinen Magie.

Aber auch und gerade die Musik gehört zum Katharsisprozeß des Dritten Reiches, wurde pausenlos dazu benutzt, Emotionen und Stimmungen zu erzeugen, man denke nur an die tiefen Spuren, die Wagner-Opern bei Hitler hinterließen. In seinem Buch *Hitler in uns selbst* macht Max Picard darauf aufmerksam, welche Verbindung im Dritten Reich zwischen Musik und Mord bestand, und der Italiener Curzio Malaparte beschreibt in seinem historischen Roman *Kaputt*, wie Hans Frank sich oft zurückzog, um Klavier zu spielen. Himmler war ein guter Bachinterpret. Heydrich konnte Mozart nicht hören, ohne zu weinen. Es gab kein Konzentrationslager ohne Kapelle, auch hier im Angesicht des Todes legten die Nazis Wert darauf, ihre abscheulichen Verbrechen mit Musik zu verklären.

Der Hang zur Mythenbildung zeigte sich ebenso in der Verherrlichung des Monumentalen, und zwar in allen Bereichen: in der Baukunst, in der Produktion, im Militärwesen, bei Massenversammlungen und Aufmärschen. Das Massenhaft-Gigantische als Symbol unbesiegbarer Kraft, die Horde als Zeichen von Überlegenheit und Macht, allerdings eine gedrillte, befohlene, reglementierte Horde. Wiederum ist dieser Massenkult eng mit dem Führerprinzip und der Lenkung großer Komplexe von Menschenmaterial verbunden.

Auch das Vokabular der Nazis belegt eindeutig ihren Hang zur Phantasterei. Die Bezeichnung »Wunderwaffe«

entsprach ganz unmißverständlich dem Bedürfnis, eben an Wunder zu glauben, die Illusion, mit Hilfe übernatürlicher und übermenschlicher Kräfte allem zu trotzen, was sich ihnen in den Weg stellen konnte. Ohne diese wirklichkeitsfremde Verblendung ist schwer zu erklären, wie ein ganzes Volk buchstäblich bis zur letzten Minute noch an den Sieg glauben konnte, als das Land schon ein einziges riesiges Trümmerfeld war. Daß Goebbels hier mit seiner diskursiven Prahlerei eine Schlüsselrolle zufiel, ist bekannt: die Rolle des großen Magiers, der durch seine Rhetorik noch einmal die bittere Wahrheit in Hoffnung und Illusion verwandelt. »Für uns ist Politik das Wunder des Unmöglichen«,[7] hatte er euphorisch und großtuerisch geschrieben, nicht ahnend, daß seine verworrenen Zukunftsvisionen mit einem kläglichen und nicht gerade heldenhaften Selbstmord enden würden.

In diesem Zusammenhang ist die Affinität zwischen den verbalen Zauberkünsten der Nazis und der Philosophie Heideggers bezeichnend. »... ist er ein ungemein begabter Hochstapler? eine andere Art Hitler-Typus?«[8] fragte sich Jaspers in seinen *Notizen zu Martin Heidegger*. Ich erwähne Heidegger nicht aufs Geratewohl, sondern weil er wie kein anderer deutscher Denker dieses Jahrhunderts als der Inbegriff teutonischer Tiefe gilt, in Deutschland und im Ausland. So wie die ganze Naziideologie auf irrationalen Mythen und auf einer pathosbeladenen und inhaltverzerrenden Phraseologie basiert, stützt sich die Philosophie Heideggers auf semantische Kabbalistik und linguistische Mystik. Seine begrifflichen Konstruktionen haben mit Logik und Vernunft in klassischem Sinn nichts zu tun, sie sind Wortspiele, diskursive Magie, pseudophilosophischer Hokuspokus. Jaspers hat dies klar erkannt: »Vermischung von Dichtung und Philosophie, moderne Magie, Analogie zu spätantiken Propheten, zur Gnosie ... Jedenfalls eigentümliche, ursprüngliche Begabung des Magiers... Die Magie der dichterischen Beschwörung, die Magie des Extremen, die Magie der Lüge, die Magie des sophistischen Pathos.«[9] Daher auch die feindselige Haltung gegenüber Plato und jeder logischen Erkenntnis. Seine Ontologie ist eine bewußte Apologie des Verdunkelns und der Geheimnistuerei. Sprachliche Technik und etymologische Hermeneutik als Ersatz für echte Philosophie. Das Subjekt der

Aufklärung verschwindet hinter den Worten, wird ein grammatikalisches oder semantisches Nebenprodukt, verliert seine Würde als erkennendes und handelndes Individuum, genauso wie im späteren Strukturalismus, der ja nicht zufällig sich auf Heidegger beruft. Dieser Hohepriester aus dem Schwarzwald hat, um sein Ziel zu erreichen, ständig die Aussagen seiner Meister (Hölderlin, Nietzsche) entstellt und schamlos manipuliert, ebenso hat er seinen Formalismus dem Expressionismus entlehnt, darunter besonders Georg Trakl, Stefan George und Gottfried Benn. Von der Wahrheit können wir nur »Winke« bekommen, meinte er, alles andere – der Dialog an erster Stelle – wird als »Gerede« abgetan.

Die von Heidegger auf theoretischer Ebene betriebene Demontage der humanistischen Logos wurde von den Nazis in politische Praxis umgemünzt und in ein riesiges Pandämonium verwandelt. Der Heideggersche Obskurantismus verließ die elitären Räume der akademischen Hörsäle und vornehmen Feuilletons, um eine gesellschaftliche Totalität zu werden. Überhaupt ist das ganze Dritte Reich ein magisch-satanisches Szenario, eine permanente Folge von faulen Tricks und Überraschungseffekten, eine Mischung aus Kalkül, Hochstapelei und Verblendung. Sie erinnern unweigerlich an die Zauberkünste, die ein begabter Illusionist auf der Bühne vorführt, um die Zuschauer in Entzücken zu versetzen. Man hat Hitler und seinesgleichen mit Gangstern verglichen; das stimmt, sie vollzogen ihre Pläne mit der Kaltblütigkeit berufsmäßiger und skrupelloser Killer, aber das Präludium war Dunkelheit, Hexerei, Dämonie, Legendenbildung, Ersatzmystik. Die Suggestionskraft dieser Massenopiate half dem braunen Großpriester, das Volk mitzuziehen, es in Ekstase zu versetzen und jede kritische, nüchterne Überlegung bei ihm auszuschalten.

Sicherlich ist jetzt der Spuk vorbei, und die Deutschen haben sich im ganzen aus diesem primitiven und pubertären Trancezustand gelöst, in den sie während des Dritten Reiches geraten sind. Sie sind aus dem wahnsinnigen Traum des »Tausendjährigen Reiches« erwacht. Was sie jedoch behalten haben, ist die Neigung zur Mythenbildung, obwohl es andererseits nichts Realistischeres und Nüchterneres gibt als das Nachkriegsdeutschland, wo die Realität so erbarmungslos ist, daß sie oft brutal wirkt. Aber das ist ja das Eigentümliche an diesem Volk, daß es auch in den trostlosesten Situationen auf Wolken zu schweben scheint.

Kaum war der Krieg vorbei, tauchte der Begriff ›Wunder‹ wieder auf, diesmal im Zusammenhang mit dem von Ludwig Erhard eingeleiteten wirtschaftlichen Neubeginn. Es war freilich kein Wunder, sondern harte und bedingungslose Arbeit, was das sogenannte Wirtschaftswunder ermöglichte. Aber anscheinend haben die Deutschen das Bedürfnis, ihr Tun und Walten immer mit übernatürlichen Symbolen zu schmücken, auch wenn es wie in diesem Fall um so schlichte und unromantische Dinge wie Produktion, Waren, Geld und statistische Tabellen ging. Die Deutschen sind wie kleine Kinder, die nicht ins Bett gehen wollen, ohne vorher ein schönes Märchen gehört zu haben. So wie sie sich jahrelang mit dem Märchen der Herrenrasse und dem »Deutschland, Deutschland über alles« betäubt hatten, ließen sie sich jetzt von der verlogenen Parole des »Wohlstands für alle« düpieren und bereitwillig von der herrschenden Klasse ausbeuten und lenken.

Auch die überzogenen Vorstellungen, die die Westdeutschen seit Jahrzehnten von einem vereinten Europa haben, drückten die immense Illusionsfähigkeit dieses Volkes aus. Wenn diese tiefverwurzelte Neigung zu verschwommenen Mythen sich mit historischen Ressentiments und nationalistischer Nostalgie paart, wird es allerdings gefährlich. Gemeint ist die Forderung nach der Wiedervereinigung beider deutschen Staaten und der Wiederherstellung des alten Reiches.

Die von den Christdemokraten mit Pauken und Trompeten verkündete und seit einigen Jahren praktizierte ›Wende‹ gehört ebenso zum Reich der Mythologie und der faulen Zauberei, denn dem Wähler wurde durch einen unverbindlichen, aber wohlklingenden Begriff ein Neuanfang vorgetäuscht, der in Wirklichkeit nichts anderes als eine Wiederkehr des Ewiggestrigen bedeutete. Daß sich so viele Deutsche von solchen durchsichtigen Tricks täuschen ließen (und weiter täuschen lassen), beweist, wieviel politische und staatsbürgerliche Aufklärung in diesem Land noch nottut.

Es geht nicht nur um die CDU/CSU und ihre mehr oder weniger raffinierten Methoden, Wählerstimmen zu sammeln, sondern überhaupt um die Manipulierbarkeit der

Deutschen und ihre fast triebhafte Bereitschaft zum unkritischen Mitmachen. Diese immer wiederkehrende und noch heute tiefverwurzelte Haltung ist auf das lädierte Verhältnis zurückzuführen, das die Deutschen zur kritischen Vernunft haben, auf das Defizit an Aufklärung in diesem Land, das immer noch besteht, obwohl paradoxerweise gerade die deutsche klassische Philosophie mit den »Kritiken« Kants jede Form von ›Blendwerk‹ in Frage stellt. Aber nicht der kritisch-aufklärerische Geist Kants setzte sich durch, sondern jene obskurantistischen, mystischen, irrationalistischen und mythenerzeugende Denkstrukturen, die sich massiv im Laufe des 19. Jahrhunderts entwickelten und zu einer »Zerstörung der Vernunft« (Lukács) führten. Mit dem Dritten Reich erreichten sie ihren Höhepunkt.

Wenn dies auch mittlerweile ferne und kaum wiederholbare Vergangenheit geworden ist, bedeutet es keineswegs, daß die jetzigen Deutschen immun gegen ideologische und psychologische Manipulationen sind, daß sie nicht mehr Opfer vernunftfeindlicher Parolen werden können. Ihr Lernprozeß ist bei weitem nicht abgeschlossen, jede optimistische Stellungnahme in dieser Hinsicht ist als Schönfärberei oder Selbstbeschwichtigung abzulehnen. Die kritisch-aufklärerischen Tendenzen haben unbestreitbar seit Kriegsende stark zugenommen, aber sie sind nicht vorherrschend in dieser Republik; vorherrschend ist weiterhin die Neigung, in irrationalen Mythen Zuflucht zu suchen und die nüchterne Wirklichkeit durch Wunschbilder und Selbsttäuschung zu ersetzen. Dieses Phänomen tritt heute in anderer Gestalt als früher auf, die Wurzeln sind aber dieselben, das gestörte Verhältnis zur Realität und der Mangel an selbstkritischer Reflexion. Der Durchschnittsdeutsche hat noch nicht richtig gelernt, sich mit selbstkritischen Augen zu sehen, tendiert reflexartig dazu, alles zu verdrängen – nicht nur die Nazivergangenheit –, was seine narzißtischen Vorstellungen vom eigenen Ich oder dem eigenen Volk stören könnte. Hinter dem obsessiven Bedürfnis, sich ständig zu bewähren – es muß noch einmal wiederholt werden –, verbirgt sich womöglich ein uneingestandener tiefer Inferioritätskomplex – eine Erklärung, aber keine Entschuldigung. Wie glänzend auch nach außen hin die Deutschen erscheinen mögen, ihre innere

Motorik besteht weitgehend aus Unzufriedenheit, Labilität, selbstauferlegtem Leistungsdruck und Schuldgefühlen. Die Nation, die oft versucht hat, sich an die Spitze aller anderen zu stellen und noch heute darauf versessen ist, mit ihren Leistungen der Welt zu imponieren, ist in der Tiefe ihrer Seele eine unzufriedene, unausgefüllte, hoch verklemmte Nation.

Bei diesem ewigen Pendeln zwischen großer Selbstüberschätzung und tiefer Niedergeschlagenheit entstehen dann die individuellen und kollektiven Traumata dieses Volkes. Die Mythologisierung der eigenen Identität bildet aber auch den Nährboden für die Dunkelmänner, die es geschickt verstehen, jede existentielle Krise der Nation für politische und ideologische, unlautere Zwecke zu mißbrauchen.

DIE DEUTSCHEN UND DIE ANDEREN

Nur sämtliche Menschen leben
das Menschliche.
Johann Wolfgang von Goethe[1]

Diskriminierung, Feindseligkeit und offener Haß gegenüber ethnischen Minderheiten sind eine Zeiterscheinung,
die mehr oder weniger stark in allen Industrienationen zu
spüren sind, nicht nur in der Bundesrepublik Deutschland.
Die Abneigung gegen Fremde ist auch keineswegs neu,
gehört zu den Urphänomenen der Weltgeschichte. So bemerkte Kant in seinen Überlegungen zum Völkerrecht:
»Die menschliche Natur erscheint nirgends weniger lie-
benswürdig als im Verhältnis ganzer Völker gegeneinander.«[2] Mit den Fremden, den Andersartigen verbinden viele oft etwas Barbarisches und Böses, Unheil scheint von
ihnen auszugehen, vor allem in Zeiten von Kriegen, Katastrophen, sozialen Spannungen, das heißt in Zeiten von
Angst und Unsicherheit. Wir befinden uns mitten in einer
solchen Epoche, auch in der Bundesrepublik Deutschland.

Die Deutschen in ihrer Einstellung zu den Ausländern,
die in der Bundesrepublik zumeist als Gastarbeiter oder
politische Flüchtlinge leben, könnte man grob in drei Gruppen einteilen: eine beträchtliche Minderheit, die jeden Ausländer nach Hause schicken möchte, eine auch beträchtliche Minderheit, die sich unermüdlich für die Rechte der
ethnischen Minoritäten einsetzt, und eine breite graue
Zone, die zwischen beiden Polen schwankt. Es gibt hier
also offenen Rassismus, aufgeschlossene Deutsche, die jede
Form von Rassismus ablehnen, und eine große Masse, die
eine zwiespältige Haltung einnimmt.

Die Ausländer werden insgesamt als Bürger zweiter Klasse angesehen und entsprechend behandelt. Von einer
Gleichberechtigung zwischen Einheimischen und Einwan-
derern kann keine Rede sein. Die über vier Millionen fremden Menschen, die hier leben, zahlen Steuern und Abgaben wie die Deutschen selbst, sind aber von bestimmten
Rechten ausgeschlossen, auch vom Wahlrecht.

Obwohl die beiden Kirchen, die Gewerkschaften, ein
Teil der Parteien und andere Instanzen seit Jahren die
Einführung eines Wahlrechts für Ausländer auf kommu-

naler Ebene befürworten – in einigen nordeuropäischen Ländern längst Wirklichkeit geworden –, stößt dieses Anliegen immer noch auf den entschiedenen Widerstand der CDU/CSU/FDP-Regierung, wobei festzustellen ist, daß zur Zeit der sozialliberalen Koalition unter Willy Brandt und später unter Helmut Schmidt das Wahlrecht für Ausländer auch nicht ernsthaft erwogen worden ist. Allerdings scheinen jetzt einige von der SPD regierten Länder bereit zu sein, das kommunale oder Landeswahlrecht für Ausländer einzuführen. Die entschiedensten Befürworter einer Gleichstellung von Deutschen und Nichtdeutschen sind die Grünen, die für die Ausländer nicht nur das kommunale Wahlrecht verlangen, sondern das aktive und passive Wahlrecht auf allen parlamentarischen Ebenen, das heißt, auf Landes- und auf Bundesebene.

Das klingt utopisch, aber es ist nicht zu bestreiten, daß die Bundesrepublik längst aufgehört hat, eine streng geschlossene nationale Gesellschaft zu sein, und daß zu ihr auch die Millionen Ausländer gehören, die hier leben und arbeiten. Sie können nur nicht alle Bürgerrechte ausüben, die die Deutschen selbst genießen. Der Einwand, der immer wieder vorgebracht wird, daß die Bundesrepublik kein Einwanderungsland ist und die Ausländer sich hier nur vorübergehend aufhalten, ist sachlich unhaltbar, schon deshalb, weil der größte Teil von ihnen einen langen Aufenthalt nachweisen kann.

Die demokratischen Rechte, die die Deutschen gern als ein unverzichtbares Grundrecht für alle Menschen hochhalten, beanspruchen sie für sich selbst, während die Ausländer von den Urnen ferngehalten werden und sich damit begnügen müssen, zu arbeiten und Steuern zu zahlen.

Das Grundgesetz, auf das sich die CDU/CSU beruft, um die Verweigerung des Wahlrechts für Ausländer zu begründen, garantiert den Schutz von Ehe und Familie, aber diese Parteien versäumen keine Gelegenheit, den Familiennachzug der in Deutschland lebenden Ausländer zu erschweren. Viele müssen getrennt vom Ehepartner und den Kindern leben. Auch hier wird ein Grundrecht, das allen Menschen zusteht, den ausländischen Bürgern verweigert. Aber die CDU/CSU gibt sich mit der vorhandenen Diskriminierung nicht zufrieden und unterstreicht in regelmäßigen Abständen die Absicht, das Ausländerrecht zu verschärfen, und sie hätte sicher ihre ganzen Vorstellungen in die Tat umgesetzt, wenn der Koalitionspartner FDP sich nicht dagegen gewehrt hätte. Anfang November 1987 erklärte der parlamentarische Staatssekretär im Innenministerium, Carl-Dietrich Spranger, daß die Bundesregierung beabsichtige, neue restriktive Maßnahmen gegen Ausländer einzuführen, unter anderem das Nachzugsalter für Kinder auf sechs Jahre zu senken. Diese Erklärung wurde prompt vom Regierungssprecher Ost als eine »sehr vernünftige Äußerung« bezeichnet. Doch selbst der Ausländerbeauftragte der Christlich-Demokratischen Arbeitnehmerschaft (CDA), Alfons Müller, fühlte sich zum Widerspruch aufgerufen: »Derartige Vorhaben lassen sich mit dem ›C‹ im Namen unserer Partei nicht vereinbaren.«

Auf dem Gebiet des Arbeitsrechts sind Ausländer ebenso Bürger zweiter Klasse. Bei der Einstellung von Arbeitskräften werden grundsätzlich Deutsche bevorzugt, auch bei der Vergabe von Lehrlingsstellen. In Westberlin werden neuerdings in zunehmendem Umfang bei Stellenannoncen in der Presse ausdrücklich Ausländer von jeglicher Bewerbung ausgeschlossen, obwohl diese Ausgrenzung gesetzwidrig ist und unter anderem gegen das Fürsorgerecht der Arbeitgeber verstößt.

Weit verbreitet ist noch die irrige Meinung, daß Gastarbeiter eine wirtschaftliche Belastung für die Bundesrepublik bedeuten und daß die Ausländer den Deutschen die Arbeit ›stehlen‹. Wahr ist, daß die Einwanderer als Arbeitskräfte, Verbraucher und Steuerzahler Jahrzehnte hindurch dazu beigetragen haben, das Bruttosozialprodukt dieses Landes nicht unwesentlich zu vergrößern, daß sie in keiner Weise Ballast für die bundesrepublikanische Wirtschaft sind, sondern vielmehr eine Bereicherung. Es ist auch erwiesen, daß viele der Arbeitsstellen, die angeblich Ausländer den Deutschen ›stehlen‹, von diesen oft gemieden oder abgelehnt werden, weil es sich in der Regel um harte, schmutzige, gesundheitsschädigende und schlecht entlohnte Tätigkeiten handelt. Diese Tatsachen sind bekannt, aber die Politiker und die Massenmedien haben es versäumt, die Bundesbürger ausreichend aufzuklären, daher die Hartnäckigkeit, mit der sich solche Vorurteile erhalten. Auch hier funktioniert der Verdrängungsprozeß ziemlich lückenlos. Fakten werden in Legenden umfunktioniert. 205

Man verliert zum Beispiel kaum ein Wort über die Arbeitsplätze, die die ausländischen Minoritäten selbst geschaffen haben. Wer weiß denn schon, daß 25 000 von den 1 400 000 in der Bundesrepublik lebenden Türken selbständige Geschäfte betreiben – nicht nur in der Gastronomie – und daß sie über vier Milliarden DM pro Jahr insgesamt investieren und einen Umsatz von rund 20 Milliarden DM jährlich erreichen?

Viele wissenschaftliche Untersuchungen sind zu dem Schluß gekommen, daß schon aus rein wirtschaftlichen Gründen die Bundesrepublik nicht mehr auf den Leistungsbeitrag der ausländischen Minderheit verzichten kann. Es soll hier nicht erörtert werden, inwieweit diese These zutrifft, doch ist folgendes zu bemerken: Das Verbleiben der Ausländer nur aus materiellen Erwägungen zu befürworten ist sicherlich nicht der richtige Ansatz, um der ganzen Problematik auf den Grund zu gehen. Hinter einem solch gewiß wohlwollenden Standpunkt steht doch letztlich die einseitige und diskriminierende Unterstellung, Ausländer müßten ausschließlich als ein ökonomischer Faktor ›bewertet‹ werden. Diese Art von Argumentation entspricht der bürgerlich-spätkapitalistischen Ideologie, die in der Bundesrepublik herrscht, und übersieht, daß Ausländer nicht nur Arbeitskräfte sind, sondern zugleich Menschen und Mitmenschen.

Falsch scheint mir auch, Ausländer nur aus Mitleid behalten zu wollen. Nicht Mitleid brauchen sie, sondern die ihnen gebührenden Menschenrechte, also Solidarität.

Die Lösung heißt nicht »Weg von hier« oder »Ausländer raus«, sondern weitgehende Integration auf der Grundlage der Gleichberechtigung. Sie haben sich diese Integration verdient, mit der Arbeit, die sie jahrelang geleistet haben, aber auch indem sie in ihrer überwältigenden Mehrheit die Gesetze der BRD nicht mißbraucht haben, jedenfalls meist weniger als die Bundesbürger selbst.

Man darf diese Menschen nicht hinauskomplimentieren nach dem bequemen Motto: »Der Mohr hat seine Schuldigkeit getan, der Mohr kann gehen.« Genausowenig sollte man ihnen den Aufenthalt so erschweren, daß sie aus lauter Verzweiflung freiwillig in ihre Heimat zurückkehren. Diese Menschen kamen als Arbeitskräfte, manche von ihnen als politische Flüchtlinge. Sie kamen wahrscheinlich, ohne genau zu wissen, wie lange sie bleiben würden; eine große Anzahl lebt jedenfalls seit vielen Jahren ununterbrochen in der Bundesrepublik, meistens mit Familie und Kindern, die oft hier geboren oder von klein an hier aufgewachsen sind. Diese Menschen als »Fremde« zu bezeichnen scheint nicht nur ungerecht, sondern absurd. Sie sind in tieferem Sinn keine Fremden mehr, die Mehrzahl von ihnen fühlt sich mit der Bundesrepublik eng verbunden und ist mit deren Verhältnissen sehr vertraut.

Man sollte den Begriff ›Integration‹ auch nicht als eine bedingungslose und einseitige Eingliederung in das Leben und den damit verbundenen Werten und Institutionen der Bundesrepublik verstehen, wie oft verlangt wird. Wirkliche Integration sollte nicht die Unterordnung einer Minderheit unter die Mehrheit bedeuten, sondern ein fruchtbares und gleichberechtigtes Miteinander, also Partnerschaft und Kooperation. Kurz, Integration ist nicht gleich Subordination.

Der Unmut gegen die Ausländer entartet gelegentlich zu offener Gewalt und körperlichen Aggressionen, die sich in Extremfällen zu Brandstiftung, Attentaten und Mord steigern. Diese Exzesse werden im Umfeld der rassistischen Hetzpropaganda geschürt, die von den Rechtsradikalen und Neonazis mit unermüdlichem Eifer immer wieder verbreitet wird, oft inmitten von Gleichgültigkeit der Behörden und der Massenmedien. Aber auch dort, wo sich die Beziehungen zwischen Deutschen und Ausländern ohne nennenswerte Konflikte oder Spannungen abspielen – und das ist sicher das übliche –, werden die Gastarbeiter und Asylanten mehr geduldet als geliebt. Die Ausländer sind im ganzen eine ghettoisierte Minderheit innerhalb der riesigen Masse der inländischen Bevölkerung geblieben. Sicherlich geht diese Absonderung teilweise von den Ausländern selber aus, dennoch liegen die Hauptgründe in den Vorurteilen, die die Bundesdeutschen gegenüber Angehörigen anderer Völker und Kulturkreise hegen. Die Ausländer bleiben oft untereinander, vielleicht aus geistiger Trägheit, weil sie sich nicht genug anstrengen, um sich in die Mentalität und die Kultur ihres Gastlandes hineinzufinden, aber häufiger, weil sie die Geringschätzung spüren. Auch arme Menschen – gerade sie – haben ihre Würde und ihren Stolz.

207

In ihren tiefsten Wurzeln ist die Feindseligkeit gegenüber Ausländern eine Form der Selbstentfremdung. Diese Haltung entwickelt sich überall dort, wo Menschen unter der Last der eigenen Probleme leiden und in einem spannungsgeladenen, unausgeglichenen Verhältnis zur objektiven Wirklichkeit und zu sich selbst stehen. Der Fremdenhaß ist nicht weit entfernt von Selbsthaß, von dem Bewußtsein der eigenen existentiellen Misere. Es gibt für das ›unglückliche Bewußtsein‹ viele Möglichkeiten, dem Druck der Realität zu entfliehen, und eine davon ist, den Fremden als Sündenbock für die eigenen Probleme, Sorgen und Fehlleistungen zu wählen. Der Fremde, der von weit her gekommen ist, der anders spricht, anders aussieht und andere Lebensgewohnheiten hat, wird als Alibi benutzt, um die eigene Verantwortung abzuschütteln und sich ein gutes Gewissen zu verschaffen. Die Deutschen sind heute – wie wir gesehen haben – alles andere als zufrieden mit ihrem Schicksal, und die innere Unzufriedenheit, die sie plagt, treibt sie immer wieder dazu, Feindbilder zu produzieren, womit sie unbewußt versuchen, ihre eigene Frustration und Ratlosigkeit zu verdrängen. Tief gespalten und unzufrieden mit dem eigenen Dasein, neigen sie dazu, die Schuld für ihre Lage auf andere zu projizieren, eben auf die, die nicht zu ihnen gehören und die trotzdem immer zur Hand sind, schon rein visuell. »Das Minderwertigkeitsgefühl«, hat Friedrich Heer geschrieben, »das nicht bewußt aufgearbeitet wird, drückt die Aggressionen gegen ›andere‹ aus, die so oft das eigene ›andere ich‹ verkörpern. Selbsthaß bildet eine schier unerschöpfliche Quelle für eingestandenen und nicht eingestandenen Haß gegen andere.«[3] Ausländer sind, wie keine andere Gruppe, dazu prädestiniert, die Rolle dieser ungeliebten »anderen« zu spielen.

Es ist bezeichnend, daß der Nationalsozialismus vor allem unter den Deklassierten und Zukurzgekommenen Anklang fand, unter den proletarisierten und verunsicherten Schichten und Individuen, dort, wo es einen günstigen Boden für Ressentiments, Mißgunst und Angst gab. Und es ist auch kein Zufall, daß die vorwiegend in den letzten fünfzehn Jahren entstandene Ausländerfeindlichkeit sich Hand in Hand mit einem rapiden Anstieg der Arbeitslosigkeit und der wirtschaftlichen Verunsicherung entwickelt hat. Allerdings wäre es falsch, die Ausländerfeindlichkeit

auf rein wirtschaftliche Motive zu reduzieren; auch kulturgeschichtliche, weltanschauliche, ideologische und psychologische Gründe und Hintergründe spielen eine entscheidende Rolle. Die Urquelle des Rassismus ist immer
der kollektive Narzißmus, der in jedem Nationalismus
steckt.

Der deutsche Begriff ›Übermensch‹ und sein Gegenpol
›Untermensch‹ (Ausdrücke, die sich schwer in andere Sprachen mit der gleichen Prägnanz übersetzen lassen) drük-
ken sehr markant den hintergründigen Narzißmus aus,
der jeder Feindseligkeit gegenüber Fremden innewohnt.
Der Fremdenhasser betrachtet die eigene Nationalität als
die einzig legitime, er bewegt sich aus der infantilen Perspektive der absoluten Selbstherrlichkeit und hat für die
Vielfalt von Menschen, Werten und Lebensformen, die
seiner Eigenart nicht entsprechen, nur Verachtung übrig.
Der Rassist, der den Fremden als minderwertig einstuft,
erhebt sich automatisch über ihn, verleiht sich selbst einen
überlegenen Status, stilisiert sich selbst zu etwas Besserem.
Da er nur seine eigene Identität anerkennt, muß er not-
wendigerweise die der anderen verleugnen.

Der Weg für den Haß ist dann frei, der Weg für »Ausländer raus«, für Unterdrückung und Diskriminierung aller Art. Man kann dann ohne Skrupel, ohne moralische
Bedenken, mit bewußter Kaltblütigkeit und Gehässigkeit
den Fremden Angst einjagen, demagogische Reden gegen
sie halten, inhumane, gegen die Menschenrechte versto-
ßende Gesetze und Verwaltungsmaßnahmen anwenden,
Gummiparagraphen und fadenscheinige Vorwände erfinden, um sie auszuweisen und loszuwerden. Man denke
nur an die von der CDU/CSU immer beschworene und
verlogene Formel, daß die Bundesrepublik kein Einwanderungsland sei. Schon damit wird unterstellt, daß die Einwanderer eben nicht erwünscht sind, weil sie nicht zu
einer gleichwertigen Gattung gehören. Fremde werden
mehr oder weniger deutlich zu Parasiten gestempelt, zu
Schmarotzern, Faulenzern oder potentiellen Kriminellen,
als eine schwer integrierbare Sondergruppe, die nur Ärger
verursacht und die nationale Idylle stört. Aus Mitmenschen werden Untermenschen und Unmenschen.

Aber es gibt keine nationale Idylle, weder in der Bundesrepublik noch sonstwo. Die angebliche Idylle kann durch

Selbsttäuschung, Propaganda, Gewalt oder Manipulation eine gewisse Zeit äußerlich und formal aufrechterhalten werden, aber auf lange Sicht wird sie zusammenbrechen, weil sie sich auf eine Fiktion stützt. Die Geschichte lehrt fortwährend, daß auch dort, wo keine ausländischen Minderheiten vorhanden sind, Konflikte, Kämpfe und zerstörerische Kräfte entstehen, die nicht minder heftig, haßerfüllt und gewalttätig sind wie die Auseinandersetzungen zwischen fremden Völkern. Die Religionskriege im Mittelalter, die unzähligen Bürgerkriege, die seit Menschengedenken fast alle Volksgemeinschaften irgendwann zerrissen haben, zeigen, daß Haß und Zerstörungswahn auch im nationalen Bereich und unter Menschen mit derselben Staatsangehörigkeit immer wiederkehrende Erscheinungen sind. Der blutige Spanische Bürgerkrieg (1936–1939) liefert ein typisches Beispiel für diese Tradition. Die Nazis behaupteten, daß die Juden an allem schuld seien, aber sie beseitigten nicht nur diesen ›Fremdkörper‹, sondern mordeten oder marterten auch Tausende und Abertausende antifaschistischer Arier. Ja, sogar Ernst Röhm und andere Führer der SA liquidierten sie, ihre eigenen Kampfgenossen.

Der Versuch, die Probleme und Querelen einer nationalen Gemeinschaft mit der Anwesenheit von Fremden erklären zu wollen, widerspricht den elementarsten Erfahrungen jeder gesellschaftlichen Wirklichkeit. Man braucht nur den Alltag eines kleinen deutschen Dorfes zu beobachten oder einen flüchtigen Blick auf ein großstädtisches Nachbarhaus zu werfen, um festzustellen, welche Haßgefühle sich unter Deutschen bilden können. Zwischenmenschliche Beziehungen unter Deutschen sind selten idyllisch, sondern eher von Feindseligkeit geprägt. Wer glaubt, daß man nur die Ausländer nach Hause zu schikken braucht, um dadurch schon eine nationale Idylle herbeizuzaubern, erliegt einer tiefen Täuschung. Die zwischenmenschlichen und gesellschaftlichen Probleme, die sich in der Bundesrepublik angestaut haben, sind primärer Natur, haben absolut nichts mit der Anwesenheit fremder Minoritäten zu tun; sie sind nicht von den Ausländern von außen hereingebracht worden, sondern organisch im Innern des Landes selbst entstanden.

In seinem Essay über die Judenfrage schreibt Sartre:

»Wenn es keinen Juden gäbe, der Antisemit würde ihn erfinden.«[4] Diese Aussage gilt für alle Varianten der Xenophobie. Der Ausländer verwandelt sich zum Gegenstand des Hasses, weil schon vorher ein Bedürfnis zum Hassen da war. Daß diese subjektive Bereitschaft zum Hassen auf ihn objektiviert wird, ist rein zufällig und könnte genauso auf andere Feindbilder fixiert werden. Dies erklärt auch, warum Feindbilder und Haßobjekte so leicht austauschbar sind. Völker, die in einem bestimmten Zeitabschnitt gehaßt werden, können später bewundert werden, angebliche Barbaren verwandeln sich sehr schnell in Retter, Feinde in Freunde, Unterdrücker in Bundesgenossen, oder auch umgekehrt. Man erinnere sich, mit welchem Tempo und welcher Ungeniertheit sich die Nachkriegsdeutschen bei jenen Völkern angebiedert haben, die ein paar Jahre zuvor als die schlimmsten Feinde galten.

Man kann freilich die Deutschen nicht per Dekret zwingen, die in der Bundesrepublik lebenden Ausländer zu lieben oder ihnen vorurteilslos zu begegnen. Hospitalität, die Kant als die einzig angemessene Haltung gegenüber Ausländern bezeichnete, ist immer ein Produkt von Kultur, und solange in der Bundesrepublik diese Voraussetzung nicht ausreichend gegeben ist, werden Gesetze allein die Rassenvorurteile nicht beseitigen können. Das kann man nur mit geduldiger, beharrlicher und systematischer Aufklärung bewirken. Hier fällt den Gemeinden, den Städten, dem Staat, den Massenmedien und anderen öffentlichen Instanzen eine besondere Verantwortung zu.

Die deutschen Politiker sprechen unentwegt und eindringlich über die Notwendigkeit, die Einheit Europas voranzutreiben; aber Europäisierung ist mehr als Handelsaustausch und Touristik, mehr als Begegnungen und Gespräche auf hoher Ebene, mehr als Tischreden und protokollarische Freundschaftsbekundungen bei offiziellen Anlässen. Sie müßte eigentlich beim täglichen Zusammenleben zwischen der bundesdeutschen Bevölkerung und ihren ausländischen Mitbürgern beginnen. Wenn man nicht lernt, einander in dieser konkreten Sphäre zu achten und sich wohlwollend zu begegnen, wird die Einigung Europas ein hohler Mythos bleiben. Ich kann jedenfalls nicht an die Aufrichtigkeit der Politiker glauben, die sich formal zu Europa bekennen und zugleich nichts tun, um der Diskriminierung der Ausländer in der Bundesrepublik ein Ende zu setzen. Aber das ist es ja gerade, was einen großen Teil des bundesrepublikanischen politischen Establishments ausmacht, an erster Stelle die Repräsentanten der christlich-demokratischen Parteien. Der Glaube an Europa und Rassismus widersprechen einander, und der Versuch, beides miteinander in Einklang zu bringen, ist Heuchelei und doppelte Moral.

Der Rassismus ist eine in der Geschichte der Menschheit oft auftretende Erscheinung, aber nicht die einzige und nicht immer die dominierende. Neben der Xenophobie finden wir auch eine entgegengesetzte Tendenz: dem Ausländer mit vorurteilsloser Aufgeschlossenheit, sogar mit Bewunderung gegenüberzutreten. Schon in der ausgehenden antiken Welt des Hellenismus, wo Fremde als Barbaren und Menschen zweiter Klasse galten, setzten sich die Stoiker für die Rassengleichheit ein und nannten sich entsprechend Kosmopoliten, Weltbürger. Das Christentum machte sich diese Einstellung auf religiöser Ebene zu eigen und stellte auch den Begriff Mensch über die ethnischen Unterschiede. Im Mittelalter fühlten sich die Menschen vor allem als Angehörige eines Standes und einer Religion, der Begriff Nation verkörperte keine geschlossene Gemeinschaft. Die beherrschende Weltanschauung war das Christentum; es war universell orientiert, verstand sich als eine über allen anderen Faktoren (Rasse, Sprache, Territorium) stehende Doktrin. Die Fürsten bildeten Dynastien, die oft gegen stammesverwandte Dynastien kämpften und Beistandspakte mit stammesfremden Mächten schlossen. Und über den verschiedenen Volkssprachen stand Latein als die für ganz Europa bindende Kultursprache.

Im Zuge der Renaissance und der Aufklärung wurden Toleranz und Großzügigkeit gegenüber dem Ausländer zu einer Selbstverständlichkeit. Der blinde, fanatische Nationalismus ist ein Phänomen, das erst später entstehen wird. Auf die patriotischen Tiraden des Historikers Luden entgegnete Goethe 1813: »Ich habe oft einen bitteren Schmerz empfunden bei dem Gedanken an das deutsche Volk, das so achtbar im einzelnen und so miserabel im ganzen ist. Eine Vergleichung des deutschen Volkes mit andern Völkern erregt uns peinliche Gefühle, über welche ich auf jegliche Weise hinwegzukommen suche.«[5] Noch Kant stellte fest, daß der Deutsche »an sein Vaterland nicht leidenschaftlich gefesselt ist«.[6] Wie bedauerlich, daß die Herren der CDU/CSU, die eine Verschärfung des Ausländerstatus in regelmäßigen Abständen verlangen, nicht Zeit finden, diese deutschen Klassiker zu lesen, oder falls sie sie gelesen haben, ihnen nicht mehr Aufmerksamkeit schenken.

Die Aufklärung fühlte sich von dem Exotischen und Fremdartigen angezogen und fasziniert, und die Literatur dieser Zeit ist der beste Beweis dafür. Montesquieu schrieb seine *Lettres persanes* (Persische Briefe), Voltaire pries die arabische Zivilisation, Rousseau träumte von dem *bon sauvage* (guten Wilden), Goethe suchte in Italien die Erfüllung seines ästhetischen Ideals, Friedrich II. schwärmte für Frankreich und holte Voltaire in seine Nähe, Condorcet leitete seine *Epître aux nègres* (Brief an die Neger) mit folgenden Worten ein: »Obwohl ich nicht dieselbe Farbe habe wie ihr, habe ich euch stets als meine Brüder betrachtet. Die Natur hat euch so gebildet, daß ihr den gleichen Geist, die gleiche Vernunft und die gleichen Tugenden besitzt wie die Weißen...«[7] So schrieben die Aufklärer.

Diese aufgeschlossene, weltoffene Einstellung ist selbst in unseren Tagen nicht verschwunden. Inmitten des grassierenden Rassismus gibt es in der Bundesrepublik unzählige Gruppierungen, Organisationen und einzelne Menschen, die den hier lebenden Ausländern gut gesonnen sind, die ihnen helfen, sich für sie einsetzen und gegen die waltende Diskriminierung protestieren. Die Liebe, die trotz der Rassenvorurteile zwischen Deutschen und Nichtdeutschen oft entsteht, ist der beste Beweis, daß Menschen verschiedener Religion, Rasse, Kultur oder Sprache sich nicht unbedingt hassen müssen. Und dasselbe gilt für die vielen Freundschaften, die sich zwischen Gastarbeitern und Einheimischen bilden.

Selbst der deutsche Rassist, der zu Hause auf die Ausländer schimpft und sie mit schiefem Blick betrachtet, zögert nicht, als Tourist die Länder zu bereisen, aus denen diese Leute kommen. Und es könnte sogar sein, daß er sich als Tourist wie jene zwei in Rom weilende Deutsche verhält, die Thomas Mann in *Doktor Faustus* beschreibt: »Das deutsche Element mieden sie gänzlich – Schildknapp zumal ergriff unfehlbar die Flucht, sobald ein Laut der Muttersprache an sein Ohr schlug: Er war ja imstande, aus einem Omnibus, einem Eisenbahnwagen wieder auszusteigen, wenn sich ›Germans‹ darin befanden.«[8]

Die ungeheure Zunahme des Fremdenverkehrs – vor allem in der Bundesrepublik –, der Drang, fremde Länder und fremde Menschen kennenzulernen, zeigt unmißverständlich, daß die Liebe zur eigenen Heimat nicht die Sehnsucht nach anderen Lebensformen, Landschaften und Kulturen ausschließt. Sie zeigt ebenfalls, daß das Verhältnis zwischen Angehörigen verschiedener Völker und Kulturen nicht unbedingt feindselig sein muß. Die Geschichte des Fortschritts und der Zivilisation wäre undenkbar, wenn in den Menschen nicht die Anlage vorhanden wäre, mit fremden, andersgearteten Völkern und Nationen zusammenzuleben und sich gegenseitig positiv zu beeinflussen.

Die anthropologische Mannigfaltigkeit der Menschen, auch im Bereich der Kultur und der verschiedenen Zivilisationsebenen, sollte kein Hinweis darauf sein, daß man die grundsätzliche Einheit des Menschengeschlechts in Frage zu stellen hat. Sie beweist nur, daß die Natur und die Geschichte pluralistisch sind und Kontraste lieben.

Alle Menschen sind grundsätzlich gleich. Wenn sie christlichen oder islamischen Glaubens sind oder verschiedene Sprachen sprechen, sind das zufällige Elemente in ihrer Persönlichkeit oder ihrem Schicksal; wesentlich ist nur das, was Malraux die *condition humaine* (Mensch-Sein) nannte. Feindseligkeit zwischen Menschen verschiedener Rassen, Nationalität oder Kultur entsteht nur, wenn man durch das Zufällige und Untergeordnete geblendet ist und das Wesentliche und Bindende übersieht.

Mißtrauen gegenüber Ausländern ist letztlich das Resultat von Unwissenheit und gegenseitiger Entfremdung. Die oft negativen Urteile, die die Westdeutschen über ihre ausländischen Gäste fällen, sind meistens nichts mehr als Vorurteile, und sie entstehen ja auf Grund einer oberflächlichen Betrachtungsweise. Die Deutschen nehmen sich im allgemeinen wenig Zeit und wenig Mühe, die Ausländer richtig wahrzunehmen, sie gehen an ihnen vorbei, ohne kaum einen Blick auf sie zu werfen. Und weil sie so handeln, begehen sie den großen Fehler, die Ausländer nach vordergründigen, flüchtigen und äußeren Merkmalen zu beurteilen.

Plato hat uns viele Dinge gelehrt, und eines der wichtigsten ist, daß Erkenntnis nur durch genaues und geduldiges Hinsehen entsteht. Aber gerade dies bringen die Deutschen im Umgang mit den ausländischen Minderheiten in der Regel nicht fertig. Menschen werden nicht nur durch die Farbe ihrer Haut oder ihrer Haare gekennzeichnet oder durch den Klang ihrer Sprache oder die Art, wie sie sich kleiden, und andere Äußerlichkeiten; sie haben vor allem eine Seele, und sie liegt verborgen, kann nur gesehen, erkannt und verstanden werden, wenn man sich Mühe gibt, ins Innere dieser Menschen hineinzuschauen.

Die verschiedenen Gegensätze zwischen Ausländern und Inländern müssen keineswegs zur gegenseitigen Ablehnung führen, sie können genauso eine Vertiefung und Vervollständigung ihrer jeweiligen Identität ermöglichen. Niemand braucht sich einer andersgearteten Persönlichkeit zu schämen, aber niemand sollte auch die eigene Persönlichkeit als überlegen betrachten, nur weil sie die eigene ist. Um es klar zu sagen, die Geringschätzung, mit der viele Deutsche die hier ansässigen Ausländer betrachten, verrät vor allem eine provinzielle Auffassung der Geschichte. Dieser Provinzialismus besteht darin, das Ganze (die Weltgeschichte) aus der Sicht eines bestimmten Teils (des eigenen Volkes) zu erklären, und nicht umgekehrt. Die Deutschen, die sich einbilden, höher zu stehen als Angehörige anderer ethnischer Gemeinschaften, sind Gefangene einer lokalen Weltoptik und deshalb unfähig, den Universalismus und die Mannigfaltigkeit der gesamten Menschheitsgeschichte zu verstehen. Diese provinzielle Perspektive entsteht aus Größenwahn und infantiler Selbstüberschätzung, ernährt sich aus Ignoranz und Arroganz, zwei Züge, die sich gegenseitig bedingen.

Und noch eines will ich unmißverständlich aussprechen: Die Deutschen versäumen kaum, bei jeder passenden oder unpassenden Gelegenheit salbungsvoll daran zu erinnern, was sie den Gastarbeitern alles geben und was sie alles für sie tun, ohne gleichzeitig zu würdigen, was sie selbst von ihren Gästen empfangen. Das zeigt eine tiefe Undankbarkeit. Sicherlich bedeutet die Möglichkeit, hier zu leben und zu arbeiten, den Ausländern trotz aller Einschränkungen sehr viel, aber umgekehrt profitieren auch die Bundesdeutschen von den fremden Minoritäten, und dies nicht nur in ökonomischer Hinsicht. Auch in menschlichem, geistigem und kulturellem Sinn. Denn der tägliche Kontakt mit anderen Lebensgewohnheiten, Geisteshaltungen und Zivilisationsformen gibt ihnen die Möglichkeit, ihren eigenen Lebenshorizont zu erweitern und zu vertiefen. Daß sie in der Regel wenig Gebrauch davon machen, ändert nichts an der grundsätzlichen Gültigkeit dieses Zusammenhangs.

In ihren geschichtlichen und philosophischen Werken haben Herder und Hegel bewiesen, daß die Kultur der Menschheit ein gemeinsames Produkt aller Völker ist, also ein universaler, kein nationaler Prozeß. Das bedeutet, daß man von jedem Volk, auch dem ärmsten und bescheidensten, etwas lernen und empfangen kann. Kein Volk, auch das gebildetste und fortschrittlichste nicht, vertritt ausschließlich die hohen Werte der Kultur und der Zivilisation innerhalb der Menschheit. Sie ist ein zusammenhängendes und eng verflochtenes Ganzes, und jedes Teil davon, auch das unscheinbarste, erfüllt seine spezifische Funktion und behält seinen eigenen Sinn. Wenn man das versteht, muß man sich auch im klaren darüber sein, daß jede Barriere, jedes Vorurteil, die man zwischen Deutschen und Nichtdeutschen bewußt oder unbewußt errichtet, einem Verrat an der sie alle verbindenden menschlichen Substanz gleichkommt.

Durch den Kontakt mit den Ausländern haben die Deutschen schon einiges gelernt, zum Beispiel besser zu essen; und sie könnten sicher noch viel mehr von ihnen lernen, wenn sie, anstatt in ihrem nationalen Ghetto eingesperrt zu bleiben, versuchen würden, sich den Fremden mehr zu öffnen. Ja, gerade von diesen bescheidenen, unscheinbaren Emigranten könnten sie manches lernen, darunter und vor allem ein bißchen Menschlichkeit und Demut, vielleicht auch Wärme und Lebensfreude.

Für sich allein bildet Deutschland keine vollständige, allseitige, harmonische Nation. Mit Gotik allein, so überwältigend schön sie sein mag, bleibt man einseitig, unfertig, provinziell. Die besten Deutschen waren wohl nicht die, die nur deutsch sein wollten und dem Nichtdeutschen mit Gleichgültigkeit oder Verachtung begegnet sind, sondern diejenigen, die sich immer bemüht haben, mehr als nur Deutsche zu sein. Genau dies meinte Thomas Mann in einer Rede anläßlich des sechzigsten Geburtstags seines Bruders Heinrich: »Nur deutsch, das ist klein-deutsch, das ist nicht weltdeutsch, das ist Deutschtum geringer und verkümmerter Art.«[9]

Es ist der alte Streit zwischen Nationalem und Universalem, zwischen Provinz und Welt, zwischen eigenem und Fremdem. Ich glaube, daß die Deutschen fähig sind, beides zu sein und sehr wohl lernen können, aus diesen zwei Momenten eine dialektische Synthese zu entwickeln, in der das eigene durch das Fremde ständig befruchtet und ergänzt wird.

Was mich betrifft: Ich kann beim besten Willen in dem engen Zusammenleben von Menschen verschiedener Staatsangehörigkeit kein Unheil sehen. Ich sehe es im Gegenteil als eine konkrete Möglichkeit, dieses Fremdsein nach und nach zu überwinden und es durch Freundschaft und gegenseitige Achtung zu ersetzen. Ich bedaure nicht, in einem Land zu leben, in dem ich nicht geboren bin, ich bekenne mich uneingeschränkt zu meiner freiwilligen Auswanderung. Unter Menschen anderer Nationalität und Mentalität zu leben bringt unzählige Nachteile mit sich, aber dafür hat man die Chance, die eigene Persönlichkeit zu bereichern und die Welt durch eine ganz andere, viel breitere Perspektive zu sehen.

MODELL BUNDESREPUBLIK

> Was hat dieser Staat mit der
> Freiheitschance, die nicht sein
> Verdienst war, zum zweiten Mal
> in diesem Jahrhundert seinen
> Menschen damals geschenkt
> worden ist, angefangen? Ist es
> bloß sein Wald, was er verkom-
> men läßt?
>
> *Ulrich Sonnemann*[1]

Die Bundesrepublik ist unbestreitbar eine Demokratie, aber
genauso auffallend sind die oligarchischen, elitären und
autoritären Züge, die sie prägen. Diese Grundtendenz wird
nicht nur, aber auch durch die weitgehende Herrschaft des
Parlaments verkörpert, das sich aus den Polit-Notabeln der
Nation zusammensetzt und majestätisch mit ausgespro-
chener Selbstherrlichkeit alles regelt und bestimmt. Die
ganze politische Macht ist von den etablierten Parteien
vereinnahmt, 500 Bundestagsabgeordnete und ihre Kollegen in den Ländern diktieren und dekretieren, was in der
Republik zu sagen und zu tun wäre. Den restlichen sechzig
Millionen Bürgern bleibt nicht viel mehr übrig, als sich die
stereotypen Reden der berufspolitischen Kaste anzuhören,
die Zeitungen zu lesen, fernzusehen und hin und wieder
einen Wahlzettel auszufüllen. So läuft in groben Zügen die
Maschinerie der bundesrepublikanischen *res publica* ab:
der einzelne ist nicht aktiver Mitgestalter der Demokratie,
sondern wird vom System zum passiven Zuschauer degradiert. Ein Monopol gibt es nicht nur im Bereich der Wirtschaft, auch politisch ist die Bundesrepublik stark monopo-
listisch strukturiert.

Volksabstimmungen sind in diesem Land nicht erwünscht, plebizitäre, direkte Demokratie gilt als gefährlich und primitiv, was natürlich in krassem Gegensatz zu
der von der Verfassung (Grundgesetz) verbrieften Souveränität des Volkes steht, des eigentlichen Trägers der politischen Gewalt. »Ein Volk, dem das Referendum versagt ist,
wird in der Unmündigkeit festgehalten ... Verwerfung des
Instituts des Referendums bedeutet Verwerfung der Souveränität des Volkes.« (Karl Jaspers, Antwort – Zur Kritik

meiner Schrift *Wohin treibt die Bundesrepublik?*)[2] Auch Demonstrationen (zumal nicht genehmigte) werden vom politischen Establishment als eine Art ungebührlicher Unge-
horsamsakt gegenüber der heiligen Autorität des Hohen
Hauses angesehen. Alles, was von unten kommt, alles, was
den institutionalisierten Rahmen der indirekten oder repräsentativen Demokratie stören könnte, wird grundsätzlich von den Parteien als suspekt empfunden, als ein Affront gegen ihr politisches Monopol interpretiert. Auch
und gerade im Bereich der Politik hat sich in der Bundesrepublik jene »zwanghafte Vertikalisierung aller Lebensver-
hältnisse«[3] durchgesetzt, die Ulrich Sonnemann als ein
tiefverwurzeltes deutsches Spezifikum sieht.

Diese elitäre, bevormundende Praxis wäre halb so
schlimm, wenn innerhalb der Parteien echte Basisdemokratie herrschen würde. Sie sind aber stark disziplinierte
Vereine, die sehr ungern große Debatten und Auseinandersetzungen in ihren Reihen dulden. Innerparteiliche Demokratie ist wohl die Ausnahme, nicht die Regel. Öffentlich
wird nur gesagt, was den Interessen der Partei oder der
parlamentarischen Fraktion dient, nicht was der Meinung
der einzelnen Parteimitglieder oder Abgeordneten entspricht. Im Parlament sind die Abgeordneten an die Frakti-
onsbestimmungen gebunden, sie dürfen das Wort nur ergreifen, wenn die Fraktionsführung ihren Segen gibt. Daß
dieser Modus unweigerlich zu Opportunismus und Karrie-
remacherei führt, braucht nicht hervorgehoben zu werden. Solotänzer in den eigenen Reihen gelten automatisch
als eine unzumutbare Herausforderung. Auch hier ist Disziplin das oberste Gebot, selbst wenn sie der Wahrheitsfin-
dung und den Interessen des Volkes zuwiderläuft. 1967
sagte Rudi Dutschke in einem *Spiegel*-Gespräch: »Wie steht
es um innerparteiliche Demokratie bei CDU und SPD? Wo
ist da noch Selbsttätigkeit der Parteimitglieder? Was geschieht auf den Parteitagen? Die Parteitage von CDU und
SPD entsprechen noch den stalinistischen Parteitagen der
KPdSU der dreißiger Jahre: keine Selbsttätigkeit von unten, nur noch Manipulation von oben; Führer, die keinen
Dialog mit ihrer Basis führen; verselbständigte Führungs-
elite, die es gar nicht mehr will, daß eine Diskussion statt-
findet – weil nämlich die praktisch-kritische Diskussion
Ausgangspunkt der Infragestellung der bürokratischen In-

stitutionen wäre. Und das will man nicht. Die Parteien sind nur noch Plattformen für Karrieristen.«[4] Mit Ausnahme des Vergleichs mit dem Stalinismus – der polemisch ist – erfaßte damals Rudi Dutschke ziemlich genau die Angst der Parteien vor uneingeschränkter, unverfälschter innerparteilicher Demokratie, und daran hat sich wenig geändert. Nur bei den Grünen ist es anders.

Die politischen Parteien werden nicht ganz, aber in beträchtlichem Ausmaß vom Staat finanziert, nicht nur die, die im Bundestag vertreten sind. Jede Stimme bedeutet Geld für die Parteikassen, auch für die NPD, die vom Steuerzahler gewollt oder ungewollt jahrelang mitfinanziert wurde. Diese Praxis erinnert fatal an die totalitären Regimes, die ihre Pseudoparteien und andere rein akklamatorischen Gremien und Verbände mit Staatsmitteln am Leben erhalten. Den Bürger per Dekret zu zwingen, Parteien mitzufinanzieren, die er vielleicht ablehnt, entspricht nicht nur einer obrigkeitlichen Auffassung von öffentlichem Leben, es ist auch ein hoch unmoralischer Vorgang. Unnötig zu bemerken, daß diese Praxis in eklatantem Widerspruch zu den Vorstellungen des klassischen Liberalismus steht. Jaspers noch einmal: »Nur ein Symptom dafür, daß die Parteien, statt dem Staat zu dienen, selbst die Staatsherrschaft ergreifen, sich mit dem Staat identifizieren, ist das in der Bundesrepublik erst später aufgetretene Phänomen der *Parteifinanzierung* durch den Staat. Die Parteien zeigen damit an, daß die Staatskasse ihre Kasse ist, die Steuergelder etwas, worüber sie nicht nur für Staatszwecke, sondern auch für sich selbst durch Parlamentsbeschluß verfügen.« *(Wohin treibt die Bundesrepublik?)*[5]

Nicht weniger fragwürdig ist die Tatsache, daß eine große Anzahl von Parlamentariern zugleich Staatsbeamte sind, so daß die Exekutive sich im Innern der Legislative eingenistet hat. Auch hier wird das klassische Prinzip der Gewaltenteilung mit Füßen getreten. Gelegentliche Stimmen, die sich gegen diese dubiose Auffassung von Demokratie erheben, werden geflissentlich überhört.

Es gibt dann die sogenannte Fünfprozentklausel, auch eine bundesrepublikanische ›Genialität‹, die dem perfiden Zweck dient, den kleinen Parteien den Zugang zum Parlament zu erschweren und damit das Monopol der etablierten Parteien zu verewigen. Die Grünen haben es zwar geschafft, diese Chinesische Mauer der Diskriminierung zu überwinden, aber auch wenn sie seit einigen Jahren als rechtmäßige Vertreter eines Teils des Volkes im Parlament sitzen, werden sie trotzdem von ihren Kollegen in wichtigen Punkten diskriminiert, als nicht ganz vertrauenswürdig stiefmütterlich behandelt. So sind sie von bestimmten Ausschüssen ausgeschlossen, unter anderem von den sogenannten Geheimausschüssen, den Gremien, die die Geheimdienste und die Brief- und Fernmeldegeheimnisse überwachen. Auch hier setzt sich der oligarchische Wille der parlamentarischen Körperschaft über den Willen der Bürger, die den Grünen ihre Stimme gegeben haben. Der mündige Bürger wird durch innerparlamentarische Machenschaften a posteriori entmündigt.

Die Angst vor vermeintlichen Verfassungs- und Republikfeinden sitzt in diesem Land sehr tief, und entsprechend wurde bald eine besondere Instanz geschaffen, der die Aufgabe zukommt, die Gesinnung der Bevölkerung mehr oder weniger diskret zu überwachen und die potentiellen Feinde der bestehenden Ordnung zu entlarven. Diese Instanz trägt den schön klingenden Namen »Bundesamt für Verfassungsschutz« und operiert sowohl auf Bundes- wie auf Landesebene. Trotz ihres verklärten Namens ist sie eigentlich eine politische Polizei oder ein Staatssicherheitsdienst, nur mit dem Unterschied, daß sie keine Handlungsbefugnisse hat und selbst keine Verhaftungen vornehmen kann. Sie ist sozusagen der Kopf sämtlicher Abwehrorganisationen. Bezeichnend ist, daß der Verfassungsschutz in seiner Anfangsphase aus ehemaligen Gestapobeamten und aus Mitgliedern der Organisation Gehlen bestand, nur sollte ihre Schnüffelarbeit nun dem Schutz der Demokratie dienen, das heißt, sie vor ihren Feinden von links und rechts schützen. Die Beamten des Verfassungsschutzes, unterstützt von einem Heer von V-Männern und Spitzeln, sorgen Tag und Nacht dafür, daß der Staat nicht durch die subversiven Aktivitäten von Rechts- oder Linksradikalen gefährdet wird. Freilich alles legal, im Auftrag und unter der Kontrolle der Bundes- und verschiedenen Landtage, aber welcher parlamentarische Ausschuß ist wirklich in der Lage, die Tätigkeit von Tausenden von Geheimdienstagenten zu kontrollieren?

Die pausenlose Jagd nach Verfassungsfeinden wurde Anfang der siebziger Jahre durch das Inkrafttreten des Radikalenerlasses vervollständigt, eine Maßnahme, die damals unter dem Druck der terroristischen Anschläge von dem ehemaligen Kanzler Willy Brandt getroffen wurde. Sie ist bis zur Stunde nicht abgeschafft worden (wenn sie inzwischen in einigen Bundesländern auch großzügiger gehandhabt wird) und erfüllt die Aufgabe, potentielle oder tatsächliche Verfassungsfeinde vom Staatsapparat fernzuhalten. Beamte sollen verfassungstreu sein, wahre Diener des Staates, dürfen sich nicht den Luxus leisten, Kommunisten und Anhänger anderer Linksideologien zu sein. Faschisten sind allerdings ebenso betroffen. Sie können jederzeit, wenn sie im Verdacht stehen, sich verfassungswidrig zu verhalten, aus dem Staatsdienst entfernt werden, auch wenn sie einfache Lehrer oder Briefträger sind. So wird von vornherein jeder Beamte, der für die DKP kandidiert, mißtrauisch beäugt und kann schnell suspendiert werden, obwohl – und das ist ziemlich grotesk daran – die Kommunistische Partei als eine rechtmäßige Partei gilt und als solche zugelassen ist. Mitglieder und Sympathisanten der DKP können sich in der Tat frei betätigen, aber nicht den heiligen Bereich des Staatsdienstes betreten, und wer es trotzdem wagt, muß mit einem Berufsverbot rechnen, eben weil im Gegensatz zu Frankreich, Italien, Spanien und vielen anderen Demokratien ein Kommunist hier schon im voraus als ein Feind des Staates gilt. Damit werden gleich zwei wichtige Artikel des Grundgesetzes verletzt, nämlich 3 und 33. Der erste lautet: »Niemand darf wegen seiner politischen Anschauungen benachteiligt oder bevorzugt werden.« Und der zweite: »Jeder Deutsche hat nach seiner Eignung, Befähigung und fachlichen Leistung Zugang zu jedem öffentlichen Amte.«

Aber nicht nur die Staatsorgane sind auf der Suche nach Verfassungsfeinden, auch Privatfirmen haben sich diese Praxis angeeignet. Vor allem in Bayern erkundigen sich Großfirmen bei Einstellungen und Versetzungen immer häufiger beim Verfassungsschutz nach der Gesinnung der Betroffenen, und das geschieht nicht nur in sicherheitsrelevanten Bereichen. So ist die Siemens AG oft von den Gewerkschaften beschuldigt worden, sie lasse ihre Belegschaft überprüfen, nicht nur ›große Tiere‹, auch ganz kleine Angestellte und Techniker. Es versteht sich, daß die Betroffenen nichts von dieser Schnüffelei erfahren und somit sich auch nicht zur Wehr setzen können.

In der Bundesrepublik wird viel polemisiert, im Parlament und zu anderen Gelegenheiten, aber wenn man genau zuhört, stellt man bald fest, daß diese permanente Auseinandersetzung oft nicht viel mehr als ein eintöniges, rechthaberisches Selbstgespräch der Kontrahenten ist. Die deutschen Politiker reden fast immer aneinander vorbei, gerade dann, wenn sie zusammensitzen: im Parlament. Schon Anfang der fünfziger Jahre hat Wolfgang Koeppen in seinem Roman *Das Treibhaus* in überzeugender Weise die Sterilität der Bundestagsdebatten aufgedeckt: »Die Fronten standen fest, und leider war es undenkbar, daß ein Redner der oppositionellen Minderheit die regierende Mehrheit überzeugen konnte, daß er einmal recht und sie unrecht habe. Aus der Opposition den Kurs der Regierung zu ändern, gelänge in Bonn selbst Demosthenes nicht; und auch wenn man mit eines Engels Zunge spräche, man predigte tauben Ohren, und Keetenheuve wußte, während er die letzte Sperrkette passierte, daß es, genau besehen, zwecklos war, daß er hier erschien, um im Plenum zu reden. Er würde nichts ändern.«[6] Und dabei ist es geblieben. So der Theologe Peter Hertel und der Publizist Alfred Paffenholz in ihrem Buch *Für eine politische Kirche: Schwerter zu Pflugscharen:* »In der Demokratie sollen alle Bürger an den Entscheidungen beteiligt werden. Darum muß das öffentliche Gespräch in Gang bleiben. Nur: meist spricht man bei uns gar nicht miteinander, sondern bietet lediglich den eigenen Standpunkt dar und wehrt die anderen ab. Die politischen Entscheidungen entspringen dann dem Willen der Starken. Ein Prozeß, der mehr der autoritären Verordnung landesväterlicher Beschlüsse gleicht, aber nicht der gemeinsamen Suche nach dem besten Weg entspricht.«[7]

Es besteht bei politischen Auseinandersetzungen auch die Tendenz, den Andersdenkenden herabzusetzen, ihn zu disqualifizieren. Deutschen Politikern fällt es schwer zu akzeptieren, daß man anderer Meinung als der ihren sein kann, deshalb wird derjenige, der zu widersprechen wagt, sofort angegriffen, oft auch unter der Gürtellinie. Es ist ziemlich deprimierend zu sehen, mit welcher Gründlichkeit in der Bundesrepublik unbequeme Politiker oder ganze Parteien mit unsachlichen Behauptungen oder auch mit blanken Verleumdungen überhäuft werden, eine Kunst, die vor allem die Christdemokraten beherrschen. Die Schmutzkampagne gegen den SPD-Kandidaten Engholm bei den Wahlen in Schleswig-Holstein im September 1987 ist eines der letzten Beispiele für diese bedenkliche Praxis.

Um ihre Streitigkeiten zu schlichten, haben die Bundesdeutschen das Bundesverfassungsgericht erfunden. Sie meinen, daß sie damit eine große Tat vollbracht haben; in Wirklichkeit unterstreicht diese Institution nur den elitären Charakter der politischen Strukturen der Bundesrepublik. Die Westdeutschen brauchen dieses juristische Über-Ich, weil sie noch nicht richtig gelernt haben, ihre Meinungsverschiedenheiten unter sich in direktem Dialog auszutragen. Kein geringerer als der Bundespräsident Richard von Weizsäcker warnte am 16. November 1987 den deutschen Politiker davor, Entscheidungen des Karlsruher BVG als Ersatz für eigenes politisches Nachdenken und eigene Verantwortung anzusehen, denn ihre Mitglieder seien keine Apostel. Und selbst wenn sie es wären, könnten auch Apostel den Politikern das eigene Nachdenken und die eigene Verantwortung nicht abnehmen. Bezeichnend sind ebenso die kritischen Worte, die der ausgeschiedene BVG-Präsident Zeidler an die bundesrepublikanischen Politiker richtete: So mancher Bürger habe wohl das Gefühl, daß die Basis in der Politik gar nicht mehr das Volk sei, von dem doch alle Staatsgewalt ausgehen sollte, sondern Funktionärskader gäben sich als Basis aus, deren Zusammensetzung zuweilen den Eindruck einer problematischen Mischung von Halbprofessionalität und Subalternität vermittele.

Zusammenfassend würde ich sagen, daß das politische Modell der Bundesrepublik mehr auf Mißtrauen als auf Vertrauen aufgebaut ist, mehr auf Angst als auf Zivilcourage, mehr auf dem Gesetz der Stärke als auf dem Gesetz der Vernunft und der Fairneß, mit der Folge, daß die politische Praxis dieses Landes zu einer seltsamen und widerspruchsvollen Hybris von formalem Pluralismus und tatsächlichem autoritären Denken geworden ist.

Das Bild wird genauso bedenklich und trostlos, wenn wir unsere Aufmerksamkeit dem sozialen Bereich zuwenden. Die Bundesrepublik ist eines der wohlhabendsten Länder der Welt, aber trotzdem gibt es hier soziale Not und Elend, auch wenn dies hinter den glitzernden Reklamelichtern der Konsumgesellschaft oft verborgen bleibt. Im Sommer 1987 erhängte sich in West-Berlin die Rentnerin Ruth-Sylvia Niendorf. Der Grund: Sie war Bezieherin einer sehr knappen Rente und sah sich außerstande, eine Mieterhöhung zu verkraften, die ihr kurz zuvor mitgeteilt wurde. Dies ist gewiß ein Einzelfall, aber nichtsdestoweniger wirft er Licht auf die sozialen Schattenseiten dieser Republik, auf die wachsende Anzahl von Menschen, die in dem Land der ›Mitbestimmung‹, der ›sozialen Marktwirtschaft‹ und der ›Chancengleichheit‹ mit Hungerrenten auskommen müssen und auf Sozialhilfe angewiesen sind.

Der Begriff ›Klassenkampf‹ wird hier seit Jahrzehnten als ein Überbleibsel vergangener, rauher Zeiten weitgehend tabuisiert und durch die irreführende, betrügerische Zauberformel ›soziale Partnerschaft‹ ersetzt, als könnte man durch eine solch semantische Travestierung den Klassencharakter der westdeutschen Gesellschaft aus der Welt schaffen. Die Hochstilisierung der Bundesrepublik als ein sozial ungewöhnlich gerechtes Gemeinwesen bietet einen weiteren Beleg für die Neigung der Deutschen, Mythen herzustellen und nüchterne Sachverhalte durch Legenden zu sublimieren. Es wird gern verdrängt und vergessen, daß das ganze Wirtschaftswunder Ludwig Erhards mit einer nicht unbeträchtlichen Ausbeutung der Arbeiterklasse finanziert wurde. Hier zeigt sich der Sündenfall in der sozialen Entwicklung der Bundesrepublik. Er wurde gleichermaßen von den Arbeitgebern (ist das nicht schon eine zweifelhafte Bezeichnung?) und der SPD und den Gewerkschaftsfunktionären begangen, nach dem Prinzip: Eine Hand wäscht die andere. Die Mythologisierung des sozialen Status der Nation dient freilich einem ganz pragmatischen und handfesten Ziel: den Unterprivilegierten einzuhämmern, daß sie zufrieden sein sollten und keinen Grund zur Klage hätten, noch weniger zur Revolte, nach dem bewährten Motto: »Uns ist es nie so gut gegangen.« Die Bundesrepublik ist wohl ein reiches, jedoch kein sozial gerechtes Land. Das Bruttosozialprodukt ist in diesem Land ohne Zweifel äußerst hoch, aber genauso unbestreitbar ist, daß es grundsätzlich zugunsten der oberen Schichten verteilt wird. Und so war es von Anfang an, wobei die Klassenunterschiede, statt sich zu verringern, immer krasser werden. Deshalb wächst auch die Armutsquote und die Zahl der Bürger und Bürgerinnen, die von den demütigenden und unzureichenden Almosen des Staats abhängig sind, während andererseits die Reichen und Bessersituierten immer mehr Geld raffen.

Zweifellos geschient dies mehr oder weniger in jedem kapitalistischen Land, aber in keinem anderen bilden sich die Arbeiter ein, ihre Arbeitgeber seien Partner, nur weil bei bestimmten (untergeordneten) Fragen die Betriebsräte ein Wörtchen mitzureden hätten. Trotz der viel gerühmten Mitbestimmung ist dieses Land ein Paradies für Wohnungsvermieter, Banken, Großkonzerne, Versicherungsgesellschaften, des Big Business, für das Großbürgertum und der oberen Mittelschichten. Diese Interessenverbände und gesellschaftlichen Schichten haben die Macht und das Geld, und sie sind es, die den Kurs der Republik bestimmen, nicht die Parteien, nicht die Gewerkschaften, die sich bestenfalls gegen die gröbsten Exzesse des Systems zur Wehr setzen, nicht aber gegen eine Richtung, die das Großkapital und seine gesellschaftlichen Helfershelfer vorschreiben.

Man kann freilich den Unterprivilegierten großzügig per Dekret die Illusion einer Mitbestimmung zukommen lassen, wenn man im voraus weiß, daß diese angebliche Mitbestimmung nur ein Papiertiger ist, ein Potemkinsches Dorf, sie die Garantie dafür ist, daß das Kapital keine echte Klassenkonfrontation mit den Gewerkschaften zu befürchten hat. Und wenn die nationale Eintracht schon auf dieser ersten Ebene der Klassenunterschiede gesichert ist, dann muß ja alles klappen, dann ist der ersehnte ›soziale Frieden‹ nicht mehr gefährdet. Der Rest ist eine Sache der Organisation, und die Deutschen waren in dieser Hinsicht ja nie zu übertreffen. Allein wichtig ist, daß die Kasse stimmt, das heißt, das Bruttosozialprodukt hat man gemeinsam ›partnerschaftlich‹ gesichert, ebenso die Wachstumsrate, die Exportüberschüsse, die Konkurrenzfähigkeit des Markenzeichens *Made in Germany* und vor allem die Unternehmergewinne. Alles andere ist zweitrangig, und wer in diesem Zusammenhang noch von Klassenherrschaft oder Ausbeutung spricht, der ist nicht mehr zu retten, wird sofort in gewohnter Manier als Linksradikaler oder Kommunist abqualifiziert.

Dieses Modell einer Klassenkollaboration, das von der Rechten in der Adenauer-Zeit entworfen und durchgesetzt wurde, ist Allgemeingut geworden, wird von der Sozialdemokratie und den Gewerkschaften im wesentlichen mitgetragen und bejaht, nur mit quantitativen Teilkorrekturen, die das System nicht qualitativ gefährden. Es verschafft aber den Arbeitern, Angestellten und Kleinbürgern die Illusion, es gebe auch hier eine Partei der kleinen Leute, eine ›Volkspartei‹, wie die SPD sich seit Bad Godesberg nennt. Ironischer- und bezeichnenderweise wurde diese Etikettierung in den zwanziger und dreißiger Jahren von den konfessionellen Parteien Europas als Aushängeschild benutzt, um ihre reaktionäre und arbeiterfeindliche Politik semantisch schmackhaft zu machen. So neu und originell ist also die Sache mit der Volkspartei nicht, genausowenig wie der reformistische Inhalt des Godesberger Programms, der ja im Grunde dem Weg entspricht, den die Partei schon in ihren Glanzzeiten eingeschlagen hat. Die in Bad Godesberg vorgenommene semantische und begriffliche Schönheitsoperation war ein weiterer Schritt zur klassenkämpferischen Selbstdemontage und diente dem Zweck, die Stammkundschaft der Partei mit der spätkapitalistischen Ordnung endgültig zu versöhnen und sich gleichzeitig eine neue Klientel bei den bürgerlichen Schichten und dem Mittelstand zu verschaffen. Was daraus programmatisch kam, wurde von Wolfgang Abendroth so charakterisiert: »Im Godesberger Programm wird jede Klassenanalyse, jeder Klassenstandpunkt, jede Überlegung zu den realen, wenngleich verdeckten Klassengegensätzen in der Gesellschaft ... aufgegeben. Es enthält allenfalls eine halblinke CDU-Programmatik, so wie sie von der CDU 1947 selbst formuliert war. In vielen Fragen steht es weit rechts vom ›Ahlener Programm‹ der CDU. Im Godesberger Programm werden Werte proklamiert, die beliebig inhaltlich ausgefüllt werden können, Werte, wie sie in jedem bürgerlichen Programm enthalten waren. Daneben finden sich Randbemerkungen gegen irgendwelche Exzesse des Monopolkapitalismus, keinesfalls aber gegen den Monopolkapitalismus selbst.« (*Wolfgang Abendroth. Ein Leben in der Arbeiterbewegung*)[8] Und dabei ist es geblieben. Die theoretischen Gralshüter der Partei sind ständig auf der Suche nach neuen Werten, aber die von ihnen ausgearbeiteten hochanspruchsvollen Dokumente und Grundsatzpapiere dienen mehr der Anpassung an den Status quo als der Überwindung des Kapitalismus. Hat nicht Herr Glotz mit vollem Ernst in den letzten Jahren wiederholt »die Weiterentwicklung des Kapitalismus« als Grundlage einer »neuen Linken« (nicht nur deutschen, auch europäischen!) empfohlen? Und der soll ja eher zum linken Flügel seiner Partei zählen!

Ja, die SPD meint, eine Linke zu haben, und neuerdings gibt es dank Herrn Geißler, Frau Süßmuth und dem Chile-Reisenden Norbert Blüm sogar bei der CDU eine Linke. Von dieser Hochkonjunktur an linken Bekenntnissen ist nur in der Praxis kaum etwas zu spüren. Hier gibt es weiterhin keine Linke im klassischen Sinn, hier gibt es nur eine Mitte, Deutschland ist das Land der Mitte, nicht nur geographisch. Vergebens wird man Ausschau nach einer Linken halten, die dieser Bezeichnung würdig wäre. Die Grünen haben bisher keinen Zugang zur Arbeiterklasse gefunden, und solange sie nicht das sozialdemokratische Monopol in den Gewerkschaften brechen, werden sie eine radikaldemokratische periphere Protestbewegung ohne eine solide Massenbasis bleiben.

Die SPD hat bisher keine brauchbare Alternative zum spätkapitalistischen Staat entwickelt; darüber hinaus hat sie auch keinen Versuch unternommen, um die wirklich antikapitalistischen Kräfte, die in dieser Republik in bestimmten Phasen entstanden sind, zu verstehen und sie in ihren Reihen aufzunehmen. Man braucht nur an die in so vielen Beziehungen so fruchtbare und hoffnungsvolle antiautoritäre Studentenbewegung der sechziger Jahre zu denken, auch an die aus ihrem Geist ein Jahrzehnt später entstandene Alternativ- und Ökologiebewegung. Statt den Dialog mit diesen Strömungen zu suchen, distanzierte sich die SPD von ihnen und bekämpfte sie, aus Angst, ihr respektables Image in Mißkredit zu bringen und bürgerliche Stimmen zu verlieren.

Bezeichnend ist, daß die SPD auch im Umgang mit der eigenen Jugend ihre Schwierigkeiten hatte, und was heute von ihr bleibt, spielt in der Partei keine Rolle mehr, eine Entwicklung, die zu einem drastischen Rückgang bei den Jusos geführt hat. Hatten sie 1976 noch etwa 300000 Mitglieder, war diese stolze Zahl Ende 1986 auf kümmerliche

186 000 geschrumpft. Aber wie soll eine Jugendorganisation gedeihen und eine fruchtbare, erneuernde Funktion ausüben, wenn ihr von den Älteren so wenig Recht auf Protest und Kritik zugestanden wird.

Im ganzen ist die Geschichte der Nachkriegs-SPD nichts als ein Versuch, sich innerhalb der bürgerlichen Schichten und der Mittelklasse beliebt zu machen. Sie ist längst eine ausgesprochene Mittelklassepartei geworden und wird entsprechend auch von Angehörigen dieser Schicht geführt. Man muß schon die Lupe nehmen, um Arbeiter zu finden, die in den oberen Gremien und Instanzen der Partei etwas zu sagen hätten. Arbeiter, falls sie noch den Weg zu dieser Partei finden, werden nur als Beitragszahler und als Kulisse bei Wahlveranstaltungen gebraucht. Die totale Verbürgerlichung der SPD erklärt auch die grundsätzliche Ambivalenz ihrer Politik, die Neigung, sich je nach Bedarf zu dieser oder jener Seite hin zu drehen, ein prinzipienloser Eklektizismus, den Petra Kelly mit beißender Ironie karikiert hat: »Die SPD ist eine Partei mit ein bißchen Bundeswehr, ein bißchen Pazifismus, ein bißchen Bündnistreue und ein bißchen Neutralismus.«[9]

Natürlich gibt es aufrichtige Sozialdemokraten (nicht nur an der Basis), die die offizielle Parteilinie selbst ablehnen und sich nach Kräften bemühen, sie zu korrigieren; aber sie bilden eine Minorität, die es schwer hat, sich überhaupt Gehör zu verschaffen. Trotz des massiven Drucks der Parteibürokratie und Parteihierarchie bleiben diese selbstkritischen Gruppen jedoch nicht ganz stumm und melden sich immer mal wieder zu Wort, um ihre divergierende Meinung ganz offen auszusprechen. Als Beispiel ist das Papier zu erwähnen, das die Parlamentarische Linke der SPD Anfang 1985 im Zusammenhang mit der Auseinandersetzung um ein neues Godesberger-Programm veröffentlichte: »Die SPD« – heißt es dort – »wurde zur integrativen Volkspartei, und die Gewerkschaften wurden immer mehr zum sozialen Ordnungsfaktor, während ihre Rolle als grundsätzliche gesellschaftliche Gegenmacht in den Hintergrund rückte. Zur Verwirklichung wohlfahrtsstaatlicher Ziele wurde ein sozialpartnerschaftlicher Kompromiß unter weitgehendem Verzicht auf direkte Eingriffe in die private Wirtschaft akzeptiert.«[10] An anderer Stelle wird offen angeprangert, daß »auch SPD-Politiker der Versuchung nicht widerstanden, auf Druck der politischen Rechten demokratische Bürgerrechte einzuschränken und soziale Bewegungen zu disziplinieren«.[11]

Dieser Mut zur Selbstkritik beweist, daß in der SPD nicht alles verdorben ist, aber er bleibt leider eine vereinzelte Erscheinung und wird in absehbarer Zeit kaum in der Lage sein, den technobürokratischen, wahltaktisch orientierten Kurs der Partei nachhaltig zu beeinflussen. Denn Selbstkritik ist bei der SPD unbeliebt, sie hebt vielmehr die Selbstgefälligkeit, deshalb hat sie über vierzig Jahre lang es nicht für nötig gehalten, sich mit den Fehlern und Mißerfolgen der Vergangenheit ernsthaft auseinanderzusetzen. Diese hartnäckige Weigerung, bei sich selbst für eine echte Aufklärung zu sorgen, hat auch die Partei gehindert, nach außen eine solche Aufgabe konsequent zu erfüllen. Sie ist hier wiederum nur halbherzig vorgegangen.

DIE NEUEN DEUTSCHEN

Du bist am Ende – was du bist.
Setz dir Perücken auf von Millionen Locken,
Setz deinen Fuß auf ellenhohe Socken,
Du bleibst doch immer, was du bist.
Johann Wolfgang von Goethe[1]

Sind sie wirklich so ›neu‹, wie sich viele von ihnen einbilden, die neuen Deutschen, oder handelt es sich hier schon wieder um den Versuch, die Wirklichkeit zu verdrängen und einen neuen Mythos zu schaffen, den Mythos eines nicht mehr mit Schuld beladenen und endgültig aufgeklärten Volkes?

Über die neuen Deutschen zu sprechen bedeutet, sich die Frage zu stellen, inwieweit sie sich seit der braunen Götterdämmerung geändert haben. Mit dem klischeeartigen Hinweis auf die nach Kriegsende entstandenen demokratischen Institutionen ist freilich die Frage nicht beantwortet, nicht einmal richtig gestellt. Die institutionelle Wandlung des nachhitlerischen Deutschland mit der Wandlung der Deutschen als Individuen gleichsetzen zu wollen – wie es die Deutschen allzu gern tun –, ist schon im Ansatz falsch. Es schematisiert und verharmlost die ganze Problematik, ist der erste Schritt zur Mythologisierung. Ein Volk kann neue Institutionen bekommen und dennoch in alten Verhaltensweisen verharren, ja, es kann auch unter einer Demokratie innerlich unfrei bleiben, vor allem, wenn es diese Demokratie nicht spontan und aus eigenem Antrieb, sondern auf Befehl eines Fremdwillens übernommen hat. Charaktereigenschaften – gute wie schlechte – sind mehrzweckfähig, sie lassen sich oft ohne nennenswerte Schwierigkeiten für verschiedene Zielsetzungen verwenden und in die konträrsten Systeme integrieren. Formale Strukturen allein besagen kaum etwas über die Gesinnung eines Volkes, erst die Bewußtseinsstrukturen der einzelnen können konkrete Kunde über seinen Zustand geben. Nicht der institutionelle Überbau ist hierfür entscheidend, vielmehr die anthropologische Infrastruktur.

Man soll auch nicht übersehen, daß die neuen staatlichen und gesellschaftlichen Institutionen der Bundesrepublik im wesentlichen von denselben technischen Kadern

231

geprägt wurden, die schon im Dritten Reich und teilweise in der Weimarer Republik den Verwaltungsapparat beherrscht hatten. Also auch was die Institutionen angeht, ist Kontinuität gewahrt. Es genügt, in diesem Zusammenhang nur daran zu erinnern, daß der Justizapparat des Dritten Reiches anstandslos und mit geringen Ausnahmen in die Bundesrepublik übernommen wurde, so daß dieselben Richter, die sich der Nazigesetzgebung gebeugt hatten, jetzt im Namen der Demokratie Recht sprachen.

Auch die Wandlung der Gesellschaft war vordergründiger und oberflächlicher, als man im allgemeinen wahrhaben will. Unzweifelhaft bot der schnelle Übergang vom Dritten Reich zum spätkapitalistischen Wirtschaftswunder den Deutschen die Chance, sich einer neuen Aufgabe zu widmen, ohne daß sie sich dabei Rechenschaft über das vorher Geschehene geben mußten. Ja, sie brachten es sogar fertig, den materiell erfolgreichen Einstieg in das neue System als Beweis für ihre menschliche Rehabilitierung hochzustilisieren. Die fällige moralische Selbstprüfung fand nicht statt, sie wurde durch Dynamik und Betriebsamkeit ersetzt, die Frage der eigenen Schuld durch Erfolgsstatistiken beantwortet. Damit war vorprogrammiert, daß sie sich im Laufe der Zeit selbst die Absolution erteilten.

Das in der Bundesrepublik eingerichtete System wurde sofort zu einem permanenten, ziemlich schamlosen Selbstbedienungsladen für Anpassung, Schuldverdrängung und Narzißmus. Es gab im ganzen keine echte Besinnung, es entstand kein Bedürfnis, sich mit dem eigenen Gewissen ernsthaft auseinanderzusetzen. Plötzlich war die Meinungs- und Versammlungsfreiheit da, aber nur die wenigsten ergriffen das Wort, um schonungslos die Wahrheit zu sagen; der angesichts des Geschehenen zu erwartende umfassende Dialog blieb aus, die Mehrheit wählte das Schweigen, ein dumpfes, trotziges, rechthaberisches und kleinmütiges Schweigen, das nichts Gutes ahnen ließ. Die Institutionen waren gewiß nagelneu wie die aus den Trümmern entstandenen Städte, aber sie wurden benutzt, um politischen Schund zu produzieren. Von neuen Menschen unter solchen Voraussetzungen zu sprechen ist völlig fehl am Platze: Das System reproduzierte die alten Verhaltensweisen nur innerhalb eines neuen institutionellen Rahmens.

Es gab Versuche, sogar mutige, mitunter großartige Versuche zu einem neuen Anfang, es gab sie auf kultureller, gesellschaftlicher und auch politischer Ebene; aber diese Versuche, so fruchtbar sie auch gewesen sind, wurden immer wieder vom System ziemlich leicht und schnell neutralisiert. Die Minderheiten, die sich für Ideale, für Wahres und Schönes in dieser Republik eingesetzt haben, sind bis zur Stunde die Unterlegenen geblieben. Den Sieg haben diejenigen davongetragen, die nichts anderes im Sinn hatten, als das Immergleiche fortzusetzen, also die Erben und Nachfolger jener unheilvollen Kräfte, die längst vor Hitler von dem pervertierten Trieb beherrscht waren, alles Edle in diesem Land zu zerstören und aus Deutschland eine Hochburg der Häßlichkeit und der Unmenschlichkeit zu machen.

Und dementsprechend sieht die Bundesrepublik nach vierzig Jahren Demokratie und Rechtsstaat aus, nämlich wie eine, bei genauer Betrachtung, unverkennbare Reproduktion von allzu Bekanntem. Denn trotz ihrer vordergründigen Dynamik und ihres ungebrochenen Tatendrangs hat sich die Bundesrepublik als eine Art riesiges Altersheim entwickelt, zwar wohl behütet und gut eingerichtet, aber mit der bedrückenden und muffigen Atmosphäre, die solchen geschlossenen Anstalten eigen ist. Es fehlt die große Perspektive, das Ganze wirkt kleinkariert, verbraucht, phantasielos und unendlich langweilig. Physische Kraft ist noch im Übermaß vorhanden, die Muskeln sind intakt – in dieser Hinsicht genießen die Deutschen so etwas wie eine ewige Jugend – aber politisch-gesellschaftlich bietet dieses Land den Anblick eines hermetisch betonierten Bunkers, in dem nicht nur Immobilität, sondern gar Invalidität herrscht. Die Deutschen sind leistungsfähig wie eh und je, aber ihre Energie dient rein statischen oder regressiven Zwecken, besteht größtenteils aus Nostalgie und ist im Grunde ein sich ewig im Kreise bewegender Produktions- und Reproduktionsprozeß von Konservatismus und Restauration. Es fehlen nicht die Menschen und Gruppen, die immer wieder versuchen, dieses massive Konzentrat von geistiger Selbstbetonierung durch sinnvolle und zukunftsorientierte Alternativen zu sprengen, aber kaum melden sie sich, wird nach Ruhe und Ordnung gerufen und die Polizei geholt. Die meisten Deutschen führen ein

Rentnerdasein, nicht nur die, die auf Grund ihres Alters tatsächlich pensioniert sind, sondern auch weitgehende Teile der Jugend und der reiferen Schichten, die dazwischen liegen. Es hat sich weit und breit ein innovationsfeindliches Biedermeier neuer Prägung durchgesetzt, das aus einer bunten Mischung von Konformismus, Saturiertheit, Egozentrik, Lebensüberdruß und unerfüllten Sehnsüchten besteht. Die Bundesrepublik ist ein bißchen wie die Dürrenmattsche »Alte Dame« geworden, zwar reich, aber unendlich frustriert und von dunklen Ressentiments und Rachegefühlen in ihrem Unterbewußtsein beherrscht.

Man legt vor allem Wert auf Sicherheit, große Veränderungen sind unerwünscht, der Kurs der Republik lautet weiterhin: »Keine Experimente.« Die tüchtigen Bosse in den oberen Etagen haben schon das Kommende programmiert, und die Menschen passen sich dieser Programmierung an mit der gleichen braven Gefügigkeit, mit der sie früher den Kommandos der Nazis gehorcht hatten. Als Gegenleistung: die tägliche Suppe, die Urlaubsreisen, die paar Groschen auf dem Sparkonto, das unvermeidliche Auto und die anderen kleinen Vorzüge, die die Konsumgesellschaft zu bieten hat. Und gerade weil sich nichts Wesentliches ändert, weil man im Grunde in einer selbst gewählten geistigen und weltanschaulichen Provinz lebt, regt man sich wegen jeder Lappalie auf. Mein Gott, wie eng wirkt hier alles, wie tief sitzt noch jener Provinzialismus, unter dem schon D. H. Lawrence gelitten hatte: »I have suffered from the tightness, the domesticity of Germany.« (Ich habe unter der Enge, unter dem Provinzialismus in Deutschland gelitten. Brief an Edward Garnett, 1913)[2]

Man ist also beim Alten geblieben und hat damit die bekannten Atavismen beibehalten. Die Deutschen sind weiterhin ein Volk verklemmter Menschen, innerlich unfrei und autoritätsgläubig, sie haben sich trotz vierzig Jahren Demokratie von dieser psychischen babylonischen Gefangenschaft nicht befreit. Es sind wohl Ansätze da, die deutlich zeigen, daß viele von ihnen es geschafft haben, ihre anerzogene (keinesfalls angeborene!) Verklemmung zu überwinden, aber noch überwiegt die Zahl derer, die sich mit ihren tiefverwurzelten Hemmungen, Komplexen und Neurosen plagen müssen, die die Kraft nicht aufgebracht haben, sich von diesem demütigenden, selbstzerstörerischen Abhängigkeitszustand zu lösen. Ach, die Herren-rasse, wieviel Knechtschaft muß sie noch abschütteln, bis sie endlich lernt, frei zu atmen, frei zu fühlen, frei zu denken und frei zu handeln!

Verklemmung – das will heißen: Angst, Unsicherheit, Gefühlsarmut, Minderwertigkeits-und Schuldgefühle, Mangel an Spontaneität und Selbstvertrauen, und wiederum als kontrapunktische Zwangsreaktion: Leistungsbesessenheit, Geltungsbedürfnis, vordergründige Selbstzufriedenheit, Arroganz, Größenwahn.

Die innere Verklemmung des Durchschnittsdeutschen erklärt den traurigen Mangel an Liberalität, Gelassenheit, Toleranz und Humor, von denen die bundesrepublikanischen Verhältnisse geprägt sind, sowohl in öffentlich-politischer wie in zwischenmenschlicher Hinsicht. Machte sich Jürgen Habermas nicht etwas vor, als er unlängst von einer Fundamentalliberalisierung und von der »wiedergewonnenen Normalität«[3] dieses Landes sprach? Wer vom kritischen Geist eines Adorno und eines Horkheimer beseelt ist, kommt zu ganz anderen Schlußfolgerungen, wie etwa Ulrich Sonnemann, der unermüdlich immer wieder an die grundsätzliche Illiberalität erinnert, die in der Bundesrepublik herrscht. Verkrampfung ist weiterhin die Regel, und mit ihr die endlose Reihe von unerfreulichen Nebenerscheinungen, die den deutschen Alltag prägen, vom steifen Umgang der Menschen untereinander bis zu jenem traurigen Mangel an Wärme und Einfühlungsvermögen, den man überall spürt.

Nur schonungslose Aufklärung kann helfen, aber sie hat es schwer, sich durchzusetzen, weil sie auf versteinerte und festsitzende Tabus stößt, die nicht berührt werden dürfen. Es ist wie die bekannte Angst vor dem Arzt, der im Begriff ist, uns eine verborgene Krankheit zu enthüllen. Dieser Unwille zur Selbsterkenntnis führt automatisch zur Selbstverkennung, diese entspricht wiederum dem Zustand der Selbstentfremdung, in der sich die Deutschen nicht erst seit heute befinden. Das Bedürfnis zu verdrängen ist allgegenwärtig, nicht nur, wenn es um Nazivergangenheit geht. Der Deutsche verdrängt auch seine gegenwärtige Realität, er macht sich etwas vor, sein Dasein ist eigentlich eine permanente Verdrängung all dessen, was sein narzißtisches Selbstbildnis in Frage stellen könnte. Zu diesem Verdrängungsprozeß gehört das berühmte Auf-Stur-Schalten, eine Haltung, die nur das Unvermögen zur unvoreingenommenen Selbsterkenntnis verrät. Wie kann man die deutschen Verhältnisse ändern und wie sollen sich die Deutschen ändern, wenn sie Angst haben, der Wahrheit ins Auge zu sehen?

Verdrängt wird vor allem die Angst, gerade weil sie der neuralgische Punkt in der deutschen Psyche ist, als Dauererbe eines jahrhundertelang angestauten Prozesses von Repression und Strafe. Man kann kaum über dieses Volk sprechen, ohne den inneren Zusammenhang zu berücksichtigen, der zwischen dem gewalttätigen Charakter der deutschen Geschichte und der daraus entstandenen Angst besteht. Schon Curzio Malaparte stellte fest: »Was den Deutschen zur Grausamkeit verleitet, zu diesen ganz kühl, ganz methodisch, ganz wissenschaftlich grausamen Handlungen, ist die Angst.« *(Kaputt)*[4] Und Heinrich Mann in seinem *Untertan*: »Herren und Knechte wird es immer geben ... denn in der Natur ist es auch so. Und es ist das einzige Wahre, denn jeder muß über sich einen haben, vor dem er Angst hat, und einen unter sich, der vor ihm Angst hat.«[5] In der hier verkündeten Moral steckt der Schlüssel für die deutsche Pathologie, die weiter wirkt und nicht überwunden wird, solange die Deutschen nicht das Prinzip der Freiheit in ihrem privaten und öffentlichen Leben ganz vornan setzen. Angst und Freiheit sind unvereinbar, und dort, wo Angst die Regel ist (zumal uneingestandene), können sich schwer neue Menschen herausbilden. Mit der immer wieder gerühmten deutschen Variante der Freiheit, der Innerlichkeit, kann man da wenig anfangen: Echtes, furchtloses Selbstbewußtsein bleibt nie nur ›innerlich‹, es drängt nach außen, will sich in der Praxis objektivieren.

Das deutsche Angstsyndrom ist vielschichtig und nimmt oft die erstaunlichsten Formen an, äußert sich unter anderem in dem Drang, alles durchzuorganisieren, jede Spontaneitätserscheinung schon im Keim zu ersticken, nichts dem Zufall zu überlassen und das Leben bis ins kleinste Detail zu normieren. Dieses Bedürfnis nach totaler Planung bestimmt nicht nur den innerdeutschen Alltag, sondern auch das Verhältnis der Deutschen zur Außenwelt, die sie aus der Sicht ihrer Ängste sehen und entsprechend nach ihrem Willen gestalten möchten, damit sie auch ein jederzeit organisierbares Ganzes bleibt. Hier liegt die Erklärung sowohl für das ständige Sich-bedroht-Fühlen wie für die wiederholten Versuche, mit Gewalt diesem Zustand ein Ende zu setzen: Wille zur Macht als Ausdruck eines primären, aber verdrängten Gefühls der inneren Unsicherheit und der Angst.

Das immer latente Gefühl, von Feinden und bösen Kräften eingekreist zu sein, das eine Konstante in der deutschen Geschichte bildet und sich oft zu regelrechtem Verfolgungswahn steigert (Juden), hat die Entwicklung der Bundesrepublik in entscheidender Weise geprägt. Diesmal hat es sich in der Angst vor der Sowjetunion und vor einer Verbreitung der marxistischen Ideologie geäußert, aber unter anderem auch in der Angst vor »Überfremdung« (nicht zufällig das Hauptargument der Neonazis und sonstiger Rechtsradikaler), vor Wirtschaftskrisen und vor jeder Neuerung, die die Kontinuität des Systems gefährden könnte. Dem aus dieser und anderen Angstpsychosen entstandenen Sicherheitsbedürfnis wurde außenpolitisch durch eine enge Bindung an die Vereinigten Staaten von Amerika und durch die Integration in der NATO und in der Europäischen Gemeinschaft begegnet. Innenpolitisch hat man ein wirtschaftlich dynamisches und leistungsfähiges, aber gesellschaftlich statisches, diszipliniertes, konservatives und emanzipationsfeindliches Gemeinwesen aufgebaut. Dieser aus hemmungslosem Materialismus und repressiver Scheingeborgenheit bestehende Dualismus hat den Deutschen keineswegs die Erfüllung gebracht, die sie sich erhofften, er hat vielmehr die alten Frustationen, Aggressionen und Angstneurosen weiter produziert und dieses Volk in eine neue seelische und anthropologische Sackgasse geführt.

Die Deutschen haben es durch ihren Fleiß und ihre Tüchtigkeit materiell sehr weit gebracht, sie haben die Welt des Habens wie kaum ein anderes Volk erobert, aber dies ist auf Kosten der viel wichtigeren, mit Wohlstand und Macht nicht zu ersetzenden Welt des Seins geschehen. Daher auch die diffuse, aber unverkennbare Unzufriedenheit, die man auf Schritt und Tritt wahrnimmt, das seelische Vakuum überall, der Kontrast zwischen dem vordergründigen Stolz auf das bisher Geleistete und dem viel tiefer liegenden Gefühl von Frustration. Die durch den verlorenen Krieg verursachten Wunden sind noch immer nicht verheilt, das Trauma der Niederlage und die Demütigung sind weiterhin nicht überwunden, es meldet sich immer wieder, um die Deutschen daran zu erinnern, daß sie eine geteilte und zerrissene Nation sind. Die Rolle des kapitalistischen Musterknaben, die sie jahrzehntelang mit großem Erfolg gespielt haben und die ihnen half, das Vergangene zu verdrängen und sich ein neues Selbstbewußtsein zu verschaffen, befriedigt sie nicht mehr, sie hat den Reiz des Neuen eingebüßt und ist zur lästigen Routine geworden, eine reine Leistungsmechanik. Auch die anfängliche Romantik der EG – falls es überhaupt je eine gab – zieht nicht mehr, genausowenig wie der immer matter, immer farbloser werdende Glanz des Wirtschaftswunders. In *Jenseits von Schuld und Sühne* notierte Jean Améry: »Ein stolzes Volk, immer noch … Es beruft sich nicht mehr auf die heroische Waffentat, sondern auf die in der Welt einzig dastehende Produktivität. Aber es ist der Stolz von einst.«[6] Dieser Stolz auf die wirtschaftlichen Leistungen, der jahrelang das Bedürfnis nach Selbstbestätigung und Selbstrehabilitierung weitgehend befriedigte, ist mittlerweile Schnee von gestern, läßt die Menschen zunehmend kalt, erweckt keinen großen Enthusiasmus mehr, hat den früheren Zauber verloren und ist an einem toten Punkt angelangt. Die Deutschen sehnen sich seit langem nach anderen Werten, sind auf der Suche nach einer nationalen neuen Identität, trauern um ihr geteiltes und verlorenes Vaterland, sind tief zerrissen zwischen dem, was sie nach dem Krieg geworden sind, was sie einmal waren und was sie werden möchten.

Bei dieser regressiven Nostalgie handelt es sich keineswegs nur um harmlose sentimentale Erinnerungen an die alte Heimat, sie ist gleichzeitig Trauer um die dahingegangene Macht und Herrlichkeit. Diese nach rückwärts gerichtete deutschnationale Stimmung kommt freilich nicht von ungefähr, sie deckt sich vollkommen mit der revanchistischen Politik, die in der Bundesrepublik vom ersten Augenblick an mehr oder weniger offen praktiziert wurde, sie ist die logische, folgerichtige, dialektische Konsequenz eines nie ausgelöschten Willens zur Macht.

Dieser Wille zur Macht ist seit dem Aufstieg Preußens

immer ein hervorstechender Zug deutscher Politik gewesen, auch in der Bundesrepublik, allerdings mit dem gewiß nicht zu unterschätzenden Unterschied, daß der dafür vorhandene Spielraum nun viel geringer ist als früher. Wenn die Bundesrepublik bisher auch nicht in der Lage war, in großem Umfang Machtpolitik zu betreiben, hat sie doch dort, wo sie konnte, keine Gelegenheit versäumt, eigene Machtpositionen aufzubauen, vor allem innerhalb der Europäischen Gemeinschaft. Die Ansicht, daß die Bundesrepublik seit ihrer Gründung eine Kolonie der USA gewesen ist, ein Vasallenstaat des Pentagons, ist recht geläufig. Aber dieses zum Klischee gewordene Bild vom armen besetzten Land, das einfach dem Boß gehorchen muß, stimmt nur teilweise, denn die Abhängigkeit von Amerika hat die Bundesrepublik nicht gehindert, eine erstaunliche Karriere zu machen und die beherrschende Wirtschaftsmacht Westeuropas zu werden, mit den entsprechenden politischen und weltanschaulichen Einflußmöglichkeiten, die mit einem solchen Rang verbunden sind.

Bei aller bemerkenswerten Schlagkraft der Bundeswehr im konventionellen Bereich ist die Bundesrepublik in militärischer und sicherheitspolitischer Hinsicht sicherlich keine Großmacht, aber nichts irriger als die weitverbreitete Meinung, daß sie deshalb keine Machtpolitik mehr betreiben könnte, daß sie sozusagen eine Art gefesselter, zur Ohnmacht verurteilter Prometheus geworden sei. Hans Magnus Enzensberger meinte dazu irgendwann in den sechziger Jahren: »Deutschlands Nachbarn können ruhig schlafen. Zum dritten Weltkrieg werden die Kräfte nicht reichen: Nie wieder wird Deutschland eine Großmacht sein. Die Funktion der amerikanischen und sowjetischen Divisionen auf deutschem Boden hat sich grundlegend verändert. Sie nehmen ein gemeinsames Interesse wahr: die halten die Deutschen unter Kontrolle.« (»Versuch, von der deutschen Frage Abschied zu nehmen.«)[7] Eine solche Meinung wird noch heute von vielen Menschen innerhalb und außerhalb der Bundesrepublik geteilt. Sie ist wohl eher eine vordergründige und vereinfachende Bewertung der deutschen Problematik. Enzensbergers Analyse ist schon deshalb verfehlt, weil sie den militärischen Faktor so sehr in den Vordergrund stellt und andere, nicht weniger relevante Gesichtspunkte außer acht läßt. Machtpolitik kann viele Formen annehmen, paßt sich den jeweiligen historischen Verhältnissen an, und es ist naiv zu meinen, daß Kriege und bewaffnete Aggressionen die einzigen möglichen Erscheinungsformen von Hegemoniestreben darstellen. Genauso naiv ist es anzunehmen, daß die Bundesrepublik ihre Politik höchstens auf wirtschaftlicher Ebene betreiben kann, daß sie sich damit begnügen wird, ihre industriellen Erzeugnisse, technischen Patente und Kapitalreserven zu exportieren. Deutschland war nie nur ein Land von Industriellen und Geschäftsleuten, es hat immer versucht, seine wirtschaftliche und technische Macht in politische und außenpolitische Macht umzumünzen. Und diese Tradition ist keineswegs nur Erinnerung, sie ist wieder einmal lebendige Wirklichkeit und wächst in dem Maße, wie auch die Macht und das Machtbewußtsein der Deutschen zunehmen.

Es wäre abwegig, der Bundesrepublik zu unterstellen, sie plane bewußt, Westeuropa zu beherrschen, aber es liegt auf der Hand, daß sie ihr ökonomisches, politisches und diplomatisches Gewicht benutzen wird, um ihre eigenen gesellschaftlichen, ideologischen und geschichtlichen Vorstellungen auch außerhalb der eigenen Grenzen zur Geltung zu bringen und schließlich vielleicht sogar die Wiedervereinigung durchzusetzen. Daß der von Gorbatschow und Reagan eingeleitete Abrüstungs- und Entspannungsprozeß die außenpolitische Bewegungsfreiheit und Manövrierfähigkeit der Bundesrepublik begünstigen wird, ist unschwer vorauszusehen.

Die rapide Entwicklung der Bundesrepublik zu einer Art Primus inter pares der westeuropäischen Gemeinschaft wird im Ausland nicht gerade mit Begeisterung registriert, vor allem nicht in den osteuropäischen Ländern, wo die Erinnerung an den deutschen Imperialismus besonders lebhaft ist. Der polnische Außenminister Marian Orzechowski faßte das Unbehagen ob des zunehmenden Machtbewußtseins der Bundesrepublik im Juli 1987 im Zusammenhang mit der Bildung einer gemeinsamen deutsch-französischen Brigade zusammen: »Dies muß in Verbindung mit der wachsenden Position der Bundesrepublik in der westlichen Welt, in der NATO, in der EG gesehen werden. Die Bundesrepublik drängt ihren Partnern immer aufdringlicher die eigene Vision von Europa auf.« Selbst ein Helmut

Kohl, der sich nicht gerade durch Bereitschaft zur Selbstkritik auszeichnet, mußte im Juni 1985 beim Schlesier-Treffen beschwichtigend zugeben: »In der Geschichte Europas war die deutsche Frage immer wieder ein Herd der Unruhe und Instabilität, nicht erst zu Zeiten der beiden Weltkriege. Wir haben deshalb Verständnis für Besorgnisse, die wir zuweilen in Europa ... spüren können.« Aber das sind unverbindliche Floskeln, um den Nachbarn zu beruhigen, verbale Pflichtübungen, die die Bundesrepublik nicht abhalten werden, weiterhin Machtpolitik zu betreiben und bohrend ständig von neuem zu wiederholen, daß die deutsche Frage offenbleibt. Dies heißt im Klartext: Wir verzichten auf nichts, wir finden uns mit den durch den Zweiten Weltkrieg geschaffenen Verhältnissen nicht ab. Keine schöne, beruhigende Perspektive, wenn man bedenkt, mit welcher Ausdauer dieses Volk seine Zielsetzungen immer verfolgt hat.

Ein neuer Nationalismus also? In der Tat, es gibt ihn, aber nicht erst seit dem Historikerstreit um Herrn Nolte und Deutschlands einzigartiges Vorgehen in der Judenvernichtung. Nein, das von Tag zu Tag unverhüllter auftretende deutschnationale Unwesen ist nicht erst in letzter Zeit entstanden, es wurde auch nicht durch die Bonner ›Wende‹ herbeigeführt, es ist viel älteren Datums. Es hat eigentlich keinen Moment aufgehört zu existieren, es tauchte unmittelbar nach dem Krieg auf, es war immer da, auch wenn es nicht offen auftrat und oft die verschiedensten Masken trug, um sein trübes Geschäft unerkannt weiter betreiben zu können. Aber man kann seine Spuren unschwer orten, seine Grimasse ist unverkennbar: Nationalistisch war die Verdrängung der braunen Vergangenheit, die Trauer um den verlorenen Krieg, die Verbannung der nationalsozialistischen Thematik aus dem Schulunterricht und den Geschichtsbüchern, der hysterische Antikommunismus und der Haß auf die Sowjetunion, das bewußte Aufheizen des Kalten Krieges, der ständige Vergleich der Naziverbrechen mit den Kriegshandlungen der Alliierten, die verzögerte Ermittlung, Verfolgung und Bestrafung der Kriegsverbrecher, der Groll gegen die Linksintellektuellen, die die restaurativen und antidemokratischen Tendenzen der Bundesrepublik bekämpften, die Rede von der ›Beschmutzung des eigenen Nestes‹, die systematische Bagatellisierung des

Neonazismus und des Rechtsradikalismus und nicht zuletzt der verkrampfte Versuch, durch wirtschaftliche Glanzleistungen der Welt zu beweisen, daß man noch eine Herrenrasse war, ein Volk von Übermenschen, als könnte man wirklich die Statistiken der vergasten Juden mit ökonomischen Erfolgsstatistiken wegzaubern.

Es hat sich noch einmal bestätigt, was Horkheimer mit Schmerz und Abscheu in seinen *Notizen* feststellte: »Nirgendwo in zivilisierten Ländern ist so wenig Grund zum Patriotismus wie in Deutschland, und nirgendwo wird von den Bürgern weniger Kritik am Patriotismus geübt als hier, wo er das Schlimmste vollbracht hat.«[8] In ihrer ständigen falschen Selbsteinschätzung ist den Deutschen noch nicht aufgefallen, wie wenig Grund sie eigentlich haben, in patriotische oder nationalistische Ekstase zu geraten. Nicht nur die Unfähigkeit zu trauern zeichnet sie aus, auch die Unfähigkeit zu erkennen, sonst hätten sie längst die Misere der eigenen, vor allem neueren Geschichte entdeckt und ein für alle Male mit ihr aufgeräumt. Ja, das Volk der Dichter und Denker, das sich auf dem Gebiet der Philosophie und des Wissens wie kaum ein anderes ausgezeichnet hat, schien immer dort, wo Hellsichtigkeit am nötigsten gewesen wäre, von Blindheit geschlagen: im Bereich der Selbsterkenntnis. Deshalb haben sie nicht aus ihren Fehlern gelernt, deshalb rennen sie immer wieder gegen dieselbe Wand, deshalb haben sie noch immer nicht kapiert, daß sie keine Veranlassung haben, stolz auf ihre Vergangenheit zu sein, auf das, was sie mit ihrem Vaterland und ihrer Geschichte gemacht haben und weiterhin machen.

Ob sie es wahrhaben wollen oder nicht, Deutschland ist keine begnadete Nation, sie verkörpert – biblisch gesprochen – die Gestalt des Kains, die Tradition des schlechthin Bösen, und wenn man ihre Geschichte insgesamt und mit unvoreingenommenen Augen betrachtet, hat man den Eindruck, daß sie unter dem Bann eines verhängnisvollen Stigmas steht. Das gilt nicht nur für das Vergangene, sondern auch für die Gegenwart, denn dieses Land produziert Schmerz mit derselben Gründlichkeit und Selbstverständlichkeit, mit der es Maschinen herstellt.

Die schlechten Erfahrungen, die dieses Volk mit seinem Größenwahn gemacht, und die häufigen Schiffbrüche, die es dadurch erlitten hat, haben kaum seine Neigung zur

Selbstüberschätzung erschüttert. Der Durchschnittsdeutsche hält sich auch heute für ein bevorzugtes Produkt der Schöpfung, übt selten die fruchtbare Tugend der Bescheidenheit aus, fühlt sich prinzipiell im Recht und meint, er wisse alles besser als die Angehörigen anderer Nationen.

Dieser tief ausgeprägte Hang zu Selbstherrlichkeit und Selbstgerechtigkeit trägt schon den Keim der Aggression in sich, und solange sich die Deutschen einbilden, höher als andere Nationen zu stehen, und sich weigern, von ihrem narzißtischen Podest herabzusteigen, werden sie mit ihren Problemen nicht fertig und bleiben ein Unruheherd für die Völkergemeinschaft. Es besteht kaum ein Grund, sich über die Deutschen große Illusionen zu machen, auch über die ›neuen‹ nicht: Sie sind ein unausgeglichenes und unausgefülltes Volk geblieben – oder wieder geworden –, und alles deutet darauf hin, daß die Art von Erfüllung, die sie zu suchen scheinen – wieder einmal die Ersten, die Besten und die Stärksten zu sein –, kaum zu etwas Gutem führen wird.

Ich weiß, es gibt die Gegenkräfte, welche die aufklärerischen Kräfte der Vernunft und der Freiheit, die die Negation des häßlichen, inhumanen Deutschland und das Prinzip Hoffnung darstellen. Dieses andere Deutschland ist keineswegs neu, es gab es immer, es ist das Deutschland Kants und Goethes, Hölderlins und Schillers, das Deutschland Heinrich Heines und Karl Marx', Rosa Luxemburgs, Carl von Ossietzkys und Erich Mühsams, das antifaschistische Deutschland, das in den Kellern der Gestapo gefoltert und in den KZs ermordet wurde, das auf seiten der spanischen Republik kämpfte, das ins Exil ging und das im Zweiten Weltkrieg wie Gerhard Zwerenz den Mut hatte, Fahnenflucht zu begehen, das Deutschland Heinrich Bölls und Rudi Dutschkes, Petra Kellys und General Bastians, Dorothee Sölles und Ulrich Sonnemanns, Namen, die ich hier als Symbol für die Millionen anderer, anonymer, einfacher Deutschen erwähne, die auch zu dieser humanistischen Tradition gehören, ja dessen Rückgrat sie bilden, Menschen, die auf die unauffälligste, selbstloseste Weise nichts anderes getan haben und weiter tun, als sich für eine Humanisierung dieses Landes einzusetzen und mit mehr oder weniger Glück versuchen, immer wieder gegen das Böse, das sie umgibt, Widerstand zu leisten.

Nein, dieses Deutschland vergesse und verkenne ich nicht, ich verbeuge mich im Gegenteil in tiefer Achtung vor ihm. Aber seine Existenz soll nicht als Alibi dienen, um das andere Deutschland zu relativieren oder zu rechtfertigen, wie es die Philister dieses Landes tun, um ihr eigenes Gewissen zu erleichtern und zu beruhigen. Für das Deutschland der Unmenschlichkeit und der Brutalität gibt es keine Rechtfertigung und keine Entschuldigung, und solange es die Geschicke dieser Nation in der Hand hält, darf niemand zufrieden sein.

Quellennachweis

Die große Verdrängung

1 Hans-Martin Lohmann »Ein deutsches Trauma«, in: *Frankfurter Rundschau*, 28. 3. 1987
2 Max Picard *Hitler in uns selbst*. Zürich 1946, S. 264
3 Klaus Roehler *Ein Blick in die Zukunft jetzt gleich, im Oktober*. Darmstadt, Neuwied 1978, S. 29
4 Rolf Hochhuth *Eine Liebe in Deutschland*. Reinbek bei Hamburg, 1978, S. 240
5 Eugen Kogon *Der SS-Staat*. München 1974, S. 390
6 Günther Weisenborn *Der gespaltene Horizont*. München, Wien, Basel 1964, S. 53 f
7 Thilo Vogelsang, *Das geteilte Deutschland*. München 1966, S. 34
8 Max Horkheimer *Notizen 1950 bis 1969 und Dämmerung*. Frankfurt 1974, S. 201
9 Günther Weisenborn (Hg.) *Der lautlose Aufstand. Bericht über die Widerstandsbewegung des deutschen Volkes 1933–1945*. Hamburg 1962, S. 30
10 Dietrich Bonhoeffer *Widerstand und Ergebung*. München 1955, S. 13
11 Günter Grass in der *Frankfurter Rundschau*, 21. 12. 1983

Die musterhafte Anpassung

1 Karl Jaspers *Lebensfragen der deutschen Politik*. München 1963, S. 38
2 Heinrich Böll *Eine deutsche Erinnerung. Interview mit René Wintzen*. Köln 1979, S. 31
3 Vgl. Helmut Fritz, »Die Hauptstadt des Schlagers. Berlin in den zwanziger Jahren«, in *Frankfurter Rundschau*, 18. 4. 1987
4 Heinrich Böll *Billard um halb zehn*. München, Zürich 1963, S. 148
5 Ludwig Erhard *Wohlstand für alle*. Düsseldorf 1957, S. 137
6 Günter Grass *Über das Selbstverständliche*. Neuwied, Berlin 1968, S. 178
7 Max Horkheimer, a.a.O., S. 22
8 Robert Neumann *Der Tatbestand oder Der gute Glaube der Deutschen*. München 1965, S. 293

Der geistige Wiederaufbau

1 Lion Feuchtwanger *Exil*. Frankfurt 1981, S. 124 f
2 Theodor W. Adorno *Minima Moralia*. In: Ders. (*Gesammelte Schriften*. Bd. 4. Frankfurt 1980, S. 120
3 Romain Rolland, vgl. Alfred Kantorowicz *Politik und Literatur im Exil*. München 1983, S. 168

4 Lion Feuchtwanger/Arnold Zweig *Briefwechsel 1933–1958*. Berlin, Weimar 1984, Bd. 1, S. 348
5 Carl Zuckmayer *Als wär's ein Stück von mir*. Frankfurt 1969, S. 472
6 Margarete Susman *Ich habe viele Leben gelebt*. Stuttgart 1964, S. 14
7 Leo Baeck *Selbstzeugnisse des deutschen Judentums 1870–1945*. Hg. v. Achim Borries. Frankfurt 1962, S. 45
8 Feuchtwanger/Zweig a.a.O., Bd. 2, S. 276
9 Alfred Kantorowicz *Deutsches Tagebuch*. Berlin 1978, S. 648 f
10 Hans-Werner Richter *Im Etablissement der Schmetterlinge*. München, Wien 1986, S. 73
11 Wolfdietrich Schnurre *Man sollte dagegen sein*. (Vorwort) Frankfurt, Hamburg 1974
12 Friedrich Heer *Warum gibt es kein Geistesleben in Deutschland?* München 1978, S. 62

Das unglückliche Bewußtsein

1 Friedrich Hölderlin *Werke in zwei Bänden*. Stuttgart 1980, Bd. 2, S. 263 f
2 Hans-Egon Gerlach, Otto Hermann (Hg.) *Goethe erzählt sein Leben*. Frankfurt, Hamburg 1956, S. 243
3 Sebastian Haffner *Die sieben Todsünden des Deutschen Reiches*. Hamburg 1965, S. 121
4 Paul Ricœur *Geschichte und Wahrheit*. München 1974, S. 115
5 Max Horkheimer, a.a.O., S. 162
6 Kantorowicz, a.a.O., S. 647

Die einsamen Deutschen

1 Thomas Mann *Der Zauberberg*. Berlin, Frankfurt 1960, S. 473
2 Thomas Mann *Betrachtungen eines Unpolitischen*. Berlin 1918, S. 10
3 Ulrich Sonnemann *Negative Anthropologie*. Frankfurt 1981, S. 180
4 Meister Eckehart *Deutsche Predigten und Traktate*. München 1978, S. 61, 203
5 Ebd., S. 434 f
6 Graf Keyserling *Das Spektrum Europas*. Heidelberg 1928, S. 97 f
7 Oswald Spengler *Der Untergang des Abendlandes*. München 1972, Bd. 2, S. 920
8 Franz Kafka *Gesammelte Werke*. Bd. 7. Frankfurt 1951, S. 418
9 Sören Kierkegaard *Gesammelte Werke*. Bd. 1. Köln/Düsseldorf 1962, S. 74

Herdentrieb und nationale Eintracht

1 William Neil Connor »Cassandra«, in: *Der Spiegel* 46/1958
2 Wolfgang Promies *Der Bürger und der Narr*. München 1966, S. 106

3 Dietrich Bonhoeffer *Ethik*. München 1966, S. 266
4 Oswald Spengler *Politische Schriften*. München 1933, S. 32

Dialektik der Unruhe

1 Romain Rolland *Zwischen den Völkern*. Stuttgart 1954, Bd. 1, S. 93
2 Goethe *Faust*, 2. Teil, V. Akt
3 Karl der Große, vgl. Ricarda Huch *Römisches Reich Deutscher Nation*. Frankfurt 1954, S. 26
4 Goethe *Faust*, 2. Teil, IV. Akt
5 Karl Marx *Zur Kritik der Hegelschen Rechtsphilosophie*. In: Marx/Engels *Werke*. Bd. 1. Berlin (Ost) 1973, S. 433
6 Ebd., S. 405
7 Marx/Engels *Werke*. Bd. 8. Berlin 1982, S. 81
8 Friedrich Engels *Die Rolle der Gewalt in der Geschichte*. In: Marx/Engels *Werke*. Bd. 21. Berlin 1973, S. 433
9 Hölderlin, a.a.O., Bd. 2, S. 55
10 Friedrich Nietzsche *Die fröhliche Wissenschaft*. München 1959, S. 300
11 Ernst Behler *Friedrich Schlegel*. Reinbek bei Hamburg 1974, S. 24
12 D. H. Lawrence *Twilight in Italy*. New York 1958, S. 3
13 Fjodor M. Dostojewski *Tagebuch eines Schriftstellers*. Darmstadt 1963, S. 361
14 Reinhold Schneider *Briefe an einen Freund*. Köln, Olten 1961, S. 122

Fetisch Perfektionismus

1 Heinrich Böll *Und sagte kein einziges Wort*. Frankfurt, Berlin 1963, S. 100
2 Alfred Andersch *Die Rote*. München 1963, S. 149
3 Theodor W. Adorno, a.a.O., S. 114f
4 Günther Weisenborn *Der Verfolger*. Wien, München, Basel 1961, S. 32

Wir sind die Besten

1 Alexander und Margarete Mitscherlich *Die Unfähigkeit zu trauern*. München 1967, S. 36
2 Hölderlin, a.a.O., S. 263f
3 Nietzsche *Ecce homo*. Frankfurt 1977, S. 125
4 Ebd., S. 64
5 Ebd., S. 122
6 Nietzsche *Vorspiel einer Philosophie der Zukunft*. Frankfurt 1959, S. 206
7 Kantorowicz, a.a.O., S. 219
8 Mitscherlich, a.a.O., S. 195

Das machtlose Reich: Geburt der Tragödie

1 Lord Acton *Lectures on Modern History*. New York 1961, S. 20
2 Franz Mehring *Die Lessing-Legende*. Berlin 1926, S. 77
3 Alexis de Tocqueville *L'ancien régime et la révolution*. Paris 1972, S. 76
4 Golo Mann *Deutsche Geschichte des 19. und 20. Jahrhunderts*. Frankfurt 1958, S. 35
5 Hegel *Vorlesungen über die Philosophie der Geschichte*. In: Ders. *Werke in zwanzig Bänden*. Bd. 12. Frankfurt 1970, S. 480
6 Marx *Das Kapital*, Bd. 1. Berlin 1965, S. 779
7 Georg Christoph Lichtenberg *Aphorismen, Schriften, Briefe*. München 1974, S. 67
8 Leibniz *Sorge um die Deutschen*. In: *Leibniz*. Auswahl und Einleitung v. Friedrich Heer. Frankfurt, Hamburg 1958, S. 80

Die unpolitische Kultur

1 Novalis *Die Christenheit oder Europa*. In: Ders. *Werke und Briefe*. München 1962, S. 402
2 Golo.Mann *Geschichte als Ort der Freiheit. Ein Gespräch mit Adelbert Reif*. Zürich 1974, S. 26
3 Madame de Staël *Über Deutschland*. Weimar 1913, S. 83
4 *Deutsche Größe. Ein unvollendetes Gedicht Schillers 1801*. S. Friedrich Meinecke *Weltbürgertum und Nationalstaat*. München, Berlin 1908, S. 53
5 Friedrich Schlegel »Ideen«, in: *Athenaeum*. Bd. 3. Berlin 1800, S. 22f
6 Thomas Mann *Gesammelte Werke in Dreizehn Bänden*. Bd. 12. Frankfurt 1974, S. 856f
7 Leibniz, Brief vom 16. 1. 1712. Vgl. *Leibniz*, a.a.O., S. 57
8 Hugo von Hofmannsthal (Hg.) *Schillers Selbstcharakteristik*. Frankfurt 1954, S. 54
9 Johann Gottlieb Fichte *Reden an die deutsche Nation*. Hamburg 1955, S. 246
10 Ebd., S. 243
11 Ebd., S. 246
12 Hegel, a.a.O., S. 415
13 Ebd., S. 58–59
14 Ebd., S. 53
15 Albert Camus *L'homme révolté*. Paris 1959, S. 173
16 Christopher Dawson *Understanding Europe*. New York 1960, S. 176
17 Hermann Hesse, Karl Isenberg (Hg.) *Hölderlin. Dokumente seines Lebens*. Frankfurt 1976, S. 96

Die Rolle Preußens

1 *Friedrich der Große.* (Ausgewählte Quellen zur deutschen Geschichte der Neuzeit. Hg. v. Otto Bardong, Bd. 22) Darmstadt 1982, S. 229
2 Marx/Engels *Briefwechsel.* Bd. 2. Berlin 1949, S. 198
3 Hegel, a.a.O., S. 519
4 *Friedrich der Große,* a.a.O., S. 212
5 Ebd., S. 216–217
6 Ebd., S. 233
7 Ebd., S. 554
8 Ebd., S. 554
9 Bonhoeffer, a.a.O., S. 107
10 Heinrich Mann *Die traurige Geschichte von Friedrich dem Großen.* Hamburg 1962, S. 139
11 Friedrich August Ludwig von der Marwitz *Preußens Verfall und Aufstieg.* Hg. v. Friedrich Schinkel. Breslau 1932, S. 262
12 *Friedrich der Große,* a.a.O., S. 563
13 Ebd., S. 31
14 Harry Pross »Preußens klassische Epoche«, in: *Preußen. Porträt einer politischen Kultur.* München 1968, S. 61
15 Ebd.
16 *Friedrich der Große,* a.a.O., S. 95
17 Ebd., S. 124
18 Ebd., S. 564
19 Ebd., S. 559
20 Ebd., S. 552
21 Ebd., S. 557
22 Ebd., S. 408
23 Ebd., S. 446
24 Franz Mehring, a.a.O., S. 84
25 Lord Acton, a.a.O., S. 269
26 Leopold von Ranke *Preußische Geschichte.* Auswahl aus dem Gesamtwerk v. Hans-Joachim Schoeps. Darmstadt 1956, S. 245
27 Hegel *Werke* a.a.O., Bd. 2, S. 104

Die verspätete Nation

1 Bismarck *Mensch und Staat.* Hg. v. Gert Buchjeit. München 1956, S. 194
2 Otto Vossler *Die Revolution von 1848 in Deutschland.* Frankfurt 1967, S. 30
3 Anton Kippenberg, Friedrich von der Leyen (Hg.) *Deutsche Reden und Rufe.* München 1961, S. 121
4 Golo Mann *Deutsche Geschichte des 19. und 20. Jahrhunderts,* a.a.O., S. 342
5 Harry Pross (Hg.) *Dokumente zur deutschen Politik 1806–1870.* Frankfurt, Hamburg 1963, S. 239
6 Thomas Mann *Betrachtungen eines Unpolitischen,* a.a.O., S. 22
7 Kippenberg, a.a.O., S. 97
8 Dostojewski, a.a.O., S. 291

9 Heinrich Mann *Der Untertan*. Hamburg 1958, S. 486
10 Marx/Engels *Briefwechsel*. Bd. 4. Berlin 1950, S. 435
11 Ebd., S. 439
12 Ebd., S. 407
13 Erich Mühsam *Briefe an Zeitgenossen*. Hg. v. Gert W. Jungblut. Berlin 1978, S. 76 f
14 Hugo Ball *Die Flucht aus der Zeit*. Luzern 1946, S. 198
15 Heinrich Mann, *Die traurige Geschichte von Friedrich dem Großen*, a.a.O., S. 45
16 Harry Pross (Hg.) *Die Zerstörung der deutschen Politik. Dokumente 1871–1933*. Frankfurt 1959, S. 29
17 Friedrich von Bernhardi *Deutschland und der nächste Krieg*. Berlin 1912, S. 11
18 Ebd., S. 14
19 Ebd., S. 18
20 Ernst Hasse *Weltpolitik, Imperialismus und Kolonialpolitik*. München 1908, S. 62
21 Pross (Hg.) *Die Zerstörung der deutschen Politik. Dokumente 1871–1933*, a.a.O., S. 255
22 Paul de Lagarde *Deutsche Schriften*. München ²1934, S. 30
23 Paul de Lagarde *Ausgewählte Schriften*. München 1934, S. 235 f
24 Ebd., S. 233
25 Richard Wagner *Was ist deutsch?* Leipzig 1915, S. 8
26 Heinrich Mann *Ein Zeitalter wird besichtigt*. Berlin 1947, S. 24
27 Vgl. T. J. Jarman *The Rise and the Fall of Nazi Germany*. New York 1964, S. 20
28 Edgard Quinet *Allemagne et Italie*. Bd. 1. Brüssel 1939, S. 152
29 August Bebel, vgl. *Frankfurter Rundschau*, 27. 1. 1988

Die prekäre Demokratie

1 Helmut Hirsch (Hg.) *Ferdinand Lassalle. Eine Auswahl für unsere Zeit*. Bremen 1963, S. 301
2 Ernst Jünger *Der Arbeiter: Herrschaft und Gestalt*. Stuttgart 1982, S. 13
3 Manfred Clemenz *Gesellschaftliche Ursprünge des Faschismus*. Frankfurt 1972, S. 139
4 Carlo Schmid *Politik und Geist*. München 1964, S. 74
5 Spengler *Politische Schriften*, a.a.O., S. 35
6 Ebd., S. 57
7 Ebd., S. 207
8 Thomas Mann *Betrachtungen eines Unpolitischen*, a.a.O., Vorrede, XXXII. und XXXX.
9 Alfred Weber *Kulturgeschichte als Kultursoziologie*. München 1950, S. 375
10 Thomas Mann *Doktor Faustus*, a.a.O., S. 232
11 Marx/Engels *Werke*. Bd. 34. Berlin 1973, S. 412
12 Friedrich Engels *Briefe an Bebel*. Berlin 1958, S. 41
13 Anton Pannekoek *Neubestimmung des Marxismus*. Bd. 1. Berlin 1974, S. 19

14 Georg Lukács *Die Zerstörung der Vernunft.* Darmstadt, Neuwied 1962, S. 626
15 Helga Grebing *Geschichte der deutschen Arbeiterbewegung.* München 1970, S. 112
16 Heinrich Mann *Ein Zeitalter wird besichtigt,* a.a.O., S. 467
17 Ebd., S. 466–467
18 Ossip K. Flechtheim, Einführung in Rosa Luxemburgs *Politische Schriften.* Bd. 1. Frankfurt, Wien 1966, S. 20

Die verpaßte Revolution

1 Alexander Herzen *Erinnerungen.* Bd. 2. Berlin 1907, S. 98
2 Wladimir J. Lenin »Der Zusammenbruch der II. Internationale«, in: *Über Krieg, Armee und Militärwissenschaft.* Bd. 1. Berlin 1961, S. 478
3 Marx/Engels *Werke.* Bd. 7. Berlin 1961, S. 329
4 Spengler *Politische Schriften,* a.a.O., S. 11

Disziplin und Staatskult

1 Heinrich Mann *Der Untertan,* a.a.O., S. 130
2 Ulrich Sonnemann *Tunnelstiche, Reden, Aufzeichnungen und Essays.* Frankfurt 1987, S. 106
3 Alfred Paffenholz »Zivilcourage«, Radio Bremen, 20. 7. 1987
4 *Ferdinand Lassalle,* a.a.O., S. 400
5 Mühsam, a.a.O., S. 180
6 Johann Baptist Metz *Jenseits bürgerlicher Religion.* Mainz, München 1980, S. 109
7 Julien Green *Les années faciles.* (Journal 1926–1934) Paris 1973, S. 312
8 Madame de Staël, a.a.O., S. 92–93

Die deutsche Mythologie

1 Madame de Staël, a.a.O., S. 103
2 Helga Grebing *Der Nationalsozialismus.* München, Wien 1964, S. 23
3 Anton Kubizek *Adolf Hitler. Mein Jugendfreund.* Graz, Göttingen 1953, S. 99
4 Hermann Rauschning *Gespräche mit Hitler.* Zürich, Wien, New York 1940, S. 230
5 Wilhelm Reich *Die Massenpsychologie des Faschismus.* Köln 1971, S. 23
6 R. Walther Davré *Das Schwein als Kriterium für nordische Völker und Semiten.* München 1933
7 Vgl. Rüdiger Scheidges »Woher viele Wahnvorstellungen der Nazis kamen«, in: *Frankfurter Rundschau,* 8. 9. 1987
8 Karl Jaspers *Notizen zu Martin Heidegger.* München, Zürich 1978, S. 83
9 Ebd., S. 102f

Die Deutschen und die anderen

1 *Briefwechsel zwischen Schiller und Goethe.* Bd. 3. Stuttgart 1892, S. 86
2 Immanuel Kant *Werke in Zwölf Bänden.* Bd. 11. Frankfurt 1964, S. 171
3 Heer, a.a.O., S. 179
4 Jean-Paul Sartre »Betrachtungen zur Judenfrage«, in: Ders. *Drei Essays.* Berlin 1960, S. 111
5 *Goethe erzählt sein Leben,* a.a.O., S. 304
6 Kant, a.a.O., Bd. 12. S. 667
7 Antoine de Condorcet *Epître aux nègres,* vgl. Léon Poliakov *Der arische Mythos.* Wien 1971, S. 188
8 Thomas Mann *Doktor Faustus,* a.a.O., S. 292
9 Thomas Mann/Heinrich Mann *Briefwechsel 1900–1949.* Frankfurt 1984, S. 161

Modell Bundesrepublik

1 Sonnemann *Tunnelstiche,* a.a.O., S. 311
2 Karl Jaspers, *Antwort – Zur Kritik meiner Schrift »Wohin treibt die Bundesrepublik?«* München 1967, S. 89
3 Sonnemann *Tunnelstiche,* a.a.O., S. 88
4 Gespräch mit Rudi Dutschke, in *Der Spiegel* 29/1967
5 Karl Jaspers *Wohin treibt die Bundesrepublik?* München 1966, S. 135
6 Wolfgang Koeppen *Das Treibhaus.* Stuttgart 1953, S. 186
7 Peter Hertel/Alfred Paffenholz *Für eine politische Kirche: Schwerter zu Pflugscharen.* Hannover 1982, S. 62
8 *Wolfgang Abendroth. Ein Leben in der Arbeiterbewegung.* Gespräche aufgezeichnet u. hg. v. Barbara Dietrich und Joachim Perels. Frankfurt 1976, S. 245
9 Monika Sperr *Petra Kelly. Politikerin aus Betroffenheit.* Reinbek bei Hamburg 1985, S. 229
10 Michael Müller u. a. »Erneuerung oder Sackgasse für die SPD?«, in: *Frankfurter Rundschau,* 5. 2. 1985
11 Ebd.

Die neuen Deutschen

1 Goethe *Faust,* 1. Teil
2 D. H. Lawrence *Selected Letters* Hg. v. Diana Trilling. New York 1961. S. 54
3 *Frankfurter Rundschau,* 11. 3. 1988
4 Curzio Malaparte *Kaputt.* Karlsruhe 1951, S. 143
5 Heinrich Mann *Der Untertan,* a.a.O., S. 398
6 Jean Amery *Jenseits von Schuld und Sühne.* München 1966, S. 129
7 Hans Magnus Enzensberger *Deutschland, Deutschland unter anderm.* Frankfurt 1967, S. 47
8 Horkheimer, a.a.O., S. 105

PERSONENREGISTER

254